Christian Hartung

Hinter der Angst

Christian Hartung

Hinter der Angst

Roman

Brendow
Verlag | Alles, was Sinn macht!

Bibliografische Information der Deutschen Nationalbibliothek
Die Deutsche Nationalbibliothek verzeichnet diese Publikation in der Deutschen Nationalbibliografie; detaillierte bibliografische Daten sind im Internet über http://dnb.d-nb.de abrufbar.

ISBN 978-3-86506-932-0

Einbandgestaltung: Brendow Verlag, Moers
Titelfoto: Edvard Munch: Zwei Menschen. Die Einsamen. 1905
Satz: Brendow Web & Print, Moers
Druck und Verarbeitung: Grafik Media Produktionsmanagement, Köln
Printed in Germany

www.brendow-verlag.de

Für Paul Gerhard Schoenborn

Du frygter ej Nattens Rædsler, ej Pilen der flyver om Dagen.

Dass du nicht erschrecken musst vor dem Grauen der Nacht,
vor den Pfeilen, die des Tages fliegen.

Psalm 91,5

– Lass es uns aufschreiben.

– Willst du es nicht ruhen lassen? Du änderst doch nichts mehr daran.

– Eben. Sonst würde ich ja versuchen, es zu ändern. Darum möchte ich es wenigstens aufschreiben. Damit nicht alles vergessen wird.

– Aber für wen willst du das tun?

– Für Maj.

– Maj? Wer ist das?

– Unsere Tochter.

– Du hättest sie also Maj genannt.

– Im Mai haben wir uns geliebt. Als wir dachten, der Krieg sei zu Ende.

– Das ist er ja auch.

– Gewiss. Und sie bauen alles wieder auf. Als wäre nichts gewesen.

– Lea, ich will jetzt endlich mit dir nach vorne schauen. Nicht zurück.

– Wir haben von einer Welt geträumt, in der das nie wieder passieren würde.

– Ja, mit diesen Träumen haben wir uns geliebt. Aber es sind Träume geblieben, oder? Und Maj durfte nicht leben.

– Ich möchte ihr erzählen, wie es war. Und was wir alles für sie geträumt haben.

– Ach Lea, es ist neunzehnhundertdreiundfünfzig. Und gerade ist Sommer ... Wer weiß, wie lange noch.

– Aber manchmal friere ich auch im Sommer.

– Auch in meinen Armen?

– Nein, da nicht. – Doch. Aber da wird es besser.

– Bleibst du denn jetzt?

– In Kopenhagen wartet niemand auf mich.

– In Kopenhagen hast du deine Arbeit.

– Ich finde auch hier was. Bei meinem Vater in der Kanzlei, an der Uni in Aarhus – oder du findest etwas bei der Polizei für mich.

– Und die Ministerin lässt dich gehen?

– Die geht vielleicht irgendwann ganz zur UNO. Ich an ihrer Stelle würde das tun.

– In Dänemark hat sich ja auch nicht viel geändert.

– Nein.

– Und wir waren alle im Widerstand.

– Aber sicher doch! Die einen im Untergrund, die anderen im Ministerium. Aber nur die einen mussten ins Gefängnis oder vors Erschießungspeloton. Jørgen, was soll ich da noch!

– Kleiner Feuerteufel.

– In Frostperioden sind die sehr praktisch, weißt du!

VOR DER BEFREIUNG

Der Frost hielt das Land fest im Griff. Man konnte freilich mit kleinen Einschränkungen seinen Geschäften nachgehen, der öffentliche Verkehr war nicht gefährdet. Die Meinungen waren keineswegs einheitlich, doch der Widerstand formierte sich offener.

Taarnby, der auf seinem großen schwarzen Fahrrad über die Søndergade zu seiner Dienststelle fuhr, bemerkte nicht einmal das gelegentliche leichte Rutschen der Reifen auf dem Asphalt, er dachte an Lea und setzte sie schließlich kurzerhand auf die Stange, fuhr mit ihr am Seeufer entlang oder noch weiter fort und bekleidete sie mit einem leichten kurzen Kleid und die Natur mit Laub, Juliwärme und Insekten, genoss einen Blick auf ihre schlanken hellen Schenkel, streifte ihre Schulter mit einem Kuss und verflocht die kupferblonden Strähnen mit dem Sommermorgen.

Am Abend hatte sie plötzlich im Hauseingang gestanden und war einen Schritt vorgetreten, als er näher kam, sie war ja im Untergrund. Sie habe ihn sehen wollen. Noch einmal, ein letztes Mal vielleicht, doch das sagte sie nicht. Du bist Jüdin, Lea, du solltest längst in Schweden sein, sagte er nicht, er kannte ihre Antwort. Stattdessen ließ sie durchblicken, dass es auch für ihn Zeit werde, in den Untergrund zu gehen, seine Einstellung sei bekannt, und früher oder später würden die Deutschen auch den letzten Anschein unabhängiger dänischer Behörden beseitigen. Da darauf eigentlich nichts zu erwidern war, küssten sie sich eine Weile nur.

Nicht über eine mögliche gemeinsame oder überhaupt eine Zukunft hatten sie am Ende miteinander gesprochen, sondern über Kaj Munk, der zum Sprachrohr eines ganzen Volkes geworden war, selbst die Kommunisten äußerten sich widerstrebend bewundernd über ihn. Lea meinte, ohne seine Schriften und Predigten wäre die Rettung der Juden vielleicht keine solche Selbstverständlichkeit im Land gewesen, und so habe ihre Familie es letztlich auch Pastor Munk zu verdanken, dass sie auf einem Fischerboot über den Sund entkommen konnte.

Das äußerste Meer. Flügel der Morgenröte. Auch dort deine Hand.

Ihre liebkosende Hand erzählte, was das Leben bereithielt. Nachdem sie es gelernt hatten, lasen seine Finger es um ihre Wangen und Augen. Wenn sie ginge – sie wussten es aufzuschieben –, bliebe er vielleicht mit der Finsternis allein und Nacht statt Licht.

Zwischen zwei Küssen: Der Pharao habe sicher auch seine Gestapo oder SS gehabt.

– Oh, Lea, deinen Sprüngen muss man erst einmal folgen!

– Ich springe nicht. Ich suche einen Ort, wo es gut wird. Und ich versuche, mir Mut zuzupfeifen. Vielleicht hatte Mose das auch nötig. Und vielleicht liegt Kaj Munk jetzt wach, überlegt seine nächste Rede gegen den Pharao und merkt, wie kalt und finster es ist.

Er sei ja vielleicht nicht allein.

– Wir sind nie allein, Jørgen. Jedenfalls versuche ich das zu glauben.

Die Nacht löste sich mühsam von den kalten Häusern. Selbst die Dachfenster erspähten noch keine Morgenröte.

Mittwoch, 5. Januar 1944. Unter den Schaufenstern der Schwanenapotheke waren schon mehrere Fahrräder abgestellt. Seufzend lehnte Taarnby sein Rad daneben an die Wand und verstaute die Hosenklammern in der Tasche seiner gefütterten Jacke, die er noch einmal geradestrich, bevor er die Treppe in den ersten Stock zum Büro der Kriminalpolizei nahm.

Verliebt, von der Familie getrennt, in den Untergrund gegangen: Bilanz eines Sommers, und der Winter würde vielleicht nie zu Ende gehen. Warum war sie noch einmal nach Silkeborg gekommen, als sei es dort August geblieben und Lea Frøhlich nicht längst und erzwungenermaßen so gut wie begraben. Sie hieß jetzt Gerda Hostrup Jensen. Jørgen hatte sie nichts davon erzählt.

Manchmal sehnte sie sich selbst nach der unschuldigen kleinen Frøhlich. Lille Frø, Fröschlein: Jørgen hatte den Spitznamen lachend aufgenommen, vor allem, als er sie zum ersten Mal schwimmen sah und bewundernd feststellte, sie sei wohl eher im als am See aufgewachsen. Wenn gar nichts mehr geht, schwimme ich nach Schweden, hatte sie gemeint, und er schien ihr das tatsächlich zuzutrauen.

Frosch, das war auch ihr Deckname, kürzer und damit passender als die schöneren, die Bjarne vorgeschlagen hatte, der auch nur Buch hieß, weil man ihn selbst jetzt kaum jemals ohne ein Buch in der Hand sah.

– Wofür brauche ich einen schönen Decknamen. Außerdem brauche ich bestimmt noch mehr, bis die Deutschen wieder zu Hause sind.

Du solltest längst in Schweden sein, hatten seine Augen geantwortet, er sagte es nicht mehr laut, sie wussten alle, dass es keinen Sinn hatte.

Nachrichten überbringen, illegale Zeitungen drucken und verteilen. Sie bestanden darauf, sie wenigstens dort einzusetzen, wo es nicht so gefährlich werden konnte, doch wusste man das vorher? Alles, was illegal war, war auch gefährlich, auf Unterstützung von Saboteuren stand sogar die Todesstrafe. Die Nachrichten waren keine Urlaubsgrüße, im Kopf hatte sie wichtige Namen und Adressen, und gerade enthielt ihr Rucksack neben dem, was man bei einer kleinen Studentin erwartete, auch Sprengstoff aus den Abwürfen der Engländer über Jütland. Sie lehnte ihren Kopf an den Rucksack und sah im Übrigen so unschuldig aus, wie es ihr zu Gebote stand.

Äußerlich glich sie dem Mädchen, das im Sommer vierzig zum Studienbeginn nach Kopenhagen gefahren war, sie betrachtete es mit sozusagen biologischem Interesse an der aufgeregten, leicht mulmigen Erwartung des Erstsemesters. Die jüdische Abstammung dieses Mädchens war damals gerade erst ein Problem geworden, aber König und Regierung bestanden unbeirrt darauf, dass sie nur dänische Staatsbürger kannten und eine Judenfrage in Dänemark nicht existiere. Mutiger geworden und zugleich erschrocken über die Blauäugigkeit ihrer Eltern, speziell ihres Vaters, warf sie sich aufs Jurastudium und beobachtete die politische Entwicklung. Als ein Kommilitone sie fragte, ob sie mehr tun wolle, zögerte sie nicht und verschwendete keinen Gedanken an mögliche Gefahren.

Sie sah nicht aus, wie eine Jüdin auszusehen hatte, was an einer nicht näher bestimmbaren Beimischung arischen Blutes oder an der dänischen Luft liegen mochte. Lea beneidete gelegentlich ihre schöne dunkelhaarige Cousine, die dafür auf den gänzlich unjüdischen Namen Tove hörte. Ansonsten hatte sie sich für ihr Äußeres lange wenig interessiert, jedoch schon vor Jørgen die Wirkung ihres Lächelns erproben können – aber erst Jørgen stellte fest, in ihrem Gesicht gehe dann plötzlich eine helle Lampe an; einmal, aber wirklich nur ein einziges Mal, hatte sie diese Lampe einem deutschen Offizier vorgeführt, um ihre Angst zu überspielen und unbeschadet von ihm loszukommen.

Tove und ihre Familie waren inzwischen Gott sei Dank in Schweden, das hatte die andere Cousine Edith aus Oslo nicht

– Ein toter Mann ... im Graben der Hauptstraße A 15 nach Pårup ... Hørbylunde Bakker ... um acht Uhr fünfzehn aufgefunden ... Doktor Kronholm, Engesvang ... Wir fahren sofort raus ... Ihr Benzinvorrat ist zu klein – ja, dann nehmen wir einen Arzt mit. Und der Zeuge ist wieder an die Fundstelle gefahren? ... Danke, Doktor.

Er notierte die Zeit des Anrufs: 9.15 Uhr, und informierte den Kriminalassistenten, der seinerseits einen Arzt und den Polizeimeister verständigte und Taarnby anwies, das Polizeiauto startklar zu machen und sich mit zwei weiteren Beamten bereitzuhalten.

ob man notfalls auch mit Gewalt vorgehen könne oder müsse, und dann beschafften sich Buch und Nielsen Sprengstoff und lernten, wie man damit Schienen wegsprengt, unmittelbar bevor ein Zug kommt. Das erste Mal richteten sie nur wenig Schaden an, doch es stand in der Zeitung, und sie wurden besser. Lea wusste zu viel darüber, und das reichte im Zweifelsfall. Vielleicht hatte es jedenfalls am Anfang noch etwas von Abenteuerspielen kleiner Jungs, aber vielleicht war dies dann auch die einzige Möglichkeit, es überhaupt zu tun, und bald dachte sie darüber nicht mehr nach. Es war Krieg, die Züge verlängerten den Krieg, alles verlängerte den Krieg, was aus Dänemark kam oder durch Dänemark hindurchfuhr. Dabei war der Krieg im Grunde entschieden, doch die Deutschen würden bis zum bitteren Ende kämpfen, und es kam mehr denn je darauf an, wo Dänemark stand. Die Alliierten zählten auf Dänemark, und nur die Widerstandsgruppen waren in der Lage, diese Erwartung zu erfüllen.

Aber ob man auch darüber hinaus Gewalt ausüben müsse, könne, dürfe oder solle. Gewalt nicht nur gegen Züge oder Gebäude oder vielleicht in Notwehr gegen die Besatzer. Es gab die ersten Liquidierungen. Denn es gab ja auch die ersten Hinrichtungen. Und man wusste, wer den Deutschen seine Landsleute verkauft hatte.

Sie solle lernen, ein Maschinengewehr zu gebrauchen, hatte Pastor Munk einer Freundin zurückgeschrieben. Christus habe befohlen, Witwen und Waisen zu helfen, und das könne man unter anderem dadurch, dass man die Räuber erschieße, die sie überfallen wollten. Es sei kein Christentum, andere den Verteidigungskampf und die Qual auf sich nehmen zu lassen und selbst sitzen zu bleiben und im Nirwana aufzugehen, sie solle jetzt lernen, in Jesu Namen zu töten.

Ihre Konfirmandenseele sei im Aufruhr gegen diesen Rat, erwiderte die Freundin. Lea fühlte sich nicht zuständig, das zu beurteilen, doch es leuchtete ihr ein, selbst Gebote über Bord zu werfen, wenn Menschen in Gefahr

Der Tote lag auf dem Rücken am Rand der Böschung, das Gesicht zur Straße, die Beine leicht angewinkelt, die Füße im Straßengraben. Der Kleidung nach kein Landstreicher. Sah man näher hin, bemerkte man die Schusswunde in der linken Schläfe, gleich über dem linken Auge. Er war steif gefroren und fünf bis sechs Stunden tot. Eine Schiebermütze lag auf der Straße, in einer

Blutlache festgefroren, darunter eine Kugel, vermutlich aus der Kopfwunde des Toten. In der Brieftasche fand sich die vorgeschriebene Legitimationskarte für das Sicherheitsgebiet Jütland, ausgestellt auf Kaj Munk, Gemeindepfarrer, Vedersø. Die weitere Untersuchung offenbarte eine Schusswunde im Nacken. Lippe und Nase waren geschwollen wie nach einem Schlag, möglicherweise durch den Aufprall. Neben der Leiche fanden sich außerdem eine Fellmütze und ein Koffer, in den Deckel eingeklemmt ein Zettel in fehlerhaftem Dänisch und deutscher Handschrift: Das Schwein habe nemlich doch für Deutschland gearbeitet. Die Hülse einer weiteren Patrone wurde sichergestellt.

Von Silkeborg war Luftalarm zu hören. Der Tatort wurde abgesperrt, als Menschen sich anzusammeln begannen, Reifenabdrücke wurden abgenommen und elf Fotografien gemacht. Der Rettungswagen wurde aus Silkeborg gerufen. Um 13.30 Uhr wurde die Leiche im Silkeborger Krankenhaus aufgebahrt.

Im Sommer nach ihrem Abitur hatte sie Kaj Munk zum ersten Mal persönlich erlebt. Dänemarks führender Dramatiker, der die Diktatoren bewunderte. Und trotzdem der Rufer in der Wüste gegen die deutsche Judenpolitik. Der Pfarrer, der sich im Namen seines Christus mit allen anlegte, wenn es darauf ankam. Sein Stück über den jüdischen Jesus war in Südjütland abgesetzt worden, aus Rücksicht auf den mächtigen Nachbarn. Mit der Nachbarschaft hatte es sich ja nun, und sie wartete darauf, dass einer die Scharen gegen Deutschland sammelte. Einer wie Kaj Munk.

Sie hatte von Hitler geträumt. Es waren diese Träume, in denen sie sich nicht bewegen und nicht schreien konnte. Und dann erzählte Munk von einem westjütischen Bauern, der Frau und Kindern den Hals durchschnitt und sich im Wald erhängte, nachdem er Hitler im Straßengraben gesehen haben wollte, der ihn von dort aus anstarrte. Lea starrte den unscheinbaren, mageren, etwas gebeugten Redner an, der sie aus der südfünischen Sommerlandschaft in die Welt ihrer Albträume beförderte.

Sie war bei ihrem Onkel und ihrer Tante in Svendborg zu Besuch und mit ihnen nach Ollerup gefahren, wo Tove an der Sommerschule der Gymnastikhochschule teilgenommen hatte. So stand sie nun zwischen Onkel und Tante, sah die vielen hübschen Mädchen in ihren blauen Kleidern bei den Darbietungen, Tove strahlend mittendrin, und war überzeugt, ihre Cousine mache die beste Figur von allen, und dann der Festvortrag in der neuen großen Turnhalle. Unscheinbar und mager, wie gesagt, selbstironisch freundlich, mit leichter, unaufdringlicher Wärme – doch die Blumen hätten für ihn dieses Jahr nicht geduftet und der Gesang der Vögel sein Ohr nicht erreicht.

Die Besatzung. Und dann seien die Hauptstadtzeitungen ein paar Tage später wie immer in sein abgelegenes Nest gekommen, in der üblichen Stärke und ohne Trauerrand. Wie konnte das sein? Hitler. Eine der größten Gestalten der Weltgeschichte. Dagegen konnte eine parlamentarische Demokratie, die jedes Risiko scheute, nichts ausrichten. Hitler sei wie besessen, wie die Priesterinnen des delphischen Orakels, die unter Einwirkung giftiger Dämpfe unartikulierte Laute ausstießen, er könne agieren und agitieren, weil der Parlamentarismus, diese geniale Idee, zu einer bloß ökonomischen Affäre verkommen sei und keine Verantwortung übernehme, sie vielmehr jedem, also niemandem, übertrage.

Staatsminister Stauning habe seine Demokratie Hitler ausgeliefert, und die dänischen Fahnen knicksten immer, wenn sie ein

Hakenkreuz sähen. Stauning, der dem deutschen Volk Verständnis und Sympathie bekundete. Unsere Regierung habe Leiden verhindern wollen. Doch so bekamen wir Hitler und behielten Stauning. Die ganze Welt habe sich empört, als Deutschland im Weltkrieg in Belgien einmarschierte. Nun empörten sich nicht einmal die Dänen selbst.

Und jetzt? Sich erhängen wie jener Westjüte? Am Tag des Gerichts gehe es solchen besser als denen, die jetzt gut von Dänemarks Not lebten. Aber: Wahrheit bleibt Wahrheit, unabhängig von Sieg oder Niederlage. Unrecht bleibt Unrecht, und Gewalt bleibt Gewalt. Die Deutschen zu hassen gehe für einen Christen nicht an. Doch ihnen bis auf weiteres mit Korrektheit und Kälte entgegenzutreten, bis die ungebetenen Gäste wieder draußen seien.

Tosender Beifall, und Lea spürte, dass der Redner ihr einen steinigen und vielleicht dornigen Weg gewiesen habe, aber zuerst würde er ihn selbst gehen. Viele schienen ebenfalls bereit.

Taarnby schrieb sein Protokoll. In den Räumen der Kriminalpolizei war es still. Das Klappern einer Schreibmaschine klang merkwürdig verzögert, als wolle es sich für die Unterbrechung entschuldigen. Blätter wurden leise umgedreht, Aktenordner zögernd aus dem Regal genommen oder an ihren Platz zurückgestellt, unumgängliche Telefonate mit gedämpfter Stimme geführt, wie in Anwesenheit eines Toten.

Taarnby hielt sich an den korrekten, amtlichen, unpersönlichen Formulierungen fest. Jetzt war Dänemark wirklich im Krieg.

Lea hatte recht: Er sollte darüber nachdenken, in den Untergrund zu gehen. Das hier konnte nicht mehr lange so weitergehen. Unwahrscheinlich, dass sie ihnen überhaupt erlauben würden, den Mord aufzuklären. Die Entscheidung über die nächsten Schritte lag inzwischen in Kopenhagen. Persönlich hatte er Munk vorhin zum ersten Mal gesehen. Es war für vieles zu spät.

Abends hatten sie lange wach gelegen. Tove erzählte voller Begeisterung vom charismatischen Schulleiter, den Lehrerinnen und Kameradinnen, der Zukunft.

Doch früher oder später musste die Rede auf Kaj Munk kommen. Er hatte Tove begeistert – und irritiert. War es so schlimm? Lea, die ihre Cousine liebte, mochte sie nicht darauf hinweisen, dass es schon lange schlimm war. Und schlimmer werden würde. Von Schulleiter Bukh hieß es, er könne gut mit den Deutschen. Die gleichen Vorstellungen von körperlicher Ertüchtigung der Jugend. Auch darüber verlor sie kein Wort, sie glaubte Tove in dieser Hinsicht außer Gefahr und war selbst sportbegeistert genug, um das Schwelgen ihrer Cousine zu verstehen.

Munk hatte Hitler eine der größten Gestalten der Weltgeschichte genannt. Doch war er das nicht tatsächlich: Und wenn er Bocksfüße hatte, sah man die ja nicht.

Dann die Zeitung am nächsten Morgen. Der Onkel wütend, die Tante sprachlos, und Tove weinte, da sei doch aber nichts Falsches gewesen. Dem *Svendborg Avis* reichte die Wiedergabe einer willkürlichen Hälfte des Vortrags. Demnach sei Pastor Munk nur über die dänische Demokratie hergezogen. Auch habe er aus seiner Bewunderung für Deutschlands Führer keinen Hehl gemacht.

Das mochte mehr oder weniger korrekt zitiert sein. Und trotzdem schien Entscheidendes zu fehlen. Tove war sich nicht mehr sicher, was sie eigentlich gehört hatte. Die Vorstellung, an etwas teilgenommen zu haben, was nicht wirklich in Ordnung war, schien ihr fürchterlich. Lea ahnte bereits, dass sie an noch mehr Dingen teilnehmen würde, die nicht in Ordnung waren. Dafür fühlte sie sich von Munk vorbereitet und gestärkt.

Die Obduktion ergab: Einschusswunde an der linken Schläfe, von der sich ein Schusskanal durch die Stirnlappen erstreckte, leicht nach oben und hinten gerichtet, mit nach oben gerichteter Ausschusswunde in der rechten Schläfe. Weitere Einschusswunde am linken äußeren Augenwinkel, von der sich ein Schusskanal durch das Hirn nach oben, hinten und rechts erstreckte, mit Ausschusswunde in der rechten Scheitelgegend. Schließlich eine Einschusswunde in der Nackenregion linksseitig, von der sich ein Schusskanal entlang der Unterseite des Gehirns nach vorne und leicht nach innen erstreckte und in der Nasenhöhle endete, deren Dach zertrümmert worden war. Gleich innerhalb der Einschusswunde fanden sich einige kleine Projektilreste und am vorderen Ende des Schusskanals ein flachgedrücktes Projektil, das den am Tatort gefundenen glich. Als Todesursache wurden die nachgewiesenen Schussverletzungen festgehalten, die vermutlich zum sofortigen Tod geführt hatten.

Die kriminaltechnische Untersuchung der am Tatort aufgefundenen Patronenhülsen sowie der in der Einschusswunde nachgewiesenen Projektilreste zeigte, dass zwei verschiedene Waffen benutzt worden waren. Zuerst sei ein Genickschuss mit einer deutschen Ortgies-Pistole des Kalibers 7.65 abgegeben worden. Die vermutlich schadhafte Patrone habe den Schädel nicht durchbrechen können und sei bei einem weiteren Genickschuss an derselben Stelle zersplittert. Dieser und die weiteren zwei Schüsse, deren Schusskanäle bei der Obduktion festgestellt wurden, seien mit einer 9-mm-Colt-Pistole durchgeführt worden. Die drei sichergestellten Patronenhülsen seien derselben Waffe zuzuordnen.

Kaj Munk hatte in Kopenhagen predigen sollen, doch die Deutschen hatten es verboten. Da verbreitete sich unter der Hand, er werde im Dom predigen. Mit anderen vom Widerstand war auch Lea gekommen. Sie war Kirchen nicht gewohnt und hatte keine klare Vorstellung davon, was sie hier erwartete.

Der Gottesdienst begann, aber Munk war nicht zu sehen. Plötzlich kündigte der Pastor ihn an, und im nächsten Moment stand er auch schon auf der Kanzel. Eine Geschichte Jesu über junge Frauen, die über dem Warten auf den Bräutigam einschliefen und nicht alle genug Öl in ihren Lampen hatten. Lea verstand, dass es wieder darum ging, vorbereitet zu sein. Als guter Jude habe Jesus nicht auf eine jenseitige Ewigkeit vertröstet. Politik gehöre in die Kirche, denn Gottes Wille müsse getan werden. Wenn eine besondere Gruppe unserer Landsleute aufgrund ihrer Abstammung verfolgt werde, müsse die Kirche rufen, dies verstoße gegen das Grundgesetz des Reiches Christi: die Barmherzigkeit – und müsse versuchen, mit Gottes Hilfe das Volk zum Aufruhr zu bringen. Die dänische Jugend, über die manches harte Wort gesagt werde, setze Leib und Leben und Ehre aufs Spiel für ihr Land und das, woran sie glaube, dabei streifte der Blick des Predigers Lea und ihre Freunde. Auf der ganzen Welt blühe geradezu ein wilder, verzehrend böser Hass. Doch von Christus könne man lernen, sich gegen das Böse aufzulehnen, ohne zu hassen und ohne sich vom Hass schwächen zu lassen. Der tiefe Unterschied zwischen gerechter Strafe und Rache. Lea sehnte sich einen Moment danach, diesen Gedanken in Ruhe und Frieden im Strafrechtsseminar bei Professor Hurwitz zu erörtern. Wenn einmal die Zeit der Abrechnung komme, solle diese im Namen Gottes geschehen und nicht im Namen des Teufels.

Nach der Predigt verschwand Kaj Munk sofort wieder durch die Sakristei und fuhr unbehelligt fort. Das war jetzt einen Monat her, und nun war er tot.

Lea. Kaj Munk. Zwei Namen, die in Taarnbys Leben getreten waren und ihm eine bestimmte Färbung verliehen. Munk in grellem Licht, der sich dem Zug entgegenstellte, der auf den Abgrund zu stürzte. Lea, die sich zur gleichen Zeit in den Schatten auflöste, der Zug hätte sie auch nur stillschweigend überfahren. Die einzige Tochter des Landgerichtsanwalts Viggo Frøhlich, dessen Haus in der Hostrupsgade in Silkeborg von den Nachbarn bis zur Rückkehr der Besitzer versorgt wurde, denn Nachbarschaften gehörten zu den Dingen, die man jetzt aufrechterhalten musste. Es gab ja auch Landsleute, die andere verrieten, und man hatte ihnen vertraut, aber bei Frøhlichs wurden sogar regelmäßig die Blumen gegossen. Das war die Welt, für die Munk gesprochen hatte und die sich nun zunehmend in die Schatten zu beiden Seiten auflöste, während der Zug ungebremst weiterstürzte.

Die einen versorgten die Blumen der anderen, und in der Kriminalpolizei hatte man Himmelstrup, der sich in Kopenhagen bereit machte, nach Silkeborg zu kommen. Damit war der Fall doch so gut wie aufgeklärt, wenn nur die Deutschen es zuließen, dachte Taarnby, der vom Kriminalassistenten abgestellt wurde, dem Vizepolizeiinspektor jeden Wunsch von den Augen abzulesen, und deshalb vor Stolz und Aufregung eine weitere Nacht kaum schlief. Im Sommer wäre es schon hell gewesen, als er mit der Sehnsucht nach Lea in seinen Gedanken zu kurzer, schwerer und traumloser Ruhe fand.

Bente und Aksel hatten die Predigt. Es sollte eine Sondernummer werden: *Kaj Munks letzte Predigt in Kopenhagen.* Lea kannte die beiden noch nicht, hatte aber schon geholfen, *Volk und Freiheit* zu verteilen, sie verteilte alle illegalen Blätter, die man ihr gab, besonders wenn es galt, rasch noch einen Stoß loszuwerden. Jetzt wollten sie mindestens dreitausend drucken und per Post verschicken. Ein Kommilitone wohnte am Bellevue-Strandbad, dort wollten sie abends und nachts in den Damentoiletten im Keller drucken, Bente habe aus einer ausbezahlten Versicherung eine Druckerpresse gekauft.

Sie nahmen die Klampenborglinie. Hinter dem langgestreckten Backsteinschuppen tauchten Arne Jacobsens leuchtend moderne Schachtelhäuser im Licht des fast vollen Mondes auf. Zuversichtlich weiß luden sie zum Blick auf das nahe Meer ein, und Lea kamen die unbeschwerten Studentensommer in den Sinn, die man selbst den ungebetenen Gästen mit ihren hochtrabenden Stiefeln noch abzutrotzen gewusst hatte. Vielleicht würden auch nächsten Sommer wieder Menschen hier baden, als sei die Welt im Reinen und der Architekt der Anlage nicht aus rassischen Gründen nach Schweden verzogen, sie würden sich hier verabreden, unverbindlich flirten und das Meer, die Sonne, den Sand und sich selbst genießen, jemand würde wieder eine Jazzplatte auflegen, und ein anderes Mädchen würde hier seinen ersten Kuss erleben. Lea hatte nach jenem ersten inzwischen ja auch schon genügend weitere erlebt.

Bis in die frühen Morgenstunden druckten, kuvertierten und frankierten sie und adressierten die Briefe an Pfarrer, Lehrer und Ärzte.

Er hatte so viele Sommersprossen, dass sich die Frage nach seinem Decknamen erübrigte, dazu ein einnehmendes, etwas linkisches, aber offensichtlich unerschütterliches Grinsen: Ich hab dich dort gesehen! Im Gottesdienst.

Sie gab zu, dort gewesen zu sein, und wartete ab, während sie mechanisch Umschläge beschriftete. Sprosse hatte sie dafür vorgeschlagen, als er ihre Handschrift sah, natürlich machten sie es zu dritt, sie hatte längst aufgehört, die Umschläge zu zählen.

Schulterzucken: Mich kannst du einfach Sprosse nennen, so wie alle.

Sie lächelte und mochte ihn, aber nicht mehr. Doch da sie ihn wirklich mochte, revanchierte sie sich: Frosch.

Er machte große Augen, dann, als er verstand, grinste er wieder: Die sind eigentlich grün!

– Flamme war vergeben.

– Kennst du ihn?

– Flamme? Nicht persönlich. Du?

Er schüttelte langsam den Kopf, während das Grinsen von einem nachdenklichen Zug abgelöst wurde. Sie wussten beide, dass es nicht damit getan war, eine verbotene Predigt in Umlauf zu bringen. War der Mord an Pastor Munk nicht eine Antwort auf die von Flamme getöteten Verräter? Einen von Flammes Kameraden hatten sie erwischt, als er vor ein paar Wochen ahnungslos bei einer Denunziantin untergeschlüpft war, er wurde seitdem von der Gestapo im Dagmarhaus verhört und sicher gefoltert. Flamme schien sich geschworen zu haben, dass das nicht noch einmal vorkommen sollte, und wenn er schoss, dann traf er. Lea wusste, dass sie ebenfalls treffen würde, aber das war kein Sport mehr. Es war besser, Briefumschläge zu beschriften. Doch wie lange würde sie die Wahl haben.

Sprosse berührte ihre Hand, als er einen adressierten Umschlag aufnahm, sie tat, als sei es Zufall. Vier Umschläge später warf sie hin, ohne ihn anzuschauen, denn sie mochte ihn wirklich: Ich habe einen Liebsten, drüben in Jütland.

Er grinste unerschütterlich: Ich bin von Nykøbing.

– Seeland?

Er nickte und schaffte es, Umschläge aufzunehmen, ohne ihre Hand zu berühren.

– Ich bin von Silkeborg.

– Jetzt sag bloß noch, du warst dort!

– Als es passiert ist? Fast. Ich meine: Sie haben ihn draußen vor der Stadt getötet.

Als hätte sie den Schuss hören müssen.

Frau Munk gab zu Protokoll, sie habe gegen halb acht Uhr abends mit den Kindern im Wohnzimmer gesessen, als drei in Zivil gekleidete Herren gekommen seien und um ein Gespräch mit Kaj Munk gebeten hätten. Der eine habe sie auf Dänisch mit deutschem Akzent als Kriminalbeamte vorgestellt, jedoch offengelassen, ob dänische oder deutsche Kriminalpolizei, zwei hätten Polizeimarken vorgezeigt. Sie wünschten mit Kaj Munk zu sprechen. Der war nicht gleich zu finden. Sie wurden in sein Arbeitszimmer im Obergeschoss geführt – was für ein verzweifelter Versuch, Zeit zu schinden, dachte Taarnby –, auf der Treppe trafen sie auf den Gesuchten, und die drei Herren baten, ihm ein Köfferchen mit Nachtzeug usw. zu packen. Eine Durchsuchung habe nicht stattgefunden, und sie habe nicht hören können, was die Polizisten mit ihm gesprochen hätten.

Munk wurde hinaus zum Auto geführt, das in der Hofeinfahrt mit der Front zur Straße stand, er habe noch zu ihr gesagt: Vertrau auf Gott, Lise! Sie sei auf den Hof gefolgt, doch da habe er schon im Auto gesessen, das gleich mit recht hoher Geschwindigkeit fortgefahren sei. Ein kleines, hellgraues, geschlossenes Personenfahrzeug, das Nummernschild in der Mitte des Fahrzeughecks außerhalb des Reserverads.

Frau Munk beschrieb die angeblichen Polizeibeamten:

a) Ca. 40-50 Jahre alt, mittelgroß, kräftig, vermutlich dunkler, kurzgeschnittener Schnurrbart, rundes fülliges Gesicht, bekleidet mit dunkelgrauem Mantel, Halstuch, langen Hosen, sprach Dänisch mit deutschem Akzent, zeigte Polizeimarke vor, viereckig mit der Krone obenauf und in einem breiten Lederriemen. (Möglicherweise kräftige, dunkle Augenbrauen).

b) 38-39 Jahre alt, mittelgroß, von mittlerem Körperbau, dunkler, kurzgeschnittener Schnurrbart, gelbliche, fahle Gesichtsfarbe, kleine stechende, vermutlich braune Augen, ausgeprägte, nach außen gewölbte Nase, ausschließlich deutschsprechend, bekleidet mit dunkelgrauem Mantel, braunem weichem Hut, langen Hosen, zeigte Polizeimarke von gleichem Aussehen wie bei a) vor.

c) 27-33 Jahre alt, sehr groß, schlank und gut gebaut, vermutlich bartlos, vermutlich dunkle Augen, sagte gar nichts, bekleidet mit dunklem Mantel, Halstuch, dunklem weichem Hut, dessen Krempe rundherum nach unten gebogen war, gut gekleidet, machte den Eindruck, untergeordnet zu sein, und passte genau auf, was geschah.

d) Wartete draußen, kann nicht näher beschrieben werden.

Die Geheime Feldpolizei, die deutsche Sicherheitspolizei in Esbjerg und die Abwehrnebenstelle in Aarhus bestritten, etwas über die Angelegenheit zu wissen, sie hätten keine Verhaftungen angeordnet.

Sie erlaubte Sprosse, sie zu begleiten, so gingen sie zusammen hinter Aksel und Bente her. Bente wandte sich beim Gehen einmal mit dem verschwörerischen Lächeln einer Verbündeten nach ihr um, das Lea erwiderte, hundemüde und wach zugleich, sie hätte vielleicht Angst spüren sollen und merkte nicht einmal recht die frostige Kälte. Schließlich hängte sie sich bei Sprosse ein, was diesen ebenso verwirrte wie erfreute, sollte er doch an der Aufgabe wachsen, sie hier und jetzt vor sich selbst zu beschützen, die S-Bahn fuhr in den Bahnhof ein.

Sie blieb auch neben ihm sitzen. Eine Gruppe Studenten nach einer durchfeierten Nacht. Alle hatten sie Briefe in ihren Taschen und verteilten sie dort, wo sie ausstiegen, auf mehrere Briefkästen. Sie stieg allein in Østerbro aus, warf einige Briefe direkt am Osloplatz ein und andere auf ihrem Weg in die Eckersbergsgade, wo sie seit einigen Tagen bei einem älteren Ehepaar Unterschlupf gefunden hatte. Nur ein unschuldiges junges Mädchen und eine ordentliche, brave Studentin.

Sie würde das Häuschen später durch den Garteneingang verlassen und wünschte sich kurz, es wäre Frieden, und sie könne wirklich hier wohnen und weiterstudieren, Vesterlunds würden sie sofort aufnehmen, das wusste sie.

Was mache ich hier noch, fragte sich Taarnby wieder einmal. Mikkelberg hatte ihm Anfang September, kurz nach dem Ende der Zusammenarbeitspolitik, auf diese Frage ungerührt geantwortet: Bei der Kriminalpolizei bleiben, solange du uns dort nützlich sein kannst. Also war Taarnby geblieben und hoffte, dass er nützlich sein konnte.

Immerhin verfolgten sie keine Saboteure mehr. Nicht, dass das Taarnbys Verdienst gewesen wäre. Es war nicht einmal so, dass er die Zusammenarbeitspolitik der ersten drei Besatzungsjahre ganz abgelehnt hatte, so sehr er auch wie die meisten anderen auf der Polizeischule im April 1940 die Schmach der kampflosen Besetzung Dänemarks empfand, und es ging ihm dabei nicht nur um die Erleichterung der Lebensumstände, die noch schwer genug waren. Als Lea nach dem 29. August 1943 zufrieden meinte, nun bekämen sie endlich auch norwegische Verhältnisse und müssten sich nicht mehr vor der Welt verstecken, brauchte er sie nur an ihre norwegische Cousine zu erinnern, die im November des Vorjahres mit ihrer Familie deportiert worden war, doch als er die Tränen in ihren Augen sah, tat es ihm sofort leid. Er verstand sie und blieb dennoch davon überzeugt, dass ihnen in ihrem Musterprotektorat manches erspart geblieben war, was die Deutschen ja dann auch umgehend nachholten. Der Kanarienvogel war dem Gangster aus dem Käfig entwichen, die Jagd war eröffnet.

Doch jetzt. Der Mord an Munk änderte alles.

Die ganze Stadt war auf den Beinen, um ihm das letzte Geleit zu geben, als sie den Sarg abholten, weiß und mit vielen rot-weißen Blumen, die Fahnen überall auf Halbmast. Freilich war das verboten worden, aber die in der ganzen Stadt beliebte alte Hebamme wurde am selben Tag beerdigt, und die Beflaggung galt natürlich ihr. Im Übrigen ließen die Deutschen sich nicht sehen. Ein feste Burg ist unser Gott. Als der Leichenzug in der Vestergade ankam, waren es an die viertausend Menschen. Schweigend, doch wer konnte, sang die Choräle mit. Nehmen sie den Leib, Gut, Ehr, Kind und Weib: Lass fahren dahin, sie haben's kein Gewinn, das Reich muss uns doch bleiben.

Die Zeitung druckte die Anzeige: Auto polizeilich gesucht. Die Kriminalpolizei in Silkeborg – Tlf. 45 – bitte jeden, sich mit ihr in Verbindung zu setzen, der in der Nacht zwischen 22 und 8.30 Uhr auf der Strecke Herning – Paarup – Paarup Bakker ein Auto mit der folgenden Beschreibung gesehen habe.

Sehr viel schwieriger gestaltete sich die Aufklärung der Explosion des Wasserturms am Bahnhof nächsten Montagabend. Überall zerstörte Scheiben und andere Schäden. Natürlich wusste Taarnby und wussten alle in der Polizei, dass Mikkelberg dahintersteckte, und man hatte weitere zwei, drei Namen, doch Bestimmteres würde man frühestens wissen, wenn Mikkelberg, den Zeugen gesehen hatten, sicher in Schweden war.

Himmelstrup kam mit zehn Leuten an und verlor keine Zeit, alle wussten, dass es eine Sache von Tagen war, bis sie die Morduntersuchung einstellen mussten.

Eine huschende Veränderung im Schatten von Hauseingang zu Hauseingang, mehr nicht. Im Übrigen war sie offiziell verschwunden. Das konnte heißen: tot. So wie Edith, höchstwahrscheinlich. Gott weiß, was sie mit ihr gemacht haben. Nein, das wusste vielleicht nicht einmal Gott. War dafür einfach nicht zuständig. Und Lea wusste nur von Lagern. Hatte Ortsnamen, im Osten, aber keine klare Vorstellung. Von dort kam man nicht zurück.

Und das, was sie jetzt fühlte, war normale Angst. Mit der sie allein war, da, in den tiefen Schatten der nächtlichen Hauseingänge. In lausiger, feuchter Kälte, die in der verdunkelten Stadt noch klammer wirkte. Nur wärmer angezogen als das Mädchen mit den Schwefelhölzern. Angst, die sie einen Moment lähmte. Du kannst ja nach Schweden, sie besorgen dir sofort eine Passage.

Sie klammerte sich an den Stoß illegaler Blätter. Sie hatte keine Ahnung vom Fliegen, aber sie hätte jetzt gerne einen Bomber geflogen. Sie führte das Geschwader an. Das verdunkelte Berlin kaum zu ahnen, aber sie hatten ja die Koordinaten. Das Feuermeer, das sie veranstalteten, wärmte sie ein wenig, und sie konnte wieder durchatmen, zum nächsten Hauseingang huschen.

Und hörte Jørgen – denn in Gedanken, wo schon nicht in Wirklichkeit, war er ihr ständiger Gesprächspartner: Sie hätten Kopenhagen bombardiert. Rasch schüttelte sie die Bomberpilotin ab. Wir haben beide recht, Jørgen. Die Zusammenarbeitspolitik hat mir wahrscheinlich bisher das Leben gerettet und mich studieren lassen. Aber wir haben auch dazu beigetragen, dass der Krieg einfach nicht aufhört. Obwohl Deutschland doch längst verloren hat.

Dann zwang sie ein plötzlicher stechender Schmerz, stehenzubleiben: Edith und Daniel und mein Onkel und meine Tante sind von norwegischen Polizisten abgeholt worden! Was hättest du getan, Jørgen? Hättest du uns abgeholt? Oder hättest du den Befehl verweigert? Ihr habt den Deutschen so oft die Arbeit abgenommen! Saboteure aufgespürt und übergeben. Die Regierung hat die Bevölkerung aufgefordert, alle zu denunzieren, die gegen die Deutschen arbeiten. Deswegen haben wir doch jetzt so viele Verräter! Deswegen leben unsere Leute so gefährlich!

Sie schloss die Augen. Frühe Passanten kamen vorbei. Durch das Klopfen in ihren Ohren hörte sie leise dänische Laute, aber das sagte nichts. Doch sie gingen vorbei, ohne Lea zu bemerken.

Weiter. Sie hatte eine Aufgabe. Schwäche wie eben konnte sie sich nicht leisten. Damit gefährdete sie sich selbst und andere.

Das Auto sei mit Benzin gefahren, also bestimmt ein deutsches, alle anderen führen ja mit Gasgeneratoren. Nein, klein eigentlich nicht, ein Opel Kapitän, soweit er habe erkennen können. Das sei schon ein ordentlicher Schlitten, und sie seien ja zu fünft darin gewesen, mit Pastor Munk dann sechs Männer. Kurz vor acht sei der Wagen auf den Hofplatz eingebogen, erzählte der Sohn des Pfarrhofpächters weiter. Die Eltern hätten gerade zu den Nachbarn gehen wollen, und er habe zu seinem Vater gesagt, drüben bei Pastor Munk, da stimme etwas nicht. Ja, das glaube er auch, habe sein Vater geantwortet und seinem Bruder und ihm befohlen, mit der Mutter im Haus zu bleiben, während er zu den Nachbarn gehen wolle, die hätten Telefon. Vier Männer seien rasch ausgestiegen, und drei seien sofort beim Pastor in der Haustür verschwunden, während der vierte draußen Wache gehalten habe. Einen Augenblick später fuhr der Wagen wieder an und hielt genau vor unserer Tür, von wo Bent und ich hinter einer Gardine versteckt das Ganze durch die Scheibe sehen konnten. Es war ganz hell auf dem Hofplatz, nachdem es ein paar Stunden vorher geschneit hatte. Ein paar Meter von mir entfernt konnte ich den fünften Mann sehen, der das Auto mit dem Kühler in Richtung Einfahrt anhielt – bereit abzuhauen. Er zündete sich eine Zigarette an. Es war so still, obwohl der Automotor schwach zu hören war.

Ja, etwas Neues: Munk sei weder in einem Feuergefecht gefallen, noch nach einem wie auch immer fragwürdigen Richterspruch verurteilt und hingerichtet worden, wie schon mehrere, er sei nicht einmal im engeren Sinn ein Widerstandskämpfer gewesen, er habe nur mit dem Wort gekämpft – das aber gründlich! – ja, gewiss, und das reiche ja im Nazireich schon, andere seien dafür ins KZ gekommen; aber mitnehmen und dann irgendwo am Straßenrand abknallen wie einen tollen Hund – oder der Mordversuch an Redakteur Christian Dam wenige Tage zuvor, in dessen Wohnung, vor den Augen seiner Frau und seines Kindes: In der Tat, das sei etwas Neues, die Deutschen hätten den offenen Terror begonnen, und wer könne nun noch sicher sein. Ob es wohl dieselben Täter gewesen seien?

Lea schwieg und ließ die anderen reden. Für jemanden, der eigentlich längst in Schweden sein sollte, war es schon genug, überhaupt dabei sein zu dürfen. Niemand wusste hier, dass sie die beste Schützin im Verein gewesen war, und sie fand es noch nicht an der Zeit, die anderen darauf aufmerksam zu machen. Zielen – und treffen: Das bereitete ihr tiefe Befriedigung. Wenn es das war, was sie konnte, dann war es das, was Dänemark von ihr erwarten durfte. Jetzt erst recht. Und bevor jemand wie Sprosse sich selbst gefährdete. Wer hatte etwas von ihren Skrupeln? Es war Krieg und sie längst ein Teil davon.

Worum es einzig ging: Personen auszuschalten, die anderen äußerst gefährlich werden konnten. All denen, die taten, was getan werden musste, damit Dänemark wieder ein freies Land und der Krieg endlich zu Ende wäre.

Sie schaute eins nach dem anderen in die entschlossenen Gesichter. Einige hatten schon mitgeholfen, die Juden in Fischerbooten über den Sund zu bringen. Auch Leas Familie. Kaum einer wusste hier, dass sie mit ihren hellen Haaren selbst hätte fortgeschafft werden müssen. Ihre Eltern konnten erst drüben erfahren haben, dass sie in Dänemark geblieben war. Um das zu tun, was Edith und Daniel nicht mehr tun konnten. Um sich nicht für ihre Freiheit schämen zu müssen. Für ihr Leben und für ihren unbedingten Wunsch, zu leben.

– Kannst du schießen, Frosch?

Sie schaute Sprosse lange und ruhig in die Augen, bevor sie nickte.

– Ja. Das kann ich.

Der Vizepolizeiinspektor war groß und schwer mit einem Kopf wie ein Poller, um den die Leine eines Bootes festgezurrt wird. Mitte sechzig, mit dem Vertrauen erweckenden Bauerndialekt der Gegend um Ringkøbing, die Haare kurz geschoren. Hinter der runden Brille ein Blick, der keinen Widerspruch duldete, jetzt jedoch wohlgefällig auf dem jungen Beamten ruhte, der alle gewünschten Auskünfte geben konnte und dies knapp, klar und sicher tat.

Pass auf. Himmelstrup hat auch unsere Leute rangekriegt. Unser bester Mann, ja, ganz gewiss. Aber im Dienst der Zusammenarbeitspolitik. Na, das ist ja jetzt wohl vorbei. Vielleicht.

Pol 198-935. Der Lehrling, der den silbergrauen Opel Kapitän in Herning betankt hatte, konnte sich genau an das Nummernschild erinnern. Himmelstrup brauchte nicht lange, um herauszubekommen, dass der Wagen den Deutschen gehörte. Direkt vom Dagmarhaus in Kopenhagen, dem Sitz des Reichsbevollmächtigten und der Gestapo. Und damit endeten die offiziellen Nachforschungen.

Taarnby protokollierte alles sorgfältig. Eines Tages würden sie es verwenden.

– He! Amazone!

Lea wandte sich zögernd und fragend um.

– Amazone! Schieß!

Der hochgewachsene, kampferprobt wirkende Mann warf eine Konservenbüchse in die Luft. Lea schoss. Er hob die sauber durchbohrte Dose auf und kam zu Lea hinüber.

– Du bist die Amazone. Mehr muss ich von dir nicht wissen. Ich bin K. C. Mehr musst du auch nicht wissen. Ich brauche dich.

Er streckte ihr die Hand hin. Nach kurzem Zögern schlug Lea ein. Amazone. Die hatte sie sich immer anders vorgestellt. K. C. drückte ihre Hand: Wir brauchen deine Schießkünste. Aber auch dieses Lachen. Damit wir nicht vergessen, wofür wir kämpfen.

Stolz, Verlegenheit, Freude. Es war sicher alles in ihrem Lächeln zu sehen.

Doch sie hatte noch etwas: Aber auf Menschen schieße ich nicht!

K. C. grinste und kniff ihr in die Wange.

– Darum brauchen wir ja welche, die wissen, was sie tun!

In der Kirche seines Vaters setzte Taarnby sich am liebsten in die letzte Reihe links, unter das Wandbild seines Namenspatrons, der dort den Drachen mit seiner Lanze durchbohrte. An welche Drachen mochten seine Eltern gedacht haben, als sie ihren Zweiten auf den Namen Jørgen tauften?

Er überlegte, ob ein heutiger Künstler dem Drachen vielleicht Hakenkreuze auf die Flügel gemalt hätte. Dann verwarf er den Gedanken, Drachen waren gänzlich aus der Mode geraten – und wer sie töten wollte, brauchte andere Waffen als Lanze und Schwert.

Das Wort. Er wandte seine Aufmerksamkeit wieder seinem Vater zu, der schräg gegenüber am anderen Ende des Kirchenschiffs auf der Kanzel stand. Warum er dort stehen müsse, wenn er predige, hatte er ihn als Junge einmal gefragt, und sein Vater hatte geantwortet, weil er hier nicht sein eigenes, sondern Gottes Wort auszurichten habe. Jeder könne ihn jederzeit von der Kanzel herunterholen, doch solange er da stehe, gelte das Wort, das genau unter dem Pult geschrieben stand: Gott von ganzem Herzen, ganzer Seele, allen Kräften und ganzem Gemüt zu lieben und den Nächsten wie sich selbst.

Diese Worte seien eine Verpflichtung für alle Pfarrer des Landes, und auch der Pastor von Vedersø habe nichts anderes im Sinn gehabt als ebendiese Richtschnur. Nun müsse man erst alle Pfarrer töten und Kanzeln wie diese verbrennen, doch dann werde Gott die Steine schreien lassen.

Ob die Gestapo sich berichten ließ, was in den Gottesdiensten gepredigt wurde? Von seinem Platz unter dem Drachentöter konnte er die Gemeinde überblicken. Wer notierte sich im Kopf oder gar heimlich auf einem Stück Papier, was Pastor Taarnby von sich gab? Mit blitzenden Brillengläsern, selbst der spanische Kragen schien sich extra zu sträuben, als der Prediger zum Evangelium des Sonntags zurückkehrte: Zachäus ist mitten unter uns und streicht sein unrechtes Geld ein. Er verkauft den Deutschen Korn und Fleisch und Milch und wohl auch einmal seine Landsleute. Und nun verstehen wir, dass es keine süßliche Glanzbildchengeschichte ist, wenn Jesus unter dem Baum Halt macht und ruft: Zachäus, steig eilend herunter; denn ich muss heute in dein Haus einkehren. Eine Invasion sei das, wie die, die General von Hanneken durch die Alliierten befürchte, und hier hülfen die stärksten Wallanlagen nicht mehr, denn Jesu Stimme übermanne den Menschen von innen.

Ob er keine Angst habe, fragte er seinen Vater später beim Essen. Ich tue nur, was mir aufgetragen ist, antwortete der trocken und erwiderte den Blick seines Sohnes mit einem breiten und zuversichtlichen Lächeln.

Er schaute seine Eltern an. Er wusste nichts über ihre Aktivitäten und sie nichts über seine. Man konnte stattdessen über Kaj Munk sprechen. Ob er den Tod gesucht habe. Oder das Martyrium? Eigenartiger Begriff in der heutigen Zeit. Wie man's nimmt, gelte es denn nicht gerade heute, Position zu beziehen? Man könne nicht ewig lavieren, müsse sich für kalt oder warm entscheiden, lau sei nicht mehr möglich. Aber was heißt es genau,

Jesus zu folgen, heute zu folgen. Ja, gerade heute kann das heißen, sich gewaltigen Ärger einzuhandeln. Munk wusste, dass ihn sein offenes Wort gefährdete. Ein Märtyrer des offenen Wortes? Oder vertraute er auf seine Prominenz, ihm werde man schon nichts tun?

Taarnby versuchte, sich vorzustellen, was Munk auf dieser Fahrt gedacht hatte. Nach Hørbylunde Golgatha. Was betete man da. Mein Gott, warum hast du mich verlassen?

Morten, Nielsen, Ib, Grün, Jo, Hellerup, Klingel, Thorbjørn, Sprosse. Schüler, Studenten, Lehrlinge, Arbeiter, sie war die einzige Frau und mit ihren Zweiundzwanzig bereits unter den Älteren. K. C. übertrug ihr einen Teil der Schießausbildung, was Letzterem Rechnung trug und Ersteres wieder wettmachte. Er war in Spanien dabei gewesen. Und dass ich jetzt vor euch stehe, verdanke ich einem älteren Kumpel, der mir einschärfte: Spiel nicht den Helden! Ein guter Kämpfer wirft sich nicht todesmutig in die Schlacht und fällt so bald wie möglich, ein guter Kämpfer schützt sich und seine Kameraden und sorgt dafür, dass der Feind unschädlich gemacht wird. Und werde man festgenommen, womit man immer rechnen müsse, gehe der Kampf weiter. Schutz der anderen, wenn man sich selbst schon nicht mehr schützen könne, sei jetzt das Wichtigste. Keiner wisse, wie er Folter durchstehen werde. Ob er schweigen könne. Und es gelte, eine gute Geschichte parat zu haben.

Nachdenklich erwiderte sie sein aufmunterndes Lächeln. Einer, der gewohnt war, zwischen den Stühlen zu sitzen. Weder länger bereit, sich der strikten Linie der Kommunistischen Partei und damit letztlich Moskau zu unterwerfen – noch dazu, seinen

Internationalismus für den Nationalstolz der Partisanengruppe *Holger Danske* aufzugeben. Erfahren. Unverdorben. Mit allen Wassern gewaschen. Unvoreingenommen. Ein Mann, dem sich all die jungen Hitzköpfe willig unterordneten und der es für das Natürlichste der Welt zu halten schien, dass Frauen und Männer Seite an Seite kämpften.

Ruhig wie er gab sie ihren Schießunterricht nach seiner Parole: Ihr müsst lernen zu treffen, damit wir unsere kostbare Munition sparen!

Ein großer Teil der Waffen und Munition war gestohlen, ein kleiner Teil illegal angefertigt, der Rest von den Engländern über Jütland abgeworfen. Seine Anweisungen bezog K. C. vom Freiheitsrat, den die Widerstandsbewegungen gebildet hatten, um die Aktionen zusammenzuführen und den Alliierten einen Ansprechpartner zu bieten, oder direkt von der Special Operations Executive. Auf Sabotage solle vorübergehend ganz verzichtet werden und nach Möglichkeit auch auf die Liquidierung von Denunzianten, um den Deutschen keinen Vorwand zu geben und in Ruhe ein geheimes Heer aufbauen zu können. Als ob die Deutschen da einfach mitspielten, meinte K. C. schulterzuckend, aber Befehl war Befehl, und doch. Den Kampf gewinnt nicht die SOE für uns. Den Kampf gewinnen wir, wenn wir durchhalten, obwohl sie überall und mit allen Mitteln Jagd auf uns machen.

Er gab Zyankalikapseln aus.

– Für den äußersten Notfall.

Mit einer Kaltblütigkeit, die sie selbst überraschte, befestigte Lea die Kapsel mit einem Pflaster an der Innenseite ihres Schenkels.

Am 6. Januar wurde der Arzt Willy Vigholt in Slagelse von zwei Männern in sein Sprechzimmer gerufen und auf der Treppe erschossen.

Am 13. Januar wurden der Zahntechniker Leo Kæraa und seine englische Frau in Aarhus von der Gestapo vermutlich als Rache für eine Liquidierung angeschossen, die Frau starb, Kæraa überlebte.

Am 31. Januar trat Graf Kjeld Brockenhuus-Schack, Hauptmann der Königlichen Leibgarde, spätabends aus seinem Haus in Hellerup und bemerkte zwei Männer, die sich ihm plötzlich näherten. Er konnte zurück ins Haus fliehen, bevor Maschinenpistolensalven durch die Tür brachen und ihn in der Lunge trafen, jedoch nicht töteten. Man vermutete eine Vergeltung für die Anschläge auf einen SS-Offizier und einen Marineleutnant zwei Tage zuvor. Brockenhuus-Schack und erst recht der 24-jährige Polizist John Christian Falkenaa schienen willkürlich ausgesuchte Opfer. Falkenaa fuhr nach dem Dienst mit dem Fahrrad zu seinen Eltern und wurde aus einem vorbeifahrenden schwarzen Mercedes mit 32 Schüssen aus zwei Maschinenpistolen tödlich getroffen.

Am 3. Februar wurde der Rechtsanwalt Holger Christensen in Aarhus vor seiner Haustür erschossen. Man sah zwei Männer in aller Seelenruhe den Tatort verlassen.

– Lasst euch jede Einzelheit geben. Gleicht alles ab. Sobald der Krieg vorbei ist, haben wir unsere Männer.

Sorgfältig legte Taarnby Akten an. In seinem Kopf speicherte er, dass es Menschen gab, die gezielt angegriffen wurden, und solche, die zur falschen Zeit am falschen Ort waren. Ferner versuchte er, nicht an Lea zu denken.

Jemand hatte eine Jazzplatte aufgelegt. Jeder wollte mit Lea tanzen. Sie machte mit und war doch nicht bei der Sache, ihr ging nicht aus dem Kopf, was Ib über die Lager erzählt hatte. Sie wusste, dass Edith und Daniel und ihre Eltern und die anderen Juden, die Oslo mit der *Donau* verlassen hatten, in eines dieser Lager gekommen waren. Was dort geschah, darüber hatte die BBC mehrfach berichtet. Worte, für die sie keine Bilder fand. Die dänischen Juden, die es nicht geschafft hatten, waren vielleicht in einem besseren Lager. Daniel liebte Jazz.

Sprosse reichte sie an K. C. weiter. An seiner ruhigen Hand entspannte sie sich. K. C. summte leise mit, schließlich verstand sie Worte. Worte, die ihr Vater ihr beigebracht hatte: Adonoi roi, lo echsor.

– Was hast du zu ihr gesagt?

– Ach, nichts weiter.

– Was hat er zu dir gesagt?

– Komm, du hast ihr was gesagt, und dann sah es aus, als ob sie gleich weinen würde!

– Lasst mich einfach. Und ihn auch.

– So habe ich es ihr nicht gesagt, aber ich sage es jetzt euch: Der Herr ist mein Hirte, mir wird nichts mangeln.

– Was meinst du damit?

– Das kenne ich von der Kirche, aber was willst du damit jetzt sagen?

– Leute, vergesst es, ihr seht doch, dass er nichts sagen will. Lasst die beiden einfach in Ruhe.

Lea trat vor die Tür. Einen Moment lang gewannen die Tränen die Oberhand.

Edith. Der junge Polizist, den sie gestern erschossen hatten. Jørgen. Tränen halfen nichts.

Ihr fielen die Worte von Pastor Munk ein, man müsse mit Gottes Hilfe das Volk zum Aufruhr bringen, hatte er es nicht so gesagt. Sie fühlte sich klein und schwach und entschlossen. Denn du bist bei mir. Ki ato imodi. Dein Stecken und Stab

sinnlos. Sie würden hier nie herauskommen. Langsam ahnte er, dass es für Lea und ihn keine Zukunft gab. Oder eine so abstrakte, dass er gleich an Märchen glauben konnte. Und glauben konnte er überhaupt nicht mehr. Wie man feststellt, dass man seinen Schlüssel verloren hat oder ein Papier, das man nie hätte verlieren dürfen, oder wenn möglich etwas noch Wichtigeres. Gedankenloser Griff in die Tasche, und der Glaube war nicht mehr da. Auch der Glaube an Lea und ihn. Er fand keine Bilder mehr dafür. Konnte sich ihr Gesicht nicht mehr in der Schattenzeichnung sonnenbeschienenen Laubs vorstellen, fand keinen Platz mehr für ihr Lächeln und schon gar keinen für Zärtlichkeit. Erinnerte sich an die neue Härte in ihrem Gesicht und in ihrer Stimme, mit der sie sich selbst Kommandos zu geben schien, die sie dann befolgte. Er wusste, dass sie nicht nur schneller lief als er, sondern auch besser schoss und traf.

Es gibt Mitmenschen, denen man am besten einen Dienst erweist, indem man sie umbringt, hatte Kaj Munk gepredigt. In seiner Bibel hatte er das gewiss nicht gefunden. Und wurde es nicht schon dadurch falsch, dass auch die Nazis es unterschreiben würden? Doch was hatte Munk anderes damit gesagt, als dass es Situationen gab, in denen nicht mehr galt, was sonst vielleicht galt. Der Volksheld Niels Ebbesen gegen den kahlköpfigen Grafen von Holstein. Das war Jahrhunderte her. Auch die Besatzung würde einmal Jahrhunderte her sein.

die gerahmte Photographie von Frau Jellings Eltern, der Tannenzweig in der Vase, die dunkle Tapete mit dem noch dunkler gewordenen Blumenmuster, die schweren Vorhänge, das Deckchen auf dem Mahagonitisch.

Friedensalltag eines anderen Menschen, drei Tage hatte Frau Jelling ihn mit ihr geteilt und einen heißen süßen schwarzen Kaffee lang auch mit K. C. Wo sie den Kaffee nur herhatte, eiserne Vorräte für besondere Gelegenheiten, hatte Frau Jelling lächelnd gesagt und bei Lea ein Gefühl von Heimweh hinterlassen, sogar Waffeln hatte sie gebacken. Sie war eine alte Arbeitskollegin von K. C.s Mutter, und Lea hatte überrascht zur Kenntnis genommen, dass auch jemand wie K. C. natürlich eine Mutter hatte, nur seinen Vater hatte er kurz erwähnt.

Clausen, Carstensen, Carlsberg, Christensen – nein, das vielleicht weniger, zumindest der Vater war Jude und beide Eltern in Schweden, wie sie inzwischen wusste, und mehr hatte sie nicht fragen mögen. K. C. hatte Lea bei Frau Jelling untergebracht, schon ihre zweite Adresse nach Vesterlunds, und sie überlegte langsam, wie viele Heimaten sie noch streifen würde, streifen und wieder hinter sich lassen, auch bei Frau Jelling konnte sie nicht länger bleiben. Zudem hatte Frau Jelling nach dem frühen Tod ihres Mannes nicht viel Geld, Lea ahnte, dass der Widerstand für die Logiergäste bezahlte, sie war nicht die Erste.

Sie mochte den wehmütigen Ausdruck im Gesicht der älteren Frau nicht länger ertragen und machte den Abschied kurz. Schweigend und mit zügigem Schritt ging sie neben K. C. die Allee entlang. Er nahm sie zum ersten Mal zu diesem Treffen mit, sie kannte das Ziel nicht, vielleicht ein Café oder Restaurant.

Verwundert nahm sie wahr, dass er sehr plötzlich die Frederiksberg Allé verließ und in eine kleinere Straße wechselte; als sie zu ihm hochschaute, hatte sie den Eindruck, er versuche einen verstohlenen Blick über die Schulter.

– Schau dich nicht um. Schau auch mich nicht an. Nur geradeaus.

Sie versuchte, die Schritte hinter sich nicht zu hören, und warum sollte hier nicht noch jemand gehen. Auch jemand mit tief ins Gesicht gezogenem Hut, so stellte sie es sich vor. Gerne bogen sie doch die Krempe noch extra ein wenig herunter.

Sie erreichten den Carl Bernhards Vej. Wenn sie unbehelligt weiter bis zur Kingosgade kämen, konnten sie mit etwas Glück dort auf die Drei springen, Lea sah die Straßenbahn weit vorne vorbeifahren, leider auch die beiden Herren mit den langen Coats und den tief herabgezogenen Hüten.

– Wenn die Maus in die Falle geraten ist, kämpft sie, auch wenn es ihr nichts nützt.

Sie antwortete nicht, entsicherte aber ihren Revolver in der Manteltasche.

– Unauffällig und ruhig weitergehen. Dann du vorne und ich hinten.

Das konnte unmöglich gutgehen. Sie dachte an die Maus und ging ungerührt weiter.

– Dort an der Hofeinfahrt.

Die Herren vor ihnen waren auf Schussweite, die vermuteten hinter ihnen vielleicht ebenfalls. K. C. drehte sich plötzlich um, sie eröffnete im selben Augenblick wie er das Feuer, sah einen der Herren zusammensacken und folgte K. C. in die Hofeinfahrt. Sie liefen hinter die Ecke des Mietshauses, K. C. fiel im Laufen vornüber, Lea wandte sich ungeschützt um und feuerte die Trommel leer, sprang in die Deckung, in die K. C. seine Pistole warf, stutzte, blieb einen Moment hilflos stehen, als sie begriff, dass er nicht mehr aufstehen würde, verstand, dass der gezischte, gekeuchte Laut ein Befehl war, und rannte weiter, hob im Laufen seine Waffe auf, erwischte einen weiteren ihrer Verfolger und nutzte aus, dass der Letzte einen Augenblick zögerte, also hatte K. C. ebenfalls einen erwischt, wenn die hinter ihnen auch zu zweit gewesen waren. Als sich auf dem Pflaster nichts mehr regte, zögerte sie auch einen Lidschlag zu lang, weswegen sie ein letzter Schuss an der Schulter streifte. Sie schoss auf den Kopf, der sich etwas vom Boden erhoben hatte. Begriff immer noch nicht ganz, dass K. C. sich nicht mehr bewegte. Vergaß alle ihre Namen. Die Amazone rannte über den Hof, bemerkte niemanden, der ängstlich hinter den Fenstern stand, erreichte durch eine weitere Einfahrt den Engtoftevej und die Allee und sprang im Alhambravej auf einen gerade abfahrenden Dreier.

Taarnbys Protokoll der Ermittlungen hinsichtlich der Sprengung des Wasserturms war mit größter Sorgfalt abgefasst. Nur ein sehr aufmerksamer und des Dänischen kundiger Leser hätte bemerkt, dass es lediglich aus kunstvoll verknüpften losen Fäden bestand. Gewissenhaft verfolgte man jedoch alle Spuren nach dem Bombenanschlag auf das Bootshaus des Ruderklubs und verzeichnete die Hinweise auf dänische Mittäter. Die Bevölkerung lernte zwischen Sabotage und Schalburgtage zu unterscheiden und erwies damit dem gefallenen dänischen SS-Führer Schalburg posthume Ehre. Im Übrigen war niemand über die Notwendigkeit des Anschlags auf den Ruderklub im Zweifel, denn wie die Verhältnisse sich entwickelt hätten, könne man ja nicht mehr ausschließen, dass die Ruderboote für die deutsche Flotte eine Bedrohung bedeutet hätten.

Als Taarnby von zwei Gestapo-Leuten zu seinen Nachforschungen befragt wurde, antwortete er voller überzeugendem Eifer, die bisherigen Ermittlungen wiesen eindeutig auf den lokalen Widerstand. Vielleicht glaubte man ihm, nichtsdestoweniger wurde ihm nahegelegt, seine Befragungen zu beenden. Unter diesen Umständen hielt er es auch nicht für geboten, die bei den Aufräumarbeiten gefundenen und sorgsam wieder versteckten illegalen Waffen in seinem Bericht zu erwähnen.

Er brauchte Abstand und fuhr gemächlich an der Kirche vorbei über den Marktplatz, wich einem kleinen Trupp Soldaten aus und schlug hinter dem Rathaus den Weg zum See ein, wie selbstverständlich die Søgade, von wo er Frøhlichs Haus schon von hinten sah. Er musste in die Hostrupsgade einbiegen, wenn er schon einmal hier war, hätte freilich in die andere Richtung gemusst, um in weitem Bogen zur Kriminalpolizei zurückzukommen. Hielt vor dem Haus, den einen Fuß noch auf dem Pedal. Leer. Doch gepflegt, als seien die Bewohner nur einmal kurz verreist. Das Haus sah intelligent aus, hinter seinem Staketenzaun und der sauberen Hecke. Lea dort oben hinter dem Fenster: nein.

Wo bist du, mein Mädchen.

Auch das Haus antwortete ihm nicht.

Es gab vielleicht keine Antwort mehr.

Die Fenster hätten jedenfalls nicht leerer und lealoser sein können.

– Fräulein, Sie sind verletzt!

Jørgen, ich habe drei Männer erschossen. Nun, vielleicht leben noch ein oder zwei. Aber K. C.: nein, besser nicht.

– Fräulein?

– Oh. Danke. Geht schon.

– Damit sollten Sie aber zum Arzt! Hier, nehmen Sie mein Taschentuch. Ich habe es nicht benutzt. Ihres ist ja schon ganz durchtränkt.

Weißt du, das ist das Wenigste. Aber wo K. C. und die anderen liegen.

– Danke! Das ist lieb von Ihnen.

– Schießerei?

Tief durchatmen. Lächeln. So tun, als wärst du nicht bestimmt leichenblass.

– Ja, ich bin in eine Schießerei geraten. Es ging plötzlich los, und ich – ich war irgendwie im Weg ...

– Armes Ding!

Die ältere Frau schüttelte mitleidig den Kopf. Der Mann, der sie zuerst angesprochen hatte, beobachtete sie aufmerksam und besorgt.

Massenauflauf. Kaltblütige Mörderin verursacht Massenauflauf in der Kopenhagener Straßenbahn.

– Danke, bitte bemühen Sie sich nicht! Ich steige hier aus. Ich wohne hier um die Ecke. Kann – kann ich Ihnen Ihr Taschentuch reinigen und irgendwohin schicken?

– Nicht nötig, Fräulein. Aber passen Sie auf sich auf!

– Ja. Danke.

Abspringen. Mit dem schweren Mantel. Schwer nicht nur wegen der beiden Waffen in den Taschen.

Ich habe drei Männer erschossen. Mindestens einen bestimmt. Und K. C. ist tot. Hoffentlich jedenfalls. Denn alles, was sonst käme, wäre schlimmer. Aber er ist tot. Ich habe ihn verloren. Nur noch seine Pistole.

Da sie nicht sicher war, ob man ihr nachschaute – wahrscheinlich tat man das, aber was änderte es –, bog sie gleich in den Kastanievej ein, mochten sie glauben, sie wohne in einer der Villen im Uraniavej. Eilte weiter mit ihrem schwer gewordenen Mantel.

Wer K. C. war. Ein Freund. Aber nicht wie du. Ich liebe ihn nicht, ich habe zu ihm aufgesehen. Wie ein großer Bruder. Du hast einen Bruder, Jørgen, du verstehst das vielleicht.

Mischte sich in den Verkehr des Gammel Kongevej, fand sich plötzlich in der Madvigs Allé vor dem Haus wieder, wo Frau Jelling in der dritten Etage zur Straße hin wohnte. Es war so gut wie irgendwo. Auch das zweite Taschentuch war vollgesogen, und die Wunde – wenn auch nicht schlimm – musste versorgt werden.

Die Amazone fühlte sich sicher und schaute sich nicht um. Und sie war plötzlich sehr erschöpft.

Frau Jelling öffnete mit einem seltsamen Gesichtsausdruck. Herrgott, sie musste auch schlimm aussehen mit dem durchbluteten Taschentuch.

– Bitte, ich will Ihnen keine Umstände machen. Wenn Sie nur etwas Wasser und ein Stück Verband hätten. Dann bin ich gleich wieder weg. Und – ich fürchte, er ist tot ...

– Karl ...

Karl also. Da sah man zu jemandem auf und wusste nicht einmal seinen Vornamen. Karl Censen, Celsius oder Conrad. Cohen vielleicht nicht gerade. Obwohl es die Vorliebe für eine Abkürzung erklären würde.

– Hier in der Küche finden Sie alles, was Sie brauchen. Und jetzt setzen Sie sich doch erst einmal und trinken ein Glas Wasser. Ich – ich bin gleich wieder da. Mein – Vetter hat angerufen, ich habe das Gespräch noch nicht beendet. Einen kleinen Augenblick.

Die Amazone nickte zerstreut und müde.

Zog den Mantel aus und versorgte die Wunde.

Unterbrach sich, weil ein Teil von ihr plötzlich hellwach war und etwas nachhorchte, was sie gerade gehört hatte. Dieser Teil glaubte auch zu hören, dass Frau Jelling ihren Vetter siezte. Vielleicht war noch die Rede von Festhalten und Beeilen. Doch da hatte sie ihren Revolver schon wieder geladen und erwartete ihre Wirtin der letzten Tage.

– So. He, was ...

– Wen haben Sie angerufen?

– Wie – Ich ... Meinen Vetter, das sagte ich doch ...

– Wen haben Sie angerufen?

– Also hören Sie – da liegt ein Missverständnis vor ...

– Nein, ich glaube nicht.

Der hellwache Teil der Amazone hatte sich mit dem auf die Frau gerichteten Revolver erhoben, während ein anderer Teil in ihr noch gegen die plötzliche Einsicht aufbegehrte. Beide Frauen schauten auf das Bündel Geldscheine, das noch offen auf dem Küchenbord lag, flüchtig von einem Briefbeschwerer gehalten.

– Wann kommen sie.

Frau Jelling antwortete nicht mehr. In ihrem Gesichtsausdruck verschwammen Angst, Mitleid und Überlegenheitsgefühl. Vielleicht ein bisschen Verachtung.

Mit Recht, denn die Amazone war ihrer Sache gar nicht mehr sicher.

Wenn ihr es tun müsst, dann ist es weder Rache noch Strafe, das steht euch nicht zu, sagte K. C., hatte K. C. vielmehr gesagt. Denkt an die, die ihr noch schützen könnt. Und vergesst nie, dass die Deutschen die Verräter in der Hand haben. Die müssen jetzt liefern.

Frau Jelling war bis in ihr Wohnzimmer zurückgewichen und schien gerade entschieden zu haben, zu schreien. Die gerahmte Fotografie ihrer Eltern wurde bespritzt, auch die dunklen Blumen der Tapete, und im Fallen riss sie den Tannenzweig mit, das Wasser der Vase

– Kämpf für alles, was du liebst,
gilt es auch zu sterben.
Wenn du dich darein ergibst,
wirst du nicht verderben.

Taarnby spürte, wie ihm bei dem alten Choral schwer ums Herz wurde. Würde Lea zulassen, dass er für sie kämpfte. Und wie sollte er das überhaupt bewerkstelligen.

Ihn fror.

– Da oben wurde geschossen!

– Ja. Er hat sich da verschanzt. Ich habe Angst.

Die Amazone ließ die verschreckte Nachbarin im Treppenhaus stehen und eilte weiter. Unbehelligt erreichte sie den Hofausgang. Adonoi roi. Adonoi roi. Adonoi roi, lo echsor. Nur behindert von dem Ring um ihr Herz und ihre Kehle bege zalmowes im Tal des Todesschattens, entkam sie über die Hinterhöfe und tauchte im Frederiksberger Verkehr unter. Denn ato imodi. Du bist bei mir. Du bist bei mir. Wenn Er sich denn um eine Mörderin kümmerte. Kämpf für alles, was du liebst, hatten die anderen gesungen. Was sollte sie

– Na komm ... Komm ... Es wird alles gut ...

– Als ich es gemerkt hatte, hätte ich ja einfach weglaufen können. Das hab ich doch dann sowieso getan.

– Sie hätte noch andere verraten.

– Und ich hatte sowieso schon getötet.

– Lea, ich wünschte, du könntest dir wenigstens selbst vergeben.

– Wo ist Gott? Wo haben sie ihn eingesperrt, dass er nichts mehr dagegen tun kann?

– Konnte er es früher?

– Wahrscheinlich nicht. Vielleicht versteckt er sich ja auch. Ich glaube, ich würde mich verstecken, wenn ich Gott wäre. Irgendwo in einer Höhle, würde die Augen zusammenpressen und die Hände auf die Ohren. Aber wenn ich wirklich Gott wäre, würde ich das sicher nicht lange durchhalten. Aber: Maj und Edith und alle: Wo sollten sie sonst sein? Vielleicht kümmert er sich überhaupt nur noch um sie. Und wir müssen hier gucken, wie wir zurechtkommen.

Den Westwind ließen die Anstrengungen General von Hannekens zur Befestigung der Küste kalt, er war längst im Land und strich ungehindert und recht ungemütlich über die Felder und den kleinen See, den seines Hausherrn beraubten Pfarrhof und weiter nach Vedersø, wo er den gedrungenen weißen Kirchturm in Angriff nahm, der das jedoch seit Jahrhunderten gewohnt war und demütig und fest zugleich ertrug.

Taarnby warf einen letzten Blick auf den Hof, bevor er zu den anderen in einen der Wagen stieg. Die verstörten Blicke der Kinder. Er hatte rasch ihr Vertrauen gewonnen, als er erzählte, er sei ebenfalls ein Pfarrerskind. Und habe auch Geschwister. Nein, nur zwei, einen älteren Bruder und eine jüngere Schwester, aber auch die sei schon erwachsen. Pastor Munks älteste Tochter war zwölf, ihre Brüder etwas jünger, es gab noch ein jüngeres Mädchen und einen weiteren kleinen Jungen. Er hätte sich gerne länger mit ihnen unterhalten, doch Himmelstrup interessierte sich nicht für das, was die Kinder vielleicht zu berichten gehabt hätten, befragte auch den Sohn des Pfarrhofpächters nicht weiter, und Taarnby kam es nicht zu, auf eigene Faust Befragungen durchzuführen.

Der Vater des Jungen hatte dem bereits Protokollierten nichts hinzuzufügen. Ja, am 20. Dezember sei einer mit dem Fahrrad vorbeigekommen und habe viele eigenartige Fragen gestellt. Sie hätten gedroschen, und der Fremde habe plötzlich in der Scheunentür gestanden. In Büroartikeln reise er. Na. Und nach Staby und Ulfborg und zum Vedersø Klit Hotel habe er gewollt, was ja sehr verschiedene Richtungen seien, und dann habe er wissen wollen, wer im Pfarrhof wohne und ob der Pastor, wenn er auf die Jagd gehe, denn auch Hunde habe. Er habe mit zu Mittag gegessen und sei dann weitergefahren, und man habe sich wieder um die Arbeit kümmern müssen, ein Regenschauer sei niedergegangen, und dic Wagenladung habe rasch in die Scheune gebracht werden müssen.

konnte nicht mehr aufhören zu schießen. Und Frau Jelling lag ja noch nicht auf dem Boden. Hinter ihr sah die Amazone zwei Herren in Hut und Mantel aus dem Zimmer treten, in dem sie die vergangenen Tage gewohnt hatte. Sie versuchte auch dorthin zu schießen, doch ihre Kugeln richteten ohnehin keinen Schaden mehr an. Die Herren führten Edith zwischen sich, die ihre Geige in der Hand hielt und sich über die Schulter hilfesuchend nach der Amazone umschaute. Der Herr zur Rechten nahm Edith die Geige weg und zertrat sie. Das Mädchen hatte nichts mehr an. Nackt führten sie sie weg. Die Amazone schoss und schoss und hörte doch nur ihr eigenes Schluchzen und

Leise stöhnend öffnete sie die Augen, die vollkommen trocken waren, aber das wusste sie ja. Die drei Cousinen waren jeweils ein Jahr auseinander, Tove die Älteste und Schönste, Edith die Jüngste und Begabteste und sie selbst die Stärkste, aber man konnte sie alle zusammen in einem der Gärten sitzen sehen, mit demselben verträumten Zug im Gesicht, und sah die Verwandtschaft. Vielleicht einmal im Jahr trafen sie sich, die beiden Däninnen etwas häufiger, zuletzt mussten sie nach Oslo kommen. Edith und der zwei Jahre jüngere Daniel wären gerne aufs Konservatorium gegangen und wagten sich an Nielsen und Ravel. Sie erinnerte sich an das letzte Treffen, wo sie einen Satz von Ravel spielten, der Blues hieß, und sie fasziniert wahrnahm, was Edith ihrer Geige für unerwartete Töne entlocken konnte.

Die kleine Gerda war bei der Schneekönigin angekommen

und längst selbst ein Eiszapfen. Und Musik quälte sie nur noch. Nun würde sie immer auf dieser endlosen Schneefläche weiterwandern und nie irgendwo ankommen.

Da es jedoch ihre Aufgabe zu sein schien, übrig zu bleiben, galt es, dem kalten Morgen eines weiteren lichtlosen Tages und den nächsten konkreten Schritten entgegenzusehen. Sie hatte eine neue Aufgabe: K. C. hatte sie zur Gruppenführerin ausersehen, was sie nicht gewusst hatte. K. C., der tatsächlich tot war, im Hof verblutet. Von ihren vier Verfolgern hatte einer schwer verletzt überlebt, vielleicht einer von denen, auf die sie geschossen hatte. Ihre Gruppe bestand aus Ib, Sprosse, Grün und Hellerup. Noch konnte sie nein sagen. Die Streifwunde war versorgt. Sie konnte auch nach Schweden, wenn sie wollte.

Aber nach dem, was sie wirklich wollte, wurde ja auch sonst nicht gefragt. Sie wollte etwas, das es nicht mehr gab. Also würde sie weitermachen. Weil es das war, was sie tun konnte. Und Sprosse mehr in ihre Nähe lassen. Weil sie ihn brauchte und weil Jørgen so verdammt weit weg war. Und ein Polizist und eine Mörderin, das konnte ja nicht gutgehen.

Personenbeschreibungen: Jüngerer Mann mit weichem Hut und meliertem Mantel, der Kapitän Gustav Blom Mackeprang vor dessen Haus im Vintervej in Gentofte anhielt, höflich seinen Hut lüpfte und auf Deutsch fragte: Entschuldigen Sie, sind Sie Herr Mackeprang?, und auf das verwunderte Ja ohne weitere Umstände eine Pistole aus der Manteltasche zog und den Kapitän in die Brust schoss. Mackeprang fiel um, und der Mann mit dem Hut beugte sich über ihn und schoss ihm dreimal ins Gesicht, daraufhin lief er fort. Nachbarn hörten die Schüsse und die lauten Schreie der Ehefrau des Opfers und stürzten auf die Straße. Mackeprang war Mitglied der Vereinigung *Der freie Norden* und hatte sich bei mehreren Gelegenheiten nicht sehr freundlich über die Deutschen geäußert.

Junge Frau mit rötlichem Haar, schlank, recht hübsch, die in der Madvigs Allé in Frederiksberg das Treppenhaus hinunterstürzte, die Nachbarin hatte zuvor Schüsse aus der Wohnung über sich gehört und sprach die junge Frau darauf an, die antwortete, ja, er habe sich dort verschanzt, sie habe Angst, und die Nachbarin sah, dass ein Schuss das Mädchen am Oberarm gestreift haben musste. Die Polizei fand die Witwe Mette Jelling tot in ihrer Wohnung, von dem Täter jedoch keine Spur. Die Nachbarin sagte noch aus, die junge Frau habe sich seit ein paar Tagen bei Frau Jelling aufgehalten, die Wohnung jedoch kaum verlassen, sie habe immer höflich und freundlich gegrüßt, doch oft etwas Abwesendes an sich gehabt und irgendwie traurig gewirkt, aber einen entschlossenen und leichten Schritt gehabt. An dem Tag sei sie kurz zuvor von einem Mann abgeholt worden, der ein paar Jahre älter als sie gewesen sein mochte, sie habe ihn schon mehrfach bei Frau Jelling gesehen, wisse aber nicht, wer er sei. Sie habe das Mädchen nicht zurückkehren sehen, und als sie das zweite Mal das Haus verließ, in Eile und vorgeblicher Angst, sei der Mann nicht bei ihr gewesen. Doch dazwischen sei ein Herr in Hut und Mantel bei Frau Jelling gewesen, den sie auch schon zwei oder drei Mal dort gesehen habe, sie halte ihn für einen Deutschen. Frau Jelling habe möglicherweise Kontakte zum Widerstand gehabt, zu dem die beiden jungen Leute gehören mochten, andererseits schien sie auch Kontakte zu den Deutschen zu unterhalten.

Zwei Männer, wieder in Gentofte, beim Arzt Stefan Jørgensen

im Vældegårdsvej, von zwei anderen Patienten im Wartezimmer des Arztes wie folgt beschrieben: ein unglaublich nervöser Mann von ca. 25 Jahren, mittelgroß, mager, hellblonde wellige Haare, in dickem Pullover und mit weichem Hut, den er auf den Haken im Vorraum hängte, er setzte sich auf ein Sofa im Wartezimmer, konnte seine Hände nicht ruhig halten und sah sich ständig nervös um. Der andere etwas älter, ca. 30 Jahre, groß und kräftig gebaut, dunkler Wollmantel und weicher Hut, den er auf dem Kopf behielt. Er blieb an der Wand stehen und hielt die rechte Hand in der Manteltasche. Der Jüngere ging mit Jørgensen ins Sprechzimmer. Als beide wieder herauskamen, machte er seinem Kameraden Zeichen, der daraufhin dem Arzt zum Fenster folgte, eine Pistole zog und ihm aus wenigen Zentimetern Abstand mehrmals gegen Kopf und Brust schoss. Jørgensen wurde als ein ruhiger, freundlicher, schon älterer Arzt beschrieben, sehr beliebt bei seinen Patienten. Von Kontakten zum Widerstand oder zu den Deutschen und von irgendwelchen einschlägigen Äußerungen war nichts bekannt, nur der Sohn sei wohl im Untergrund. Der Schütze habe nicht dänisch ausgesehen, sein Kamerad aber schon.

Der Täter in den beiden Mordanschlägen in Gentofte mochte identisch sein, die Beschreibungen gaben das nicht genauer her. Clearingmorde der Deutschen. Und diese Frau Jelling? Liquidierung einer Denunziantin? Etwas an der Beschreibung des jungen Mädchens brachte Taarnbys Gedanken und Gefühle durcheinander, sodass er sich rasch weiteren Personenbeschreibungen widmete und einem ungeheuerlichen Verdacht erlaubte, sich ungesehen zu entfernen, bevor er ihn recht wahrgenommen hatte.

Eine Art Spiel, sie hatte sich schon als Kind manchmal vorgestellt, sie sei gerade nicht wirklich da, wo sie war. Sie besah sich die Situation unbeteiligt von außen, ein Luxus, den sie in Wirklichkeit nicht hatte. Die Vorfrühlingssonne, die alle Konturen klar und weich zugleich hervortreten ließ: nicht wirklich. Die Straße, die Passanten, die in Schach zu halten und von der Fabrik fernzuhalten ihre Aufgabe war: nicht wirklich; nicht wirklich letztlich sie selbst, mit der entsicherten, aber entspannt nach unten auf den Bürgersteig gerichteten Pistole, nicht wirklich auch die kleine Gruppe junger Männer unter ihrem Kommando. Aber eben leider doch wirklich, denn es war ja nur eine Art Spiel.

Und vielleicht nicht ihr, aber doch ihrer Waffe gehorchten sie dann, die Menschen, die mit einem bestimmten Ziel auf dieser Straße unterwegs waren, doch dieses Ziel erst einmal verschieben mussten, auf unbestimmte Zeit – oder auf immer, wenn das Ziel die Fabrik war, denn die würde gleich in die Luft gehen.

Jetzt ging sie in die Luft. Alle in Deckung. Im ganzen Viertel zersprangen die Fensterscheiben. Und dann nichts wie weg, bevor die Deutschen kommen, die Deutschen und ihre dänischen Helfershelfer, auch der Rest Polizei, dem sie diese Aufgabe noch zuschoben. Die Aktion war erfolgreich, die Fabrik völlig zerstört. Irgendwelche Maschinenteile für Waffen. Darauf kam es jetzt schon gar nicht mehr an. Sie hatten ganze Arbeit geleistet, das Gelände noch evakuiert, alle Passanten aus der Schusslinie geholt, niemand war verletzt. Nur die Fabrik, die war nicht mehr da, und die Fensterscheiben. Die Amazone behielt ihre Pistole noch in der Hand, während sie lief. Solange sie das tat, konnte sie ihre Gedanken von der klebrigen blutigen Binde in ihrem Schritt abhalten. Unpraktische Tätigkeit für eine Frau, aber diese Entscheidung hatte sie ja schon lange getroffen, außerdem war sie jetzt Gruppenführerin und heute dafür verantwortlich gewesen, dass kein Passant zu Schaden kam, was kümmerte sie da ein bisschen eigenes Blut, und geschossen hatte sie jedenfalls schon länger auf niemanden mehr.

Manchmal ging sie wie auf Watte, eigentlich lebte sie ganz wie auf Watte, als wäre alles doch nicht wirklich, aber das war es wohl. Und sie hatte einmal einen Namen gehabt und eine Familie und eine Unschuld und was man damals alles eben so gehabt hatte, damals im Frieden. Vorkriegsluxus, nicht sehr brauchbar jetzt. Manchmal dachte sie an Jørgen, ziemlich oft sogar, aber gar nicht einmal immer, wenn sie Sprosse erlaubte, sie zu küssen, und heute würde sie ihn sogar bitten, mit ihr zu schlafen, wenn er dazu bereit war, denn sie war es jetzt, und Jørgen war doch längst unerreichbar. Einen Unterschied gab es immer noch: Wenn sie an Sprosse dachte, wurde ihr warm ums Herz. Doch beim Gedanken an Jørgen schlug es schneller, und sie konnte es eigentlich nicht lassen, an ihn zu denken, die Gedanken an Sprosse waren immer konkreter und begrenzter.

Jetzt waren sie in Sicherheit, und sie steckte die Pistole endlich weg, erlaubte ihm, sie zu küssen, und dachte dabei nicht an Jørgen, sondern an Sprosse, dessen richtigen Namen sie vielleicht nie erfahren würde, denn es war doch inzwischen unwahrscheinlich, dass sie den Krieg überleben würden.

Taarnby dachte manchmal über das Leben nach, wenn das Leben dies zeitlich zuließ. Schon als Jungen hatte ihn dieser Zug stärker ausgezeichnet als seinen Bruder, von dem alle das Theologiestudium erwartet hatten, das er danach vielleicht nur abbrechen konnte, um ganz woanders sein Glück zu versuchen und es bei der Zahnmedizin zumindest vorläufig gefunden zu haben. Jørgen Taarnby hatte dagegen nie ernsthaft erwogen, in die Fußstapfen des Vaters zu treten. Da er jedoch auch nichts anderes ernsthaft erwogen hatte, wurde es eben der Polizeidienst. Eigentlich nicht schlecht, wie er selbst bald fand, wäre da nicht die Besatzung gekommen. Nun war es, wie es war, und Taarnby konnte die zuweilen notwendigen Gedanken über das Leben nicht der Selbstverständlichkeit seines Berufs überlassen. Und dann war da eben Lea.

Er hatte diskrete Nachforschungen angestellt, sozusagen auf dem Trittbrett ohnehin notwendiger beruflicher Recherchen. Und was er da erfahren hatte, erfüllte ihn mit Stolz und Sorge zugleich und hinterließ am Ende vor allem Traurigkeit. Er wusste längst – so sicher, wie man das nur mit vierundzwanzig weiß –, dass nach Lea keine Frau mehr in seinem Leben kommen konnte. Doch inzwischen rechnete er schon aus Selbstschutz mit der Möglichkeit, dass er bereits alles bekommen hatte.

Er trug zusammen, was man über den Mord an Kaj Munk wusste, dazu etliche Vermutungen und Spekulationen, bei denen es bis auf Weiteres bleiben musste.

Die Gedanken an den Tod, die ihn seit jenem Januartag aus mehreren Gründen beschäftigten, vertraute er keinem Protokoll und auch sonst niemandem an. Er hatte Angst um Lea und war selbst der Meinung, dass dies unvernünftig und zumindest sinnlos war. Kämpf für alles, was du liebst, gilt es auch zu sterben. Schön formuliert. Jederzeit konnte das unbarmherzige Realität werden. Wozu lohnt es zu sterben. Und was ändert es.

Dies waren die Gedanken, mit denen Taarnby den Schwerpunkt seiner Tätigkeiten endgültig auf den Widerstand verlagerte, hatte man dort doch mehr Verwendung für seine Fähigkeiten.

Lea bekam Post. Ungewöhnlich genug, und nun gleich doppelt. Das eine war eine Postkarte aus Silkeborg, adressiert an Gerda Hostrup Jensen, ohne Anschrift, und enthielt nur die Worte: Ich liebe Dich. J.

Die Karte kam über die üblichen Nachrichtenwege und wurde Lea von einem Kurier ausgehändigt, den sie nicht kannte und vielleicht nie wiedersehen würde. Vorsichtig trug sie die Karte in ihr Versteck und hoffte, dass irgendeine Elementarmacht die heftigen Gefühle glätten konnte, welche die Karte nicht erst entfacht, sondern zusätzlich zum Lodern gebracht hatte. Ich dich auch, flüsterte sie und hatte doch gar keinen Platz dafür, keinen Platz für Jørgen, seit Sprosse im Westgefängnis saß.

Und seit sie wusste, dass er nur noch wenige Stunden zu leben hatte. Sie würde diese Nacht nicht schlafen, das würde er ebenfalls nicht tun und nur an sie denken. Inzwischen wusste sie, dass sie seine Liebe erwiderte. Und trotzdem Jørgen liebte, eher mehr als zuvor sogar. Jedoch versäumt hatte, Sprosse etwas zu sagen. Er war fast vor ihren Augen festgenommen worden, und sie konnte nichts tun, sagte sie sich selbst jedenfalls immer wieder, und sagten sie alle, sie konnten alle nichts tun, ein Befreiungsversuch war zwecklos, sie würden nur sich selbst und vielleicht noch andere gefährden.

Und nun kam Post von Sprosse. Dessen Namen sie nicht einmal kannte, ebenso wenig wie er ihren, aber er liebte den Namen Amazone. Zwei Briefe, einer an seine Mutter und einer an sie. Den an die Mutter sollte sie überbringen. Ein Wärter hatte die Briefe nach draußen geschmuggelt. Sprosse hatte keinen Vater mehr, und sein Bruder war auf einem Kutter umgekommen, schon bald nach jenem 9. April, oder man konnte andersherum sagen: Seine Mutter hatte jetzt niemanden mehr.

Lea starrte die beiden Poststücke an, die sie heute bekommen hatte. Die Karte, die vielleicht ein letztes Lebenszeichen war, den Brief, der dies garantiert war. Sprosse hatte eine furchtbare Handschrift. Hatte er sich nicht eigentlich zuallererst in ihre Handschrift verliebt? Was spielte es noch für eine Rolle.

Kurz schoss ihr der Gedanke durch den Kopf, ob sie wohl Unglück brachte. Alle, die sich mit ihr einließen ... Das ließ für Jørgen nichts Gutes erwarten.

Liebe Amazone!

Ja, ich liebe Dich. Aber das weißt Du ja. Und ich weiß, dass Du mich nie angelogen hast. Bitte vergiss mich nicht, aber bitte trauere auch nicht zu sehr. Ich habe Angst, doch ich bin einverstanden. Aber ich denke an meine Mutter. Bitte bring ihr den anderen Brief, und vielleicht kannst Du Dich ein wenig um sie kümmern. In Nykøbing gibt es übrigens einen vertrauenswürdigen älteren Anwalt: Svend Berthelsen. Er würde Dir sofort eine Arbeit geben, falls Du eine suchst.

Nun geht mein letzter Tag spurlos dahin, und dann kommt die letzte Nacht. Ich werde sie nicht mit Schlaf verschwenden, sondern an Dich denken und mich vorbereiten. Und morgen früh werde ich leise Deinen Namen sagen. Vielleicht hörst Du es. (Ihnen habe ich übrigens keine Namen gesagt.)

In Liebe,

Sprosse

Langsam fanden die Worte Grund in ihr. Sie hatte längst die Hände vorm Gesicht und zitterte, da gab es auch ein kurzes leises Wimmern, aber keine Tränen, die vielleicht noch etwas Erleichterung verschafft hätten.

Taarnby sollte die Abwurfstellen und die Verteilung organisieren. Kanäle für Waffen, Botschaften und Menschen einrichten und ausbauen. Toldstrup stellte ihm zwei der jungen Mädchen vor, welche die codierten Botschaften entschlüsselten und wiederum Antworten codierten. Warum eigentlich nicht auch Lea? Andererseits war der Job gefährlich genug, und wie sollte sie hier, wo man sie kennen konnte, eine falsche Identität aufrechterhalten.

Die Mädchen glühten vor Eifer und machten ihren Dienst hervorragend. Hier entstand ein neues Dänemark. War der Krieg erst vorbei, und das musste er doch bald sein, dann würde alles anders werden. Glücklich malte Taarnby sich das Leben aus, das er dann führen würde. Mit Lea, und sie würden Kinder haben. Doch, Lea würde weiterstudieren und dann arbeiten. Trotzig schob er beiseite, was das Bild störte.

Sie hatte nicht geschlafen. Ob sie ihn erschossen oder leise erhängten. Aber sie hörte ja sowieso nichts davon.

Sie wusste, dass sie so nicht weitermachen konnte. Das war ungefähr der einzige Gedanke, der in der großen Leere noch Halt fand. Da hatte das Selbstmitleid bereits aufgegeben, und kurz nach sechs kapitulierten auch die letzten Schuldgefühle. Denn um sechs mochte es gewesen sein, in einem kahlen Gefängnishof oder so, ihrer Vorstellung gelangen keine sehr originellen Bilder. Der Brief blieb zu überbringen, Dinesen hatte er also geheißen, Sprosse Dinesen, seine Mutter würde ihr auch den richtigen Vornamen sagen, für sie blieb er Sprosse. Sie würde sich abmelden, vielleicht nicht nur vorübergehend, und gleich losfahren.

Sie hatte sich abgemeldet, und es war ihnen beiden klar gewesen, dass es vermutlich nicht nur vorübergehend war, und war gleich losgefahren. Als Gerda Hostrup Jensen glaubte sie sich immer noch ungefährdet bewegen zu können, es gab einen Ausweis, und im Übrigen hatte keiner der Namen noch etwas mit ihr zu tun. Vielleicht würde sie in Nykøbing diesen Anwalt aufsuchen. Oder nach Jütland fahren. Oder nach Schweden.

Der Tag war grau und das Abteil kalt, doch auch der schönste Frühlingstag hätte nichts an den Tatsachen geändert. Sie überstand die Kontrolle, der Zug fuhr in Roskilde ein und verließ Bahnhof und Stadt ungehindert, alles ging weiter. So war es doch immer, so würde es auch sein, wenn sie selbst die Geschichte gezwungenermaßen verlassen musste. Um sechs Uhr morgens oder wann auch immer. Ob Sprosse da, wo er jetzt war, zum Beispiel Kaj Munk begegnete. Schulterzuckend entließ sie diesen Gedanken. Und dann versuchte sie, nicht an Jørgen zu denken.

Taarnby ertappte sich dabei, dass er pfiff. Das hatte er schon länger nicht mehr getan, jedenfalls nicht bei der Arbeit. Oh, won't you tell me when we will meet again: Sunday, Monday or always. Mit diesem Lied im Ohr war er an diesem Morgen erwacht. And what am I to do, can't I be with you Sunday, Monday or always. Er würde gerne tanzen. Übrigens wurde es Zeit für den Frühling.

Doch Jørgen war das Einzige, was ihr überhaupt einfiel. I don't want to walk without you, Baby, walk without my arm about you, Baby. I don't want to walk without the sunshine. Why'd you have to turn off all that sunshine?

Die Sonne schien auch tatsächlich nicht, die Amazone hatte nichts anderes erwartet, sie stolperte aus dem Zug, straffte sich. Feuchter kühler Wind, das weiße, langgestreckte Stationsgebäude starrte sie aus unzähligen Fenstern unter großen Halbbögen an. Sie versuchte, ihrem Mantel etwas mehr Schutz abzupressen. Die Fenster zeigten kein Entgegenkommen. Jemanden nach der Adresse fragen, die deutschen Uniformen ignorieren, sich beglotzen lassen, weitergehen, Ihren Ausweis bitte. Zu wem wollen Sie hier. Eine Gerda Hostrup Jensen – so jedenfalls der Name im Ausweis – übernahm das Antworten, ein bisschen zittern durfte die Stimme des Mädchens doch dabei, sie nahm ihren Ausweis an sich, der ihr nach angemessener Verzögerung wortlos hingehalten wurde, draußen jemanden fragen, und tauchte in das weiße, glotzende Gebäude ein.

Sie verließ die Fenster, traute sich zu einer dänischen Uniform und fragte nach dem Weg. Immer da an den Bäumen entlang, links ab und dann in die Lindenallee. Diese Straße immer weiter, ein kleines Haus, ziemlich weit draußen am Rand der Stadt. Ging den gewiesenen Weg. Den Weg, den Sprosse immer genommen haben musste, wenn er zum Bahnhof wollte. Und dann stellte sie fest, dass sie ihn nicht mehr lieben konnte. Vielleicht, weil er tot war. Vielleicht, weil sie gar nicht mehr lieben konnte. Das sollte sie sich tatsächlich besser abgewöhnen. Die Bäume waren noch kahl, und auch sie fror trotz ihres Mantels. Dann Häuser, doch die belebteren Stellen der kleinen Stadt schien sie gerade zu umgehen. Trotzdem schaute doch alles zu ihr hin und sicher auch der Hund dort und überhaupt jeder kahle Zweig.

So sah das also aus, wenn man auf das Nirwana verzichtete und lernte, in Jesu oder in sonst wessen Namen zu töten. Die Amazone hätte inzwischen das Nirwana vorgezogen, die Sätze waren ja auch nicht an sie gerichtet. Sie sehnte sich danach, nicht die geworden sein zu müssen, die sie jetzt war. Sprosse wäre trotzdem gestorben. Dann nur eben ganz ohne sie.

Sie fühlte den Brief in ihrer Manteltasche, und auch ihre Marionettenschritte halfen ihr nicht mehr viel weiter. Sie würde keinen solchen Brief schreiben. Wahrscheinlich auch gar keine Zeit dafür haben, wenn es so weit war. Wer würde ihren Eltern die Nachricht überbringen. Gerade im Moment kam es ihr sehr theoretisch vor, dass sie Eltern hatte, sie hatte bald ein halbes Jahr nichts von ihnen gehört. Und ertappte sich bei der feigen Hoffnung, Sprosses Mutter würde nicht mehr leben, und er hatte es nur noch nicht erfahren. Doch sie wusste, dass es die Frau war, die dort vorne die Fenster putzte. Wusste es, ohne die Nummern abgezählt zu haben. Die Linden hatte sie längst hinter sich gelassen. Schutzlos näherte sie sich der Frau, die ihr letztes Fenster geputzt hatte, die Putzsachen gerade wieder hineintragen wollte und die Amazone fragend anschaute.

Die Frau schien zu begreifen, bevor die Amazone die Scherben ihrer Stimme notdürftig wieder zusammensetzen konnte. Fragte sich vielleicht auch nur, warum sie sonst Besuch von einem blassen und zu Tode erschöpften fremden Mädchen bekommen sollte, denn sie alterte sofort um mehrere Jahre, auch das Haus hinter ihr fiel zusammen und die ganze Straße zu Staub, nur die Amazone blieb wieder einmal übrig, die Frau bat sie müde hinein.

Die Nation also. Und der Glaube an Gott. Und ein Mädchen. Ein harter Wettbewerb um die Loyalität eines jungen Mannes. Taarnby grinste in sich hinein. Der Mond blieb teilnahmslos hinter den gleichfalls ausreichend mit sich selbst beschäftigten Wolken, die vorgaben, nichts von einem Flugzeug zu wissen, obwohl sie aus derselben Richtung kamen.

Gott. Das Mädchen. Die Nation. Allen gemeinsam war, dass man sie nicht sah. Abstrakt. Vielleicht auch gar nicht da. Ein Mann brauchte viel Glauben. Und was half ihm der, wenn die Deutschen kurzen Prozess mit ihm machten. Oder eine Kugel unterwegs. Besser war es da doch, gar nichts zu glauben, die Dinge einfach auf sich zukommen zu lassen.

Die Motoren wurden lauter. Zwei offenbar. Sprengstoff, Munition und vielleicht auch Zigaretten und so. Wie lange noch. Die deutsche Ostfront wurde langsam, aber sicher aufgerieben. Doch die Deutschen hatten erst vor wenigen Wochen Ungarn besetzt.

Der kleine Waldsee sah die Maschinen als Erster. Er würde nachher die Fallschirme und Container aufnehmen und weiter schweigen.

– Wofür haben wir gekämpft?

– Wenn du so fragst, dann ahne ich, dass du nicht die Antwort hören willst, die wir vielleicht damals gegeben hätten.

– Ich weiß es nicht. Ich weiß gar nicht, ob ich es damals hätte sagen können.

– Dass Dänemark wieder frei ist.

– Das ist es. Und?

– Ja, nicht nur Dänemark. Alle Länder, die Deutschland besetzt hatte.

– Ich glaube, ich habe für eine Welt gekämpft, in der wir uns lieben können. In der wir zusammen sind. Keine Angst haben müssen. In der Edith und Daniel und alle anderen am Leben bleiben. Alle, die sterben mussten.

– Jedenfalls war die Welt einfach: Hier waren wir, mit unseren großen Herzen voller Liebe, voller Träume, voller Sehnsucht und sicher auch voller Zorn – und da waren die anderen. Wie in den Filmen, die davon gemacht wurden.

– Die waren ja auch alle in Schwarz-Weiß.

– An diese einfache Welt konnte ich irgendwann nicht mehr glauben.

– Aber manchmal ist es so einfach. Es ist doch einfach falsch, wenn die Falschen am Ende triumphieren! Dann haben sie ja recht, wenn sie sagen: Es gibt keinen Gott, und es ist ganz egal, was wir tun!

– Aber wenn ich an diesen Gott nicht mehr glauben kann, der am Ende alles ausgleicht, dann höre ich auch auf, gegen die Realität anzukämpfen wie Don Quichotte gegen seine Windmühlen.

– Nein, Jørgen, wenn du keine Durchsuchungsanordnung hast, dann kommst du dem Verbrecher nicht bei, obwohl du weißt, dass er einer ist, und obwohl du in seiner Wohnung Beweise finden würdest. Dann stehst du als Polizist da wie ein begossener Pudel. Und genau so ist es, wenn es keinen Gott gibt, der am Ende richtet und der dir jetzt die Erlaubnis gibt, den Verbrechern auf den Zahn zu fühlen.

– Das klingt gut. Aber du weißt, dass es in Wirklichkeit nicht so läuft. Deswegen bist du ja so wütend.

– Aber du weißt auch, dass du als Vertreter des Rechts ziemlich nackt und hilflos dastehen kannst.

– Das wird aber nicht besser, nur weil ich mich auch noch auf das göttliche Recht berufe.

– Nein, das wird es allerdings nicht.

– Aber kämpfe weiter für das Recht – das göttliche und die Menschenrechte.

– Wenn du das so sagst, dann klingt es wie etwas, das nie sein wird.

– Vielleicht. Aber dann braucht die Welt trotzdem solche wie dich, die nicht vergessen, wofür sie kämpfen. Die ihre Träume nicht vergessen.

– Das, was ich nachts zusammenträume, das würde ich am liebsten vergessen.

– Tagsüber kann ich dir dabei helfen. Und nachts kann ich dich zumindest in meinen Armen halten.

vor den schlimmen Träumen, jemand hatte ihr übers Haar gestrichen. Sie ins Bett gebracht und ihr übers Haar gestrichen. Wie früher. Sprosses Mutter hatte darauf bestanden, dass sie bei ihr blieb. Sie hatte nicht gefragt, in welches Zimmer sie da gekommen war, wahrscheinlich Sprosses, und vielleicht hatte seine Mutter auch etwas gesagt, aber sie war ja nur müde gewesen. Und jetzt lag sie hier und war wach. Er saß an einem Schreibtisch und schaute sie ruhig an. Die Träume waren jedenfalls vorüber, sie wusste nichts mehr davon, nur dass sie schlimm waren, aber jetzt war er ja da. Bleibst du, wollte sie wissen, und er grinste. Grinste einfach nur, und sie schloss beruhigt

Früher Morgen. Früher Abend war es gewesen, als seine Mutter sie in dieses Zimmer geführt hatte.

Erst hatten sie nicht gleich sprechen können. Sie hatte seiner Mutter den Brief gegeben. Hatte sie im Arm gehalten. Sich neben sie gehockt und ihr Weinen geschützt. Und später hatten sie gesprochen. Seine Mutter wollte alles wissen, und die Amazone wusste, dass sie alles erzählen konnte. Sie erzählte alles. Von Anfang an. Und dann war es wie eine Beichte, und endlich hatte sie auch ein wenig weinen können und wusste, dass sie das nur konnte, weil sie um Sprosse weinte. Und dann begriff sie, dass er wirklich fort war, und die Tränen froren ein, dafür kam ein Würgen und hörte nicht auf, nun war es seine Mutter, die sie in den Arm nahm, sie wiegte, aufs Haar küsste. Aber ihr war schon klar, dass sie sich eigentlich jedes Recht auf eine solche Behandlung verscherzt hatte. Seelisch vogelfrei. Sprosses Mutter, obwohl sie doch jetzt das meiste wusste und sich den Rest wohl denken konnte, schien es anders zu sehen. Sprosse, der übrigens Frederik hieß und gerne Fred genannt worden wäre, aber dann war er überall nur Fregne, Sprosse, und ertrug es grinsend, bis er vielleicht selbst vergessen hatte, dass er eigentlich anders hieß.

Ein leerer Stuhl, übriggeblieben wie sie selbst. Aber wenn ein Möbelstück übrigblieb, konnte man es neu verwenden. Sie hatte nicht das Gefühl, dass man sie neu verwenden konnte, und doch würde es natürlich so sein.

Sie stand auf, schüttete abwesend etwas Wasser in die Schüssel, betrachtete sich im Spiegel und versuchte zu verstehen, was Sprosse in ihr gesehen hatte. Und Jørgen, der vielleicht auch übriggeblieben war. Sie hatte sich lange nicht im Spiegel angesehen. Und hätte es jetzt vorgezogen, es nicht allein

Taarnby war als Junge tatsächlich lieber Räuber als Gendarm gewesen, doch dem Erwachsenen war der Rollenwechsel erst ungewohnt. Es gab Augenblicke, wo er fürchtete, sich hinreißen zu lassen und dem Ernst der Situation nicht gerecht zu werden. Damals war das Spiel für sie alle Ernst gewesen, jetzt konnte es andersherum sein. Doch vielleicht ging es ja nur so, denn es war keine Aufgabe für Bürger, die lieber im Bett blieben. Er wusste, dass Leben von ihm abhingen.

Lea hatte auf seine Karte nie geantwortet. Faktisch hatte er in jener Nacht im Januar zuletzt von ihr gehört. Das konnte heißen, sie würde selbst kommen, wenn sie ihm etwas sagen wollte. Es konnte vieles heißen. Seine Mutter meinte, er solle ihr Zeit geben. Er war bereit, ihr ein ganzes Leben Zeit zu geben, und hoffte, es würde schneller gehen. In seinen Einsätzen träumte er – mehr sozusagen aus dem Augenwinkel, denn es war nicht die Zeit zum Träumen – davon, dass sie an seiner Seite kämpfte.

wo der Hang sanft zum Meer hin abfiel, die Beine hatte sie dicht an den Körper gezogen und die Arme darumgelegt, das Kinn auf die bloßen Knie. Kühle Haut an kühle Haut, die ihr die Einsamkeit nur bewusster machte.

Weder das Meer noch der Wind, noch das Gras hatten etwas mit ihr zu tun, und den Horizont hatte sie tatsächlich verloren: You're like a distant lost horizon, my love, you're unattainable to me – ja, aber sie wusste nicht einmal, an wen sie jetzt denken sollte: You're like some far off lost horizon, my love – sie hatte niemanden mehr, den sie so nennen konnte, out where the sky meets the sea.

Der Wind hatte ihr Kopftuch fast von den Haaren gelöst, sie achtete nicht darauf, er ging ihr unter den Rock, sollte er doch, verloren war das richtige Wort. Dreimal war ihre Regel jetzt schon ausgefallen, sonst merkte sie jedoch nichts, zu sehen war nichts, und sie hatte Jytte, die sie sonst sicher noch mehr umsorgt hätte, nichts gesagt. Sie hatte Angst, dass es nicht stimmte. Und fast ebensolche Angst davor, dass es stimmte. Und war nicht sicher, ob Jytte, die sonst alles verstand, das verstehen würde. Jytte Dinesen, die nichts und niemanden mehr hatte. Die wirklich alles verloren hatte und das Mädchen ihres Sohnes als unverhofftes Geschenk annahm.

Die Amazone ließ sich dankbar und hingebungsvoll bemuttern und versuchte, sich nicht allzu sehr als Verräterin zu fühlen. In fast allem hatte sie die Wahrheit gesagt. Selbst dass sie nicht zum Abendmahl gehen konnte. Auf Jørgens Karte hatte sie nie geantwortet. Was hätte sie schreiben sollen. Someday I'll find my lost horizon – sie glaubte nicht mehr daran.

Ließ sich aber nichts anmerken und tat nichts dagegen, dass sie längst halb Nykøbing bezauberte. Den alten Berthelsen, der sie überall als seine Referendarin vorstellte und sie auch so behandelte, eifrig studierte sie Akten, Paragraphen und Kommentare und schaffte es, eine Weile alles andere zu vergessen. Dass der junge Dinesen so ein hübsches Mädchen gefunden habe, hatte sie neulich beim Bäcker tuscheln hören und unsicher ihren Spiegel befragt, ob wirklich sie damit gemeint sein konnte, so schade um den Jungen, die beiden hätten ein nettes Paar abgegeben, aber nun war seine Mutter wenigstens nicht mehr allein. Wo hätte sie danach hingehen sollen, sie konnte Jytte nicht allein lassen und gestand sich nur widerwillig ein, dass sie sich nach den mütterlichen Liebkosungen sehnte, sie kam hier genauso wenig fort wie die kleine Gerda von der Blumenfrau und war doch längst wieder bei den Räubern, denn natürlich hatte der alte Berthelsen sie gleich in den lokalen Widerstand eingeführt, dort hieß sie tatsächlich Gerda, aber das war bedeutungslos, sie blieb die Amazone und panzerte Herz und Seele.

Davon wusste das Meer nichts. Gleichmütig schwappte es da unten an seinen steinigen Strand.

Die Amazone sehnte sich danach, zu begreifen, worin ihre Strafe bestehen würde.

Sie wohnte in Sprosses Zimmer. Jytte hatte ihr das Grammophon gezeigt und gesehen, dass die Amazone wusste, welches Sprosses Lieblingsplatte war. Eines Tages hatte sie die wieder und wieder abgespielt und hätte das in alle Ewigkeit fortsetzen können, jedoch irgendwann mittendrin den Tonarm von der Platte gehoben und die Scheibe nur schweigend betrachtet, sie wusste, dass Jytte vor der Tür stand und lauschte, und hatte keine Kraft, hinauszugehen. An diesem Abend war sie zum ersten Mal lange suchend mit der Hand über ihren Bauch gefahren und hatte sich kurz gewünscht, es wäre seine Hand, es war nichts zu spüren. Noch nicht? Sie las seine Bücher, schaute die wenigen Bilder an, die seine Mutter hatte, und kam sich wie ein heimgekommener Eindringling vor, Jytte strich ihr übers Haar, und sie schloss die Augen.

Der Wind hatte ihre Haare endgültig aus dem Kopftuch befreit und spielte mit ihnen. Sie ließ es geschehen. Das Meer schwappte in seinem eigenen Rhythmus und würde das noch sehr lange durchhalten. Stumm schaute sie zu, wurde ruhig und verstand noch nicht, warum.

Nun atmete sie schon lange im gleichen Rhythmus. Der Wind streichelte sie.

Schließlich stand sie auf, stieg langsam hinunter und stellte sich vor die kleine Brandung, zog die Schuhe aus und balancierte über die Kiesel, suchte mit den Zehen die wenigen sandigen Stellen dazwischen, setzte sich dem ungemütlichen Untergrund und dem Schwappen um ihre Beine aus. Sie wollte dazugehören, Teil dieses Rhythmus sein, man konnte hier ja nicht bleiben, aber das war sie gewohnt, nur ein Weilchen noch am Rand dieser glitzernden Fläche stehen, deren anderes Ende nicht einmal zu erahnen war I'm striving toward my lost horizon und wenn sie auf etwas oder jemanden wartete, dann war es größer, unendlich größer, als alles, was sie bisher erlebt hatte, sie lachte tatsächlich leise, der Himmel schickte ihr mutwillig zärtlichen Wind und ruhig schwappende Wellen, um sie einen Moment selbstvergessen lachen zu lassen, und irgendwo in der Sonne hinter ihr lag ihr Fahrrad, und sie war noch am Leben und die Heckenrosen

Gott hatte einfach einen schweren Stand zwischen Mädchen und Nation, tut mir leid, der Kampf für die eine und die Sehnsucht nach der anderen bemächtigte sich der letzten Winkel von Taarnbys Aufmerksamkeit, höchstens, dass er eine Adresse brauchte, der er diesen ganzen Schlamassel in die Schuhe schieben konnte. Dann sah er, und siehe: Gott abgerissen und mit fast leerem Blick irrend in den Trümmern seiner Welt, das Gesicht und die Hände nicht sehr sauber, schnorrte er von einem Landser eine Zigarette und schaute traurig einem Mädchen hinterher.

Menschenströme wie Ausschlag an der Erde, das wälzt sich durch den Schlamm und krepiert in zusammenstürzenden Städten, fürchtet sich jenseits aller Hoffnung in vollgepferchten Viehwaggons, sieht den Himmel hinter dem Stacheldraht bröckeln – und Gott, Gott schaut in viel zu junge Gesichter, die da auf seiner Erde liegen und nichts verstehen konnten, irrt durch die Ruinen und lacht mit den anderen Offizieren in einem verräucherten Lokal, das gestern nichts war und morgen wieder nichts sein wird.

Er sah, dass Gott auch nichts verstand, und befürchtete, dass er aufhören würde zu fragen. Wütende junge und zerbrochene alte Stimmen, bald blühen die Stockrosen, und woanders qualmt es aus düsteren Kaminen, wird es der letzte Kriegssommer, oder wie viele Kriegswinter werden wir noch bekommen? Gott zog die Nase hoch und schlurfte, humpelte weiter, marschieren taten andere, und zusammengepfercht wurden auch andere, vielleicht war Gott darunter, wer achtete noch darauf. In Gottes Augen eine letzte Ahnung von gelben Kornfeldern und von Wellen, die geduldig an erfahrene Küsten rollen – nicht zu vergessen die Stockrosen, sie blühen bald –, und in seinen Ohren Fetzen von Musik. Vielleicht hat Gott grüne Augen wie Lea oder blaue, kornblumenblaue wie meine kleine Schwester, als sie noch klein war und die Welt noch neu.

zog ihre Hand von ihrem schmerzenden Unterleib, fühlte das Rote, Klebrige, bevor sie es sah, und erreichte die Waschschüssel nicht mehr, weil auch alles andere in ihr barst und in mehr Tränen zerfloss, als sie je geglaubt hatte, einmal besitzen zu können. Jytte war plötzlich da, hielt sie fest, streichelte sie, wiegte sie, flüsterte auf sie ein. Viel später, als sie der Amazone in die Wanne geholfen und ihr ein Handtuch und ein frisches Kleid hingelegt und einen beruhigenden Tee gekocht und sie neben sich auf die Bank in den schmalen Garten vor die gerade erblühenden Stockrosen gesetzt hatte, konnten sie gemeinsam schweigen, und die Amazone spürte, dass Jytte aus Rücksicht verschwieg, dass sie nicht an das Kind geglaubt hatte, das die Amazone ihr freilich verschwiegen hatte, wie auch sonst das eine oder andere.

Endlich waren die Alliierten an Land gegangen. Den nicht immer leicht zugänglichen Nachrichten zufolge zog die Invasion sich zäh hin, kam jedoch unaufhaltsam voran. Man hoffte, dass Caen bald fallen werde. Bis dahin fielen schon einmal viele Menschen.

Es schien vorstellbar, dass die dänische Küste außen vor bleiben würde, alle Kräfte waren in Frankreich gebunden. Was nicht hieß, dass die Evakuierungspläne fallengelassen wurden, und unter dem Eindruck der fortgesetzten Alarme wurde fast täglich ein Luftschutzraum fertiggestellt. Die Aufgabe: Fortführung eines Krieges, der keinen Sinn mehr ergab, was nur deshalb nicht auffiel, weil er auch vorher keinen gehabt hatte. Ziel: dabei so viel wie möglich zu zerstören. Hoffnung: Das Schlimmste wäre bald geschafft. Befürchtung: Das Schlimmste stand noch bevor. Man würde sich wohl irgendwo dazwischen wiederfinden.

Mitleidig schaute Taarnby zu, wie Gott sich notdürftig einzurichten versuchte für die eine Nacht. Nur eine Scheune, aber es war ja Sommer. Die Welt hatte auch die letzte Unschuld verloren und lag dennoch mit ihren reifen Kornfeldern, sanft rauschenden Buchen- und Eichenwäldern und dem köstlich blitzenden Wasser süß und frisch da wie ein junges Mädchen. Taarnby, den die Sehnsucht nach Lea zerriss, schaute die Pracht geradezu anbetend an, auch Gott schien nicht unbeeindruckt. Man hätte sagen können: Mein Gott, Dänemark ist dir wirklich gut gelungen!, doch Gott hätte schulterzuckend geantwortet: Stimmt schon, aber die Ukraine war auch nicht übel, womit man wieder beim Thema gewesen wäre.

Taarnby bot Gott eine Zigarette an, eine Weile rauchten sie schweigend. Ich hatte auch ein Mädchen, sagte Gott schließlich, als hätte er Taarnbys Gedanken erraten, immerhin war er Gott. Wo ist sie, fragte Taarnby, Gott zuckte unbestimmt die Schulter, und sie rauchten schweigend die zweite Zigarette.

Dann stand Gott auf. Ich danke dir. Bist ‘n echter Kumpel. Und schlurfte in die Scheune.

– Und wie geht es jetzt weiter?

– Wir haben in den letzten zwei Wochen ganze Papierstöße vollgeschrieben. In deinem Gesicht geht wieder häufiger die Lampe an, so wie früher. Gestern hast du sogar einmal gesungen.

– Ich habe nicht gesungen.

– Doch, hast du.

– Wann?

– Gestern Morgen. Du hast am Fenster gestanden, auf die Straße geschaut und leise vor dich hin gesungen.

– Ich kann mich nicht erinnern. Was soll ich denn gesungen haben?

– Es klang nach Long ago and far away.

– Wirklich?

– Long the skies were overcast, but now the clouds have passed, you're here at last.

– Ach Jørgen ... Manchmal schäme ich mich dafür, dass ich so einen Hunger und Durst nach Leben habe. Dann schlinge ich mich richtig voll damit.

– Was spricht dagegen?

– Ich denke immer, ich habe kein Recht dazu.

– Lea, Mörderbanden sind durch unser Land gezogen und haben kaputtgemacht, wen oder was sie in ihre Hände bekommen haben, und du quälst dich, weil du dich gewehrt hast.

– Ich wollte nie auf Menschen schießen.

– Ein paar Saubermänner haben hinterher entdeckt, dass Krieg schmutzig ist. Aber diese Herrschaften, die immer schon alles besser gewusst haben – die haben vorher des Führers Wege mit Nelken bestreut und sich einen feuchten Dreck darum gekümmert, was eine kleine Studentin und ein kleiner Kriminalbeamter währenddessen ausbaden mussten. Mein Vater hat gerne etwas von Jesus zitiert: Da hieß es, wir wären wie Schafe ohne

Hirten. Und von einem gemieteten Hirten, der die Schafe im Stich lässt, wenn der Wolf kommt. Wo waren denn unsere Hirten, als der Wolf kam?

– Jørgen, so kenne ich dich gar nicht!

– Mich macht wütend, dass sie dich immer noch in ihrer Gewalt haben.

– Jørgen, jemanden umzubringen ist schlimmer, als selbst getötet zu werden. Du machst dir die Hände und die Seele schmutzig.

– Hättest du auch geschossen, wenn es nur um dich allein gegangen wäre? Was hätten die Gestapo-Leute dir überhaupt getan, wenn sie dich allein getroffen hätten? Hätten sie sich überhaupt die Mühe gemacht, dich zu verfolgen? Hätte diese Frau dich allein verraten? Aber dieser K. C., das war natürlich eine andere Nummer. Und dann hieß es für dich: mitgegangen, mitgefangen, mitgehangen.

– Mein Verstand sagt mir: Ja, so war's. Aber mein Verstand befreit mich nicht daraus.

– Dann erzähl weiter, wie es wirklich war. Damit Maj nicht denken muss, ihre Mutter hätte sich einfach nur über alle Gebote hinweggesetzt und die Heldin gespielt.

Es ging so schnell, dass die Amazone selbst dann noch überrascht wurde, als sie Frau Mortensen im Vorzimmer schreien hörte. Berthelsen erhob sich daraufhin halb und bot ein leichtes Ziel. Die Amazone, in der Hand noch die Akte, die sie ihm hatte reichen wollen, sah ihn zurück auf seinen Schreibtischsessel sacken, schon der erste Kopfschuss musste tödlich gewesen sein. Dann stand sie wehrlos vor dem Schützen, der seine Waffe kurz auch auf sie richtete, doch er schoss vielleicht nicht auf Frauen, und so blieb sie wieder übrig, immerhin auch Frau Mortensen.

Sie hatte ihre Pistole nicht dabei. Erstarrte zu lang – Berthelsen: Hatte er nicht einen Revolver in der mittleren Schublade? Als sie auf die Straße gerannt kam, fuhr der Wagen schon an, sie konnte nur hinterherschießen, aber keinen großen Schaden mehr anrichten, verfehlte die Reifen und zuckte zusammen, als eine Kugel unmittelbar neben ihr in den hölzernen Türrahmen drang. Sie war offenbar etwas aus der Übung und hatte sich zu früh von Friedensgefühlen einlullen lassen.

Sie musste Jytte warnen, am besten nach Schweden schaffen und selbst untertauchen. Frau Mortensen telefonierte bereits mit der Polizei. Die Amazone hastete zurück in das Büro des Anwalts, da gab es Akten, die schleunigst verschwinden mussten, im Winter wäre das einfacher gewesen, jetzt musste sie die Papiere fast einzeln im kleinen Ofen anzünden und sollte damit fertig sein, bevor die Polizei kam. Jørgen, ich schaffe Dinge vor deinen Kollegen fort. Hoffentlich kommt Gramborg, der ist auf unserer Seite, der versteht sich auch auf die richtigen Formulierungen im Protokoll. Wer sollte jetzt Jytte warnen. Sie öffnete das Fenster und fand unter den Schaulustigen, die sich vorsichtig einfanden, einen Jungen, den sie mit einem 25-Øre-Stück und einer Nachricht für Jytte losschickte.

Peter hieß er also oder nannte er sich. Er schien hinter allen Anschlägen zu stehen. Es war nicht immer leicht, die Clearingmorde und die Liquidierungen von Denunzianten auseinanderzuhalten, auch die Widerstandsleute lagen manchmal einfach daneben oder übertrieben es – und dann wieder, wenn sie endlich einen erledigt hatten, der wirklich entscheidend war, fragte man sich, warum das lange Zögern, warum die Skrupel. Die kleinste menschliche Regung konnte einen Kameraden das Leben oder zumindest die Freiheit kosten, und es war die Frage, was davon schlimmer war. Wir ziehen eine lange Blutspur in die Freiheit hinter uns her, dachte Taarnby. Zu Gott hatte er keinen Kontakt mehr, der war in den Untergrund gegangen, und verdammt noch mal, worauf wartete er selbst eigentlich noch, es war ein gefährliches Spiel, das er da Woche für Woche in die Länge zog. Sie hatten seinen Vater zur Befragung einbestellt. Bange Stunden, dann konnte man ihn wieder abholen. Offensichtlich wünschte man in Berlin keinen weiteren Pfarrer als Märtyrer. Der Bruder war längst in Aktionen unterwegs, von denen auch Taarnby keine Ahnung hatte, und die kleine Schwester – verdammt, wenn ihr der was antut! Aber hier galt nicht Mann oder Frau. Lea war dabei, warum nicht das Schwesterchen – Louise war erwachsen, keine zwei Jahre jünger als Lea.

Taarnby träumte von seiner Liebsten, auch tagsüber, und glaubte zu verstehen, warum sie ihm aus dem Weg ging. Vielleicht, wenn sie endlich nach Schweden gegangen wäre. Er forschte von Zeit zu Zeit unauffällig und bekam mal eine Information zugesteckt. Sie war immer noch irgendwo da in Ods Herred, vielleicht in einem Fischerhäuschen auf Sjællands Odde.

Einc Frau in Nykøbing hatte sie eine Weile aufgenommen, aber nach Schweden fliehen müssen. Der Killer, der den Anwalt erledigt hatte, musste sich bestimmt heftige Vorwürfe gefallen lassen, dass er die Assistentin oder Referendarin oder was auch immer nicht gleich mit erschossen hatte, ob ihm denn nicht klar gewesen war, wen er da vor sich hatte, nein, das war ihm Gott sei Dank nicht klar gewesen.

Das Fischerhäuschen auf Sjællands Odde oder Schweden. Sie hatte nicht einmal richtig von Jytte Abschied nehmen können. Es war alles arrangiert, und sie hätte nur mit aufs Boot gehen müssen. Jytte hatte es sicher erwartet, und die Amazone konnte selbst nicht genau sagen, warum sie blieb. Sich geradezu verpflichtet fühlte zu bleiben. Es hatte etwas damit zu tun, sich verloren vorzukommen. In einem bodenlosen Loch, darin hatten nur andere Verlorene Platz. Dass es Tage gab, an denen sie am liebsten aufgeben würde, was sie sich nicht eingestehen mochte. Sie hatte Jytte kurz und heftig umarmt und in diesem Moment vielleicht ein bisschen an Sprosse und jedenfalls nicht an Jørgen gedacht und gespürt, dass Jytte höchstens ein bisschen an Sprosse und ansonsten nur an sie dachte. War überwältigt von dieser Liebe, die ihr längst bewusst war und die sie nicht verdient zu haben glaubte. Ihre Eltern im Stich zu lassen war ihr weniger schwergefallen.

Und nun saß sie an der Mole, am Kiesstrand oder auf der niedrigen Steilküste und wartete. Lernte wie eine Besessene mit den Büchern und Kommentaren, die sie von Berthelsen mitgenommen hatte. Versuchte, wenigstens beim Schwimmen zu vergessen, was sie sonst nicht vergessen konnte – sie schwamm jeden

Tag im Meer, fühlte sich nirgends so sicher und lebendig wie im Wasser.

Louise war als Kurierin unterwegs gewesen, als sie festgenommen wurde. Ihr Kontaktmann hatte es gesehen. Die Briefe hatte sie noch in einem Busch verschwinden lassen können. Nachweisen konnte man ihr also nichts, aber man würde sie lange verhören und dort nicht mehr zimperlich sein. Wenn sie sie behielten, kam sie vielleicht nach Kolding. Oder nach Horserød ins Lager. Beides kein Ort für eine Einundzwanzigjährige, fand Taarnby und wusste, dass sie Jüngere hingerichtet hatten, freilich waren es Männer gewesen, doch wenn der Widerstand keine Unterschiede machte, warum dann die Deutschen.

Die Familie hatte sich zusammengefunden. Sie verstanden sich ohne viele Worte. Jeder wusste oder ahnte von den Aktivitäten der anderen. Eine Festnahme war der Preis, den jeder zu zahlen bereit gewesen war. Nur warum musste es zuerst die Jüngste treffen.

– Wozu bin ich noch bei der Polizei, wenn ich so etwas nicht verhindern kann!

Sein Vater trat neben ihn, eine Weile schauten sie schweigend über den Friedhof, zur Kirche, weiter über die Felder.

– Du tust deinen Dienst, Jørgen, da und dort. Ich kann vor Angst nicht mehr klar denken. Trotzdem werden wir alle weitermachen und beten, dass ihr nichts passiert. Und ich versuche mir einzureden, dass sie dort vielleicht sicherer ist als woanders.

Es war das erste Mal, dass sein Vater ihm seine Angst eingestanden hatte.

Widerwillig gestand die Amazone sich ein, dass sie den Sommer genoss. Auch die Freundschaft mit Børge Henning Larsen. Der Maler war für ein paar Wochen von der Ordruper Kolonie auf der Suche nach einsameren und wilderen Motiven auf die Odde gekommen und hatte die Amazone gefunden. Sie willigte ein, ihm Modell zu sitzen, und ließ ausgewählte Berührungen zu, wahrte jedoch ihre Grenzen. Larsen, der vielleicht irgendwo eine Ehefrau und sogar Kinder hatte, akzeptierte es schmunzelnd, so blieb es eine Freundschaft. Die allerdings brauchte und genoss sie. Eine Tasse Ersatzkaffee und eine Zigarette, der Blick übers Meer und das Gefühl, einen Menschen neben sich sitzen zu haben, der einfach nur Mensch war. Nicht Mitkämpfer, Feind oder Geliebter. Mit dem man die Nachrichten aus Frankreich und von der Ostfront besprechen konnte. Die Nachrichten aus Dänemark selbst. Der tagelange Volksstreik in Kopenhagen, Machtkampf mit den Besatzern. Dieses Deutschland, das wie ein wundgeschossenes Tier blind um sich biss. Kaum ein Tag ohne Attentate, Morde, Festnahmen, Entführungen. Nicht immer leicht, Freund und Feind zu unterscheiden. Einen Moment konnte man ja lachen, wenn die Deutschen ein Kino in die Luft sprengten und eine andere Kommandostelle dies als Sabotageakt des Widerstands missverstand und als Rache ein weiteres Kino sprengte. Wozu auch noch Kino. Die Realität war spannender als jeder Film.

Larsen mit seinem etwas struppigen Bart hatte ein sehr herzliches Lachen, das die Dinge an gewissen schwarzen Tagen wieder zurechtziehen konnte. Und wenn er sie malte, war es ein stundenlanges Schweigen, das ihr guttat und ihm vielleicht auch. Als sie sicher genug war, ließ sie sich einmal nackt malen, aber dann war es auch gut.

Er war geschieden, erfuhr sie dann. Nun. Malen, mehr nicht.

– Und wenn ich mich bei einem der Bilder hoffnungslos in dich verlieben sollte?

– Dann mal die Möwen.

– Die haben nicht so schöne Beine.

– Das ist eine Frage des Standpunktes.

Übermütig zeichnete sie mit dem Fuß eine Möwe nach.

– Gut, ich versuch's. Ihre Flügel sind immerhin wirklich schön.

– Siehst du. Gib mir eine Zigarette und lass uns die Welt einen Moment anhalten.

Karten. Lebenszeichen von Louise. Tatsächlich Horserød. Was wollten sie dort bloß mit einem so jungen Mädchen. Dann hieß es, an der Grenze sei ein neues Lager eingerichtet und alle Insassen von Horserød und auch aus dem Kopenhagener Westgefängnis dorthin verlegt worden. Nach drei Wochen Ungewissheit die nächste Karte. Aus dem neuen Lager, Frøslev. Pastor Taarnby war schon wieder in Haft, als die Karte kam. Doch wieder ließen sie ihn frei. Und kümmerten sich nicht um seine Bitten, seine Tochter an seiner Stelle freizulassen.

Zum ersten Mal kamen Jørgen Zweifel. Nicht an der Richtigkeit des Kampfes, an ihren Zielen, am Sinn ihrer Aktionen. Aber er ahnte, dass sie noch lange nicht am Ende des Weges angekommen waren. Und am Ende der geforderten Opfer.

Der Sommer ging zu Ende, der Krieg nicht. Larsen war abgereist. Sie hatte eine Einladung nach Ordrup und folgte ihr nicht. Obwohl sie ihn von morgens bis abends vermisste. Sie prüfte sich ehrlich und fand, dass sie kein bisschen in ihn verliebt war. Aber es waren wunderbare Tage gewesen. Inzwischen wusste sie Tage zu schätzen, die eine Ration Lachen, Leben und Leichtigkeit hatten. Sie sehnte sich nach Jørgen. Verbot es sich und wusste manchmal nicht mehr genau, warum eigentlich. Sehnte sich körperlich nach ihm und wusste, dass es seit dem Winter nichts Vergleichbares gegeben hatte.

Am schlimmsten waren solche Tage, wo sie sich wünschte, nicht immer übrigzubleiben. Andererseits wollte sie nicht, dass jemand um sie weinte. War jedoch einverstanden, dass eine Handvoll Menschen um sie bangte.

Larsen hatte ihr eine Zeichnung dagelassen, die sie besser traf als alle Bilder, er hatte sie am letzten Tag gemacht. Die junge, recht verletzlich wirkende Frau wusste nicht, dass sie porträtiert wurde. Die Amazone betrachtete sie und versuchte zu verstehen, was in ihr vorgehen mochte. Dann stürzte sie sich wieder in ihre Arbeit. Studierte Paragraphen und Kommentare, lernte manche Passagen aus Berthelsens Büchern geradezu auswendig. Begann eine Chronik mit allen Nachrichten, die sie erreichten. Spielte mit dem Gedanken, Jørgen die Zeichnung zu schicken, bis sie es eines Tages einfach tat und sofort bereute, aber dann war es zu spät.

Er hatte sie fast ein Dreivierteljahr nicht gesehen und davor kein halbes Jahr gekannt. Die Zeichnung zeigte, wie sie in den Augen eines anderen und vielleicht tatsächlich war. Taarnby überlegte, ob er sie so gesehen hatte. Das muntere, niedliche Mädchen, das auf der *Hjejlen* plötzlich neben ihm an der Reling auftauchte. Jetzt eine ernste junge Frau, die längst verstand, Entscheidendes zu verbergen, und deren ungeschütztes Gesicht mehr davon preisgab, als ihr in diesem Moment bewusst zu sein schien.

Wenn sie nicht überlebte, würde er sie nicht richtig gekannt haben. Er sehnte sich danach, sie zu kennen, und lernte die Zeichnung auswendig. Auf den Seen, auf dem uralten Schaufelraddampfer, hatte sie ihn vom ersten Augenblick an in den Bann geschlagen. Ihre Verträumtheit umschloss Geheimnisse, doch noch keine Abgründe. Inzwischen hingegen schien sie auf schmalem Grat zu balancieren. Erwachsen geworden, es stand ihr gut. Nach dem mädchenhaft Weichen hatte sie eigenartigerweise auch das Harte ganz verloren, das er zuletzt an ihr erlebt hatte.

An der Stelle, wo er zuletzt Kontakt zu Gott gehabt hatte, legte er zwei Gebete ab, eins für Lea und eins für Louise. Falls Gott zufällig noch einmal dort vorbeikam.

Sie hatten Erik geschnappt. Und Moseby und Anholt, mit denen Erik verabredet gewesen war. Hatten einfach nur warten müssen. Die Amazone versuchte, alle anderen zu warnen, konnte jedoch nicht verhindern, dass auch Bert und Hengsted in die Falle liefen. Dann durchsuchten sie das Haus der Hvidbjergs und fanden vielleicht genug, um es zu sprengen, was sie andererseits möglicherweise auch deshalb taten, weil sie nicht genug gefunden hatten, für Hvidbjergs mit ihren kleinen Kindern kam es auf dasselbe hinaus. Ihn nahmen sie auch noch mit. Danach blieb der Amazone wenig mehr, als sich selbst zu retten. Der Kastanienton stand ihr gut, und das braune Kostüm im Hahnentrittmuster war eigentlich zu schick für eine bloße Camouflage. Sie entdeckte schöne Kleider als angemessenen Schutzwall gegen den inneren Malstrom. Und dass Auffälligkeit auch eine Tarnung sein konnte. Und sie fiel auf – dazu der passende kleine Hut, die Handschuhe und die schmale Tasche, die schicken hochhackigen Schuhe. Freund und Feind drehten sich nach ihr um, und sie schwebte mit einem angedeuteten Lächeln mitten hindurch. Voll zunehmender Panik, die sie mit weglächeln musste, je näher sie Kopenhagen kamen. Sie merkte plötzlich, dass die Wege wehtun würden, die sie mit Sprosse geteilt hatte. Angst, das auch. Und etwas wie Hass, das sie noch nicht einschätzen konnte. Hvidbjergs verstörte Kinder vor Augen. Und wehrlos, wie sie gerade war, auch plötzlich Edith. Bitte keine Musik jetzt. Und einfach weitergehen.

Es würde wahrscheinlich zur Invasion kommen. Nach dem Erfolg in Frankreich konnten sie die Front auch von Norden her überrennen, und von Osten kam die Rote Armee immer näher. Alle waren bereit. Für die Widerstandseinheiten galt es, innerhalb kürzester Zeit zu mobilisieren und ihren Platz an der Seite der alliierten Streitkräfte einzunehmen. Die Bevölkerung stark polarisiert: mehr Verräter als je zuvor, doch Deutschlands bevorstehende Niederlage machte die Menschen mutiger. Und den Terror der Besatzung immer hemmungsloser, Dänen darunter, den einen oder anderen kannte man. Ganze Widerstandszellen wurden aufgerollt, notgedrungen spezialisierten sich Einheiten auf Liquidationen. Auf Seeland war Lea vielleicht auch dabei, ihre Spur verlor sich gerade wieder. Ja, wahrscheinlich war Louise sicherer dort, wo sie war. Die Verpflegung im Lager war in dänischer Hand und fast besser als die der Bevölkerung. Es kam nicht zur Invasion.

Er war der vollendete Gentleman und die meistgesuchte Person im Land. Seine Haare waren tatsächlich flammend rot, nach einer missglückten Färbung, hieß es. Über ihn lernte sie auch seinen älteren Freund Zitrone kennen, er hatte mal was mit Citroëns zu tun gehabt, die inzwischen den Deutschen gehört hatten und plötzlich nicht mehr fahrtüchtig waren. Zitrone hielt sich freundlich zurück, doch Flamme, genauso alt wie sie, hatte bereits von der Amazone gehört und zeigte Interesse, bestand auf einem Wettschießen. Er schoss genauer als sie, was er sicher vorher gewusst hatte, doch war der Unterschied nicht groß, was ihn auch nicht zu überraschen schien. Sie wusste, dass sie den anderen ihre Treffsicherheit schuldig war, es bereitete ihr immer größeres Unbehagen. Das sei eben wohl der Unterschied zu einem Mann. Statt einer Antwort nahm er ihr Gesicht sanft zwischen seine Hände und strich ihr einen Kuss auf die Stirn, es wurde nicht mehr über das Thema geredet. Sie sah beide noch einmal Wochen später, ohne dass sie dazu kamen, ein Wort zu wechseln. Das gehörte zu den Dingen, die man aufschob, trotz gegenseitiger Sympathie. Die Wege, die Sprosse und sie gegangen waren, taten tatsächlich weh.

Luftalarm. Taarnby stellte sich in einen Hauseingang. Sonst flogen die Bomber immer weiter nach Deutschland. Tagsüber die Amerikaner, nachts die RAF. Kam jetzt doch die Invasion, genau um elf Uhr vormittags? Ließ sich ein Angriff so pünktlich planen?

Er zog sich etwas tiefer in den Schatten des Eingangs zurück. Trotz. Ungebrochene Streiklaune vom Vortag. Misstrauen. Neugier.

Marschierende Stiefel, dem Klang nach kamen sie von der Søndergade. Gleichmäßig dumpf eroberten sie die vom Alarm geleerten Straßen. Vor der Polizei wurde angehalten, ein Teil schwärmte mit Maschinengewehren in gegenüberliegende Gebäude, der Rest stürmte die Polizeistation.

Als sich die Straßen zögernd und dann immer rascher wieder mit Menschen füllten, verließ Taarnby sein Versteck und mischte sich unter die ziellos wartende, doch längst zur Fortsetzung des erst am Morgen beendeten Streiks entschlossene Menge.

Stolz und ergeben verbarg die schlossartige Backsteinfassade, was hinter ihr geschah, ließ sich mit keinem der hohen Fenster etwas anmerken, trug den Kupferbogen über dem Mittelrisalit wie eine korrekte Dienstmütze. Die Zeit war angehalten, doch die Uhr im Giebel ging langsam weiter. „Anno 1921", stand zu ihren Seiten zu lesen. Leas Geburtsjahr. Die Deutschen fuhren durch die ganze Stadt auf der Suche nach den Polizeibeamten, die gerade Streife gingen oder frei hatten.

Später erfuhr man, es sei lediglich um eine vollständige Entwaffnung gegangen, alle Beamten durften gehen, die Kriminalpolizei über der Schwanenapotheke blieb unbehelligt. Noch später erfuhr man, in den großen Städten seien die gesamten Mannschaften festgenommen worden. Wieder später sickerte durch, sie seien nach Deutschland deportiert worden, ebenso die sieben Silkeborger Kollegen, die auf Schulung in Kopenhagen gewesen waren. In Odense sei ein junger Beamter erschossen worden, der vor dem Rathaus Wache gestanden habe. Fast zweitausend säßen jetzt in den deutschen Lagern.

Es gab keine Polizei mehr im Land, was Taarnby der Schwierigkeit enthob, seine beiden Beschäftigungen zu koordinieren. Es gab kein Recht mehr, das er hätte vertreten können, auf den Straßen und in der Nacht hatte recht, wer es sich nahm.

Die Amazone hielt in ihrer Chronik die Umstände von Zitrones Tod fest. Dass er wie üblich eine Polizeiuniform getragen habe, die ihn an jenem 19. September gerade nicht schützte. In einem gestohlenen Opel Kapitän der Polizei, den die Deutschen anhielten, worauf sie Zitrone mit etlichen richtigen Polizeibeamten in den Hof einer Polizeistation zur weiteren Visitation führten. Er sei auf eine Mülltonne geklettert und habe versucht, über den Bretterzaun zu entkommen, aber ein Schuss in den Rücken habe seinen linken Lungenflügel durchbohrt. Die Deutschen hielten einen vorbeifahrenden Rettungswagen an, der zufällig von einem Widerstandskämpfer gefahren wurde. Ein bewaffneter Schalburg-Mann fuhr mit und bewachte Zitrone, der unterwegs um einen Schluck Wasser bat. Als der Schalburg-Mann ausstieg, habe Zitrone schnell eine kleine Pistole aus dem Stiefelschaft gezogen und seinen Wächter mit drei Schüssen getötet. Daraufhin habe man erst ihn in ein Krankenhaus und den toten Schalburg-Mann in das deutsche Lazarett gefahren.

Nach der Erstversorgung wurde Zitrone in ein Haus im Norden Kopenhagens gebracht und dort von einer Krankenpflegerin versorgt. Mit leichtem Lächeln notierte die Amazone, der Rekonvaleszent habe Karten ausgeschickt: Es wird gebeten, von Kränzen Abstand zu nehmen. Wein und Zigarren werden entgegengenommen.

In der Nacht auf den 15. Oktober sei die Gestapo gekommen, um den Besitzer des Anwesens zu verhaften, der jedoch nicht im Haus gewesen sei. Von Zitrone hätten sie offenbar nichts gewusst. Doch dieser habe, als er die Worte Deutsche Sicherheitspolizei gehört habe, sofort von seinem Bett aus das Feuer eröffnet und danach die erste Handgranate ins Treppenhaus geworfen. Drei Stunden habe er, von Zimmer zu Zimmer humpelnd, das Feuer mit seiner Maschinenpistole im Gang gehalten und mehrere Handgranaten geworfen. Das Haus sei schließlich von 200 deutschen Soldaten umstellt und in Brand geschossen worden. Immer noch schießend, sei Zitrone aus dem brennenden Haus gelaufen, ins Feuer der Deutschen. Er habe acht Deutsche erschossen und etliche verwundet. Die Krankenpflegerin konnte entkommen.

Drei Tage später ergänzte die Amazone ihren Bericht um die Schilderung von Flammes Tod. Flamme habe während eines Auftrags in Jütland einen Koffer mit all seinen Waffen bei Zitrone zur Aufbewahrung gelassen. Bei Direktor Nyegaard habe er wenigstens eine kleine Pistole bekommen und sei von den Deutschen überrascht worden. Er habe die Pistole leergeschossen und dann vor den Augen von Nyegaards kleinen Söhnen seine Zyankalikapsel geschluckt. Für die Fortsetzung reichten der Amazone Stichworte: Frau Nyegaard sollte Kinder anziehen – mitnehmen, was sie tragen konnte – Haus gesprengt – bis auf die Mutter und die Kinder alle ins Gefängnis.

Die übliche Geschichte.

– You only live but once and when you're dead you're done. So let the good times roll! – Ah, endlich lachst du mal wieder! Und das Tanzen hast du offenbar auch nicht verlernt. – Hey Mr. Landlord, lock up all the doors when the police comes around. Just tell 'em that the joint is closed ...

– And let the good times roll.

– And let the good times roll!

– Es muss ein elender Job sein, zu versuchen, mich aufzumuntern. Ich möchte den nicht haben.

– Pass auf: Ich nehm dich mit zum nächsten Polizeiball. Da spielen sie mehr die dänischen Schlager. Aber ich lass dich erst los, wenn du deine Schuhe durchgetanzt hast!

– Jørgen, warum willst du dir das bloß aufladen ...

– Wer hat denn plötzlich vor meiner Tür gestanden? Außerdem hab ich acht Jahre auf dich gewartet.

– Warum hast du das getan?

– Nun, zum einen warst du schon hübsch, als ich dich kennenlernte, und bist seitdem jedes Jahr schöner geworden.

– Ach, komm.

– Stimmt, heute am See haben sie sich alle nur nach mir umgedreht. Schließlich warst du nicht die Einzige im Bikini, bloß die Hübscheste.

– Erzähl mir was anderes.

– Kommt sofort! Schon bei unserem ersten Treffen damals auf dem Dampfer mitten auf dem See habe ich geahnt, wie du kämpfen kannst.

– Ja, aber jetzt nicht mehr. – Ich sollte wirklich nach Kopenhagen zurückgehen.

– Um was zu tun?

– Jørgen, ich möchte nie wieder von dir getrennt sein. Aber ich tue dir nicht gut. Ich bin wie eine dieser Bomben aus dem

Krieg, die sie immer wieder mal entdecken. Ich wurde vergessen, und jetzt weiß keiner, wann ich hochgehe.

– Das ist mein Risiko. Du bist frei, zu gehen und zu bleiben. Aber du solltest wissen, dass ich nicht acht Jahre auf dich gewartet habe, um dich aufzugeben. Und immerhin könnte es doch sein, dass ich dir guttue. Und ob du mir guttust, das lass mich selbst beurteilen.

– Ich bin einfach bei dir reingeschneit.

– Wie in meinen Träumen.

– Du willst vergessen, und ich kann nicht vergessen.

– Dann hilf mir, mich zu erinnern, und lass mich dich daran erinnern, dass du lebst. Das Leben ist kompliziert und manchmal furchtbar. Trotzdem sollte man es leben, solange es nur das eine davon gibt.

– Ich werde immer einen Einwand finden.

– Ich auch. Darin sind wir sehr ähnlich.

– Ich habe Angst. Auch vor mir selbst.

– Aber offenbar nicht vor mir.

– Nein.

– Das ist doch schon mal ein Anfang.

– Ich glaube nicht mehr an das Glück. Jedenfalls nicht für mich.

– Dagegen kann man wohl nichts machen. Aber zumindest darf man verlangen, dass du dem Glück nicht im Weg stehst, wenn es an dich glaubt.

– Du findest wirklich immer einen Einwand.

– Siehst du.

– Und was machen wir, wenn ich deine Kraft aufgebraucht habe?

– Dann nehmen wir deine.

– Wo hast du denn die entdeckt?

– Ach, das war nicht weiter schwierig. Und zurzeit schonst du sie, also werden wir noch genug davon überhaben.

– Wenn du so weitermachst, wirst du mich nie mehr los.

– Das wäre in der Tat äußerst wünschenswert.

– Du hast gewonnen.

– So würde ich das nicht nennen. Allerdings halte ich tatsächlich gerade den Hauptgewinn meines Lebens in meinen Armen.

– Wenn ich nur wüsste, womit ich dich verdient habe.

– Frag mich in fünfzig Jahren nochmal, bis dahin habe ich die Liste vielleicht zusammen.

– Ich werde jetzt wollen, dass du deine Arme in alle Ewigkeit um mich herum hältst, so wie jetzt.

– Dann würden wir irgendwann verhungern. Allerdings wäre das unter diesen Umständen ein schöner Tod.

– Vielleicht schlafen wir erst einmal ein. Und wenn ich aufwache und mich immer noch in deinen Armen finde, dann könnte ich anfangen, an das Leben zu glauben.

– Darf ich dich vorher ins Bett tragen?

– Mh ... Das mit dem Ausziehen müssen wir auch noch irgendwie regeln ...

– Sollten wir hinkriegen.

– Ich brauche ja nur dich und eine Decke. Und morgen machen wir weiter.

– Womit?

– Mit dem Schreiben.

– So, hier wären wir. – Bist du sicher?

– Ja. Ich möchte nicht, dass meine Kinder mich einmal fragen müssen, was damals war, weil es ihnen niemand erzählt.

– Du wirst also Kinder haben.

– Ja, ich denke, das werden wir. Und werden sie abends ins Bett bringen und ihnen ein Gute-Nacht-Lied singen.

– Das hört sich gut an.
– Was hat deine Mutter dir immer vorgesungen?
– Hm. Warte. Doch, das hier:
Sing, bet und geh auf Gottes Wegen,
verricht das Deine nur getreu,
und trau des Himmels reichem Segen,
so wird er bei dir werden neu.
Denn welcher seine Zuversicht
auf Gott setzt, den verlässt er nicht.
– Das ist wunderschön.
– Ich wünschte nur, ich könnte noch daran glauben.
– Deine Mutter glaubt daran, das reicht doch.
– Meinst du?
– Ich bin sicher, sie denkt jetzt gerade an uns. Und vielleicht singt sie das dabei leise vor sich hin.

Der 4. Januar versank in einen gleichgültigen Abend. Taarnby lag angezogen auf seinem Bett und rauchte eine weitere Zigarette aus England, wenigstens daran mussten sie jetzt gerade nicht sparen, jedoch am Licht, aber das tat das Leben zurzeit ja auch. Die besonders dicken Erinnerungen nutzten das Dunkel des Zimmers schamlos aus und verklebten die Ecken, in welche die trübe Funzel nicht reichte, zu einer undurchdringbaren Masse. Irgendwo dahinten stand ein angeschlagener Rahmen mit einer kostbaren Zeichnung, doch Taarnby stellte sich ohnehin lieber vor, er brauche nur ins Bett neben sich zu greifen, die Haut ihrer angewinkelten Beine war weich und warm, er drehte sich auf die Seite und ließ einen Finger sanft ihren ganzen Körper bis zu ihrem Mund hochfahren, leise glucksend blies sie Rauch darüber – nein, sinnlos, sich mit dieser Vorstellung weiter zu quälen, das Bett blieb leer.

Sie hatten ein paar Stunden gehabt, damals vor einem Jahr, Stunden, die er wach geblieben war, und dennoch hatte er nur verschwommen mitbekommen, wie sie aufgebrochen war, ihre kühlen Finger zärtlich an seiner Stirn, seiner Wange, seinem Mund. Und dann war sie fort gewesen. So war es jetzt seit einem Jahr.

Und worüber sie dann vor allem gesprochen hatten. Er hatte keine kleine Studentin in seinen Armen gehalten, sondern eine Kämpferin, eine richtige Amazone. Ob Kaj Munk geahnt hatte, dass wenige Kilometer von ihm entfernt während seiner letzten Atemzüge so überzeugt von ihm gesprochen wurde – auch dies an jenem 4. Januar, der zurück in die Nacht sank, aus der er verschwommen grau in recht unvollkommenes Licht getreten war. Taarnby hatte ja inzwischen eine Vorstellung von Munks Frau. Wie mochte sie diesen Abend in wacher Angst verbracht haben. Während er, Taarnby, in seinem Liebesglück und andere Dänen in anderen Beschäftigungen zwischen Wachen und Schlafen aufgegangen waren. Es war ein Jahr her, und nichts hatte sich wirklich geändert, außer zu noch Schlimmerem. Das Glück pflegte wie eine Erbse in eine zufällige Spalte zwischen den Dielen zu rollen und war dann nie wieder aufzufinden. Er hatte Lea ein Jahr nicht mehr gesehen. Was ein Netz um Kaj Munks Mörder hätte werden sollen, bestand nur aus losen Fäden oder nicht einmal so viel. Die Deutschen würden nicht mehr lange im Land sein, sie hinterließen eine Blutspur, aber keine verwertbaren Beweise. Wächter, lass nicht zu, dass der Wolf weitere Schafe reißen kann und am Ende auch noch die Lämmer.

Er drückte die Zigarette aus, stand auf, löschte das ohnehin nicht überzeugende Licht und verließ das einsamkalte Zimmer.

Das Schneetreiben hatte zugenommen. Was hatte sie glauben lassen, es mit der Schneekönigin selbst aufnehmen zu können. Kaltes Feuer blieb auf ihren Wimpern zurück. Irgendwo da hinten im Schnee lag einer in seinem Blut, aber sie hatte nicht geschossen, er würde nicht mehr aufstehen, aber sie hatte nicht geschossen, es war ihr wichtig, das festzuhalten, für wen auch immer, sie würde überhaupt nicht mehr schießen, es reichte jetzt, kämpfen wollte sie, aber nicht als billige Kopie dem Feind immer einen Schritt hinterher sein. Sie straffte sich, vergrub ihre Hände in den Manteltaschen – eine immer noch um eine Pistole – und verließ die Einfahrt, in der sie Schutz gesucht hatte. Lea Frøhlich. Auch bekannt als die Amazone. Aber sie hatte einen Namen.

Aufrecht ging sie durch den Schnee. Überquerte die Nørre Søgade und warf die Waffe in hohem Bogen in den noch nicht ganz gefrorenen See, hörte es leise platschen. Schüttelte die nassen, seit zwei Tagen ganz blonden Haare, schüttelte die Rolle ab, die nicht zu ihr passte. Und jetzt ins momentane Hauptquartier, den anderen ihren Entschluss mitzuteilen. Nicht aussteigen wollte sie, vielmehr in den politischen Kampf einsteigen, und zwar als sie selbst.

Der neugefundene Stolz wärmte sie und nahm ihren Schritten alles Zufällige. Etwaige Dämonen und andere Gestalten der Finsternis, die in den kahlen Zweigen über ihr hocken mochten, würden zusammenzucken, weil sie sogar leise, doch vernehmlich lachte.

Kurz überlegte sie, was sie tun würde, wenn sie jetzt einer deutschen Streife in die Arme lief. Es gab ja keinen Zweifel, was dann mit ihr geschehen musste. Sie schloss einen Schritt lang die Augen und spürte, dass sie alle mit ihr liefen. Sprosse. K. C. Selbst Edith und Daniel.

Sie dachte an Flamme. Sie hatte nie in Konkurrenz zu ihm treten wollen, auch seine Nachfolge kam für sie nicht in Frage. Ein Kampf wie der seine war verloren von Anfang an. Sie wollte jetzt eine andere Position. Der Krieg war mehr oder weniger zu Ende, und er würde nicht einen Tag früher dadurch aufhören, dass auch sie noch in der allgemeinen Schießerei mitmischte. Die politische Ordnung nach dem Krieg musste bedacht und vorbereitet werden. Und die juristische Aufarbeitung. Sobald wieder an ein ordentliches Studium zu denken war, wollte sie sich zum Examen anmelden. Vielleicht sogar promovieren. Sie hatte alles Nötige gelernt und fest vor, das Entscheidende nicht wieder Männern zu überlassen. Sich von anderen ihren Platz zuweisen zu lassen. Es wurde Zeit, dass sie wieder das Ruder übernahm.

Mit geschlossenen Augen schmiegte Taarnby sich an die Schulter seiner Mutter. Keiner weinte. Die Zeit war nicht geeignet für so etwas Weiches, Nachgiebiges wie Tränen. Sein Bruder Erland hielt die Mutter auf der anderen Seite im Arm. Louise im Frøslev-Lager, allem Anschein nach am Leben und einigermaßen wohlauf, den Umständen entsprechend.

Wenn sie einmal nach Hause kommen und ihren Vater nicht mehr antreffen würde

Nachts waren sie gekommen. Die Küchentür mochte unabgeschlossen gewesen sein, oder sie hatten sich irgendwie Einlass verschafft. Hatten überhaupt gewusst, wohin sie gehen mussten, im Schlafzimmer kurz das Licht angemacht und den Pastor mit einer Maschinenpistolensalve im Schlaf erschossen, die Pfarrfrau, die knapp vorher erwacht war, jedoch unangetastet gelassen.

Vom Licht geblendet und vom Geschehen geschockt, hatte sie keine Einzelheiten wahrgenommen und konnte nicht einmal sicher sagen, wie viele Täter es gewesen waren. Zwei, vielleicht auch drei. Sie seien schweigend wieder gegangen.

Sie hob langsam die Hände. So sah es also aus, wenn es vorbei war. Aber warum gerade jetzt. Doch warum nicht jetzt. Wo sie ohnehin zu allem bereit war.

Die bekannte Methode. Sie hatten Informationen bekommen und rollten einen Treffpunkt auf. Warteten einfach, bis ihnen alle ungewarnt in die Falle liefen. Und was die Amazone anging, so wurde sie doch gewiss schon lange gesucht. Wenn sie nicht bereits gemerkt hatten, wer ihnen da ins Netz gegangen war, dann wussten sie es sicher bald. Nur bin ich nicht mehr die Amazone. Mein Name ist Lea Frøhlich. Ja, ich bin Jüdin. Auch deswegen könnt ihr mich mitnehmen und dahin schicken, wo ich eurer Meinung nach hingehöre.

Doch diese hier verstanden nicht, eine Haltung zu lesen. Sie brauchten das sorgfältig Wort für Wort und natürlich auf Deutsch. Sie konnten nicht lesen, was in Leas Gesicht geschrieben stand – ihren Stolz freilich wussten sie vielleicht dennoch zu deuten. Nun hatte sie sich ordnungsgemäß und sehr soldatisch ergeben, leistete keinen Widerstand und hielt einfach die Hände hoch, ließ sich durchsuchen.

Sie habe keine Waffe.

Wer sie sei, wurde sie angeschnauzt.

– Mein Name ist Lea Frøhlich. Ich bin Studentin.

Studentin, was? Und was sie bitte schön hier habe studieren wollen? Pass auf, das ist eine ganz Durchtriebene!

– Ich suche meinen Freund Fred. Ich dachte, er ist hier. Er hat mich hierherbestellt.

Fred weiter?

– Dinesen.

Sie guckten durch irgendwelche Notizen, Papiere. Natürlich waren weder eine Lea Frøhlich noch ein Fred Dinesen zu finden.

Weiter. Wer noch.

– Meine Cousine Edith wollte auch kommen. Und Daniel, das ist ihr jüngerer Bruder.

Name!

– Gulbrandsen.

Ah! Norweger, was? Sie nickte. Sie sei ja wohl eine ganz Schlaue, was? Und wofür bitte schön habe sie denn all diese

Herrschaften hier treffen wollen, wie? Und jetzt keine dummen Geschichten, Mädchen!

Er drehte ihr einen Arm schmerzhaft auf den Rücken. Durchtriebenes Aas. Aber man komme ihr schon auf die Schliche. Er drückte ihr einen Revolver in die Hand. Hier! Sie solle mal zeigen, was sie könne!

Damit hatte sie nicht gerechnet. Aber es war gut. Sie hatte nicht vor, sich länger zu verstecken. Doch sie hatte die Rechnung ohne ihre Hände gemacht, die unbeherrschbar zitterten und sogar vereint fast die Waffe fallen ließen. Man zeigte ihr ein Ziel, na, jetzt solle sie abdrücken! Sie bekam das Zittern nicht unter Kontrolle, ließ die Waffe fallen und versuchte mit der Linken, ihre Rechte ruhig zu halten.

Die Deutschen hatten ihren Spaß. Glaub mir, die hat noch nie eine Pistole in der Hand gehabt! Schau dir doch mal diese zarten Fingerchen an!

Inzwischen zitterte sie am ganzen Leib.

Ihr Ausweis wurde gefunden und geprüft. Natürlich war er nicht auf den Namen ausgestellt, den sie gerade angegeben hatte. Allerdings auch nicht mehr auf Gerda Hostrup Jensen, seit ein paar Tagen hieß sie Hanne Lundgren Petersen und war erwiesenermaßen blond.

– Mitkommen!

Halb geschubst, halb stolpernd erreichte sie einen Wagen, in dem zwei Jungen saßen, die sie tatsächlich noch nie gesehen hatte. Irgendetwas ließ sie die beiden nach Fred fragen, sie guckten sie verständnislos an.

– Schnauze!

Sie drückte sich neben die beiden auf die schmale harte Bank und schloss die Augen.

Die Erde war zu frisch für einen Stein, die Luft zu kalt und nass für Rosen. In Gedanken hatte Taarnby die Mörder ein ums andere Mal aufgespürt und der Reihe nach abgeknallt, in Wirklichkeit war er müde und leer wie die schwarzen Januarbäume und sehnte sich danach, dass ein Frühling den Frieden oder etwas Vergleichbares bringen könnte. Ebenfalls in Gedanken besuchte er ein weiteres Mal die Kinder Kaj Munks, sagte zu den älteren: Jetzt weiß ich erst wirklich, wie es sich anfühlt!, und strich den jüngeren stumm über den Kopf, versuchte ein Lächeln, das in seinem Gesicht nicht mehr vorgesehen war.

Seine Mutter wollte allein sein und ließ auch ihm das Grab eine Weile für sich und für den Nieselregen. Sein Bruder war wieder abgefahren, und seine Schwester wusste noch nichts. Der Kies knirschte, als er sich langsam erhob, und kurz darauf noch einmal unter seinen Schritten, er ließ den Laut hinter sich zurück und schloss leise das alte Holztor. Oben krächzte irgendein schwarzer Vogel. Sie achteten nicht aufeinander.

Sie erinnerte sich daran, sich schon einmal wie eine Maus gefühlt zu haben. Eine Maus in der Falle. Jetzt war sie die Maus zwischen den Pfoten eines großen, schnurrenden Katers.

– So jung habe ich Sie mir gar nicht vorgestellt!

Der Kater trug einen Anzug und ein sehr gewinnendes Lächeln. Seinem Schreibtisch hatte der Vormarsch der Roten Armee bisher nichts anhaben können. Er umrundete ihn und lehnte sich mit verschränkten Armen – immer noch das charmante Lächeln – locker dagegen. Dann winkte er die übrigen Beamten fort.

– Ich möchte mich mit dem Fräulein einen Moment allein unterhalten!

Mit hochgezogenen Augenbrauen untersuchte er das Ausweispapier, das auf seinem Schreibtisch gelegen hatte.

– Fräulein ... Lundgren Petersen. Nun. Wir wissen beide, dass dieser Name nicht stimmt.

– Mein richtiger Name ist Lea Frøhlich.

Wieder zog er die Augenbrauen hoch. Sein Lächeln war keineswegs kalt und bekam jetzt einen anerkennenden Zug.

– Richtig. Übrigens sprechen Sie sehr gut Deutsch, Fräulein Fröhlich.

Sie antwortete nicht.

– Sie müssen guten Deutschunterricht in der Schule gehabt haben. So lange kann das bei Ihnen ja noch nicht her sein! Ich stelle mir das richtig vor: ein Lehrer, der Ihnen voller Enthusiasmus deutsche Gedichte aufgibt. Über allen Gipfeln ist Ruh – das war doch gewiss dabei.

Sie schwieg.

– Aber Sie sind jung. Vielleicht ist es eher das hier: Ich suche allerlanden eine Stadt, die einen Engel vor der Pforte hat?

Sie ließ sich doch verwirren und fragte: Warum gerade das?

– Ich trage seinen großen Flügel gebrochen schwer am Schulterblatt und in der Stirne seinen Stern als Siegel. – Warum nicht? Es ist wunderschön, oder nicht? Sie kennen es, nicht wahr?

– Warum ausgerechnet eine jüdische Dichterin?

Triumphierend lächelnd stellte er fest: Sie kennen es.

Sie biss sich zu spät auf die Lippen. Auf Folter war sie gefasst gewesen, nicht hierauf.

– Und wandle immer in die Nacht ... Ich habe Liebe in die Welt gebracht ... – Nehmen wir einmal an, dass Doktor Goebbels es nicht übermäßig schätzen würde, wenn in der Kopenhagener Gestapo Lasker-Schüler-Verse rezitiert werden. Aber nun sind wir hier in Kopenhagen und nicht in Berlin. – Gleichwohl!

Mit lose hinter dem Rücken verschränkten Armen umrundete er sie einmal.

– Wir hätten uns unter anderen Umständen treffen müssen, Fräulein Fröhlich!

Er blieb vor ihr stehen. Sie hielt sich so gerade wie möglich und versuchte, seinem Blick nicht auszuweichen, dessen offenbar nicht gespielte Freundlichkeit sie irritierte.

– Amazone. Was für ein treffender Name!

Sie zuckte kaum merklich zusammen, doch er hatte es aufmerksam registriert.

– Amazone, das war doch richtig, nicht wahr?

Sie schwieg und versuchte, auch die kleinsten Muskeln in völlige Ruhe zu versetzen. Lächelnd begann er eine etwas größere Runde, die ihn schließlich zurück hinter seinen Schreibtisch führte, wo er auf dem Sessel Platz nahm, die Beine übereinanderschlug und die Fingerspitzen zu einem Dach formte.

– Sie sind schön. Mit Ihrer richtigen Haarfarbe wären Sie sogar noch schöner.

Reglos erwiderte sie seinen Blick.

– Meine persönliche Kriegsgefangene. – Ja, meinen Sie denn nicht auch, ich hätte ein Recht auf so etwas? Übrigens ...

Er beugte sich vor, die Arme nun auf den Schreibtisch gestützt.

– Ihnen dürfte kaum entgangen sein, dass ich meine Leute hinausgeschickt habe. Hm? Nein, natürlich ist Ihnen das nicht entgangen. Sie sind nicht nur schön, sondern auch klug und mutig.

Es wäre ein Jammer um Sie. – Nun, Fräulein ... Ach ja: Lundgren Petersen – für heute habe ich keine weiteren Fragen an Sie!

Taarnby war auf seine Weise Soldat genug, um zu wissen, wann Angriff und wann Rückzug geboten war und wie man der fürchterlichsten Niederlage angemessen begegnete, nicht weil die Niederlage dessen bedürfte, sondern man selbst. Er vermutete Louise und hoffte Lea in Sicherheit und konzentrierte sich auf seine Aufgaben. Die einzige Spur zu den Mördern seines Vaters führte zu Grete, einem Mädchen aus dem Dorf, das einige Zeit bei seinen Eltern angestellt gewesen war, aber von der Pfarrfrau nach mehrfachen Diebstählen hatte entlassen werden müssen. Gretes denn doch mehr erschrockenen als triumphierenden Blicken war einstweilen nichts als überlegene Gleichgültigkeit entgegenzusetzen. Obwohl er sie nie sonderlich gemocht hatte, tat sie ihm wieder leid, wenn er an das Kriegsende dachte, das bald kommen musste. Ungewiss war nur, wie viel Schrecken es noch vor sich herschieben würde; weniger ungewiss, welche Schrecken es nach sich ziehen würde für solche wie Grete.

Lea wusste noch nicht, ob das Dunkel der Zelle ihr Feind oder ihr Verbündeter war. Die muffige Wolldecke kratzte. Der Kater und die Maus. Mit einem vorsichtigen Blasen hatte er ihren Lebensmut angefacht und dadurch zugleich ihre Angst lodern lassen.

Sprosse hatte seine letzten Gedanken ihr gewidmet, ja, das hatte er sicher tatsächlich getan. Sie beneidete ihn schlechten Gewissens. Sie war nicht im Entferntesten bereit für letzte Gedanken. Wie aufgescheuchte Vögel flatterten sie in verschiedene Richtungen und ließen sich zuweilen bei Jørgen, bei ihren Eltern, wirklich bei Sprosse, bei Jytte und dann doch wieder bei Jørgen nieder. Der Ring um ihre Brust war kälter und stärker, als sie es sich je hatte vorstellen können, und zog sich mit jedem Atemzug fester. Sie bat den Engel, doch wirklich zu kommen, den Engel, den der Kater lächelnd verhöhnt und ihr dennoch erst unwiderruflich als Ziel vor Augen gestellt hatte. Ich trage seinen großen Flügel gebrochen schwer am Schulterblatt und in der Stirne seinen Stern als Siegel, flüsterte sie, vor Kälte, ja sicher nur vor Kälte zitternd, aber das Kälteste in der Zelle war sie selbst, in Gott gehüllt den dunklen Atemschlag. O Gott, schließ um mich deinen Mantel fest; ich weiß, ich bin im Kugelglas der Rest. Sie rollte sich zu einer Kugel zusammen und flüsterte: Engel, komm, ach komm von deiner Schwelle, Engelwärme bring in meine Zelle.

Nachdem sie begriffen hatte, dass dies nichts mit den Versen der Lasker-Schüler zu tun hatte, flüsterte sie die Zeile immer wieder. Engel, wärm, ach wärm mir meine Hände, leuchte mir durch diese klammen Wände. Engel, sing, ach sing mir helle Lieder, zeig mir deine Sonnenfunken wieder.

Reime wie diese gehörten dem Geburtstagsgedicht der Elfjährigen für den Papa und damit sonnigeren Zeiten. Engel, reich mir durch den weiten Raum deines Hoffnungsmantels festen Saum. Engel, trag mich dann, da ich es selbst nicht kann. Engel, lauf! Heb mich auf!

Auf dem Schreibtisch seines Vaters fand Taarnby in der abgegriffenen und mit vielen Lesezeichen, Eselsohren, Anstreichungen und Kommentaren versehenen Studienbibel gleich vorne einen gelblichen Ausschnitt aus einem illegalen Blatt. Unter der Überschrift: *Komm, mich deinen Weg zu führ'n* war zu lesen:

Als Blutzeuge für Wahrheit, Freiheit und Recht wurde Dänemarks großer Dichter Kaj Munk von der Gestapo ermordet. Wurde er auch von Mörderkugeln getötet, wird er doch für alle Zeiten mit unüberwindlicher Kraft der Sache dienen, für die er sein Leben opferte. Das ahnte er wohl selbst, als er – wenige Tage vor seinem Tod – diesen Choral schrieb. Wir fordern unsere Leser auf, ihn abzuschreiben und an Freunde und Bekannte zu schicken:

Meister mit der schweren Dornenkrone,
wie bloß folge ich dir heute nach –
lockt mich doch ein Pfarrhaus, wo ich wohne,
mit Familie unterm sich'ren Dach.
– Sich'res Dach!

Er seufzte bitter.

Meister mit der schweren Dornenkrone,
trätest du als Gast nur bei uns ein,
uns zu segnen, Heiland uns zum Lohne,
wär es mir ein Leichtes: Pfarrer sein.

Er erinnerte sich gut an das Gedicht, sein Vater hatte es ihm auch abgeschrieben und angemerkt, es sei eigentlich kein neues Gedicht. Munk habe jedoch ein Wort geändert, sein Vater hatte es in der Abschrift zweimal unterstrichen:

Doch nun trifft mich in der Dornenkrone,
deinem blutgetränkten Leidensbild
und in deinem schmerzenstiefen Tone
jetzt dein teurer Anspruch, der mir gilt!

Meister mit der schweren Dornenkrone,
rufst mich zu dir auf die Kreuzeshöhn.
Ja, doch sieh von deinem Ehrenthrone:
Deines Vaters Erde ist so schön!

Meister mit der schweren Dornenkrone:
„Wer sein Leben liebt, der wird's verlier'n!"
Komm, mich selbst im Pfarrhaus, wo ich wohne,
mit Familie, deinen Weg zu führ'n.

Vedersø, den 29. Dezember 1943.
KAJ MUNK

Er legte das Blatt in die Bibel zurück und diese wieder an ihren Platz. Verlor sich in den Fotografien neben der alten Tischuhr. Seine Eltern als junges Paar. Kinderbilder von ihm und seinen Geschwistern. Louise mit Grübchen und Zahnlücken, eine Puppe im Arm. Erland mit stolzem Lächeln im Matrosenanzug. Er selbst mit strubbeligem kurzem Blondhaar und einem ebenso frechen wie charmanten Grinsen im Pfarrhausgarten.

Guck mal, Papa!

Er stand auf der Schaukel und ließ sie immer wilder auf und ab fliegen. Am Ende löste er sich ganz von dem Brett und flog in die ausgebreiteten Arme seines Vaters.

Die Antworten waren gestorben.

Er hielt die Tränen nicht mehr zurück.

Komm, mich deinen Weg zu führ'n! Sein Vater hatte es geglaubt. Und auch das fiel ihm wieder ein: Ich bin der Weg, die Wahrheit und das Leben. Doch hier war nur Tod. Wo war das Leben. Und welcher Weg führte dahin.

Lea schreckte hoch. Deutlich hatte sie ein mächtiger Flügel gestreift.

Dann wurde die Zellentür aufgeschlossen und sie über lange Gänge geführt. Sie ahnte, dass es in einen dunklen Hof gehen würde, und bereute, dass sie anders als Sprosse nichts hatte hinterlassen, nicht einmal ihre Gedanken hatte ordnen können. Sie hatte ihre letzte Nacht verschlafen. Immerhin würde sie, wie es aussah, aufgrund ihrer Taten sterben und nicht aufgrund eines Makels ihrer Geburt, das war doch etwas. Aber wer fragte danach.

Der Hof *war* dunkel. Ihre Hände wurden auf den Rücken gebunden, und sie wurde mit dem Gesicht gegen eine Wand gestellt. Wohlbekannte metallische Geräusche. Sie straffte sich und versuchte, ruhig zu atmen. Wenigstens das war sie schuldig. Wem eigentlich.

– Fräulein ... Lundgren Petersen, es wäre in der Tat jammerschade um Sie.

Leise Schritte, Katzenschritte, die fast zu ihr kamen, sodass sie sich die Atemwolke vor seinem Mund vorstellen konnte und beinahe in ihrem Nacken zu spüren glaubte. Sie hörte ihn lächeln.

– Viel ist ja gerade nicht von Ihnen zu erkennen. Aber mir gefällt, was ich erahne. Und ich habe nicht die Absicht, es zu zerstören.

Engel, lauf! Heb mich auf!

– Ich bin mir noch nicht richtig schlüssig, wie ich das verhindern könnte. Soll ich Sie bitten, uns den einen oder anderen Namen zu nennen – richtige Namen, versteht sich? Oder soll ich mich Ihrer Dienste für eine Zukunft versichern, in der das Kriegsglück sich zu Ihren Gunsten gewendet haben könnte?

Oder soll ich die Entscheidung einfach noch eine Weile aufschieben, bis ich mir Klarheit über meine Wünsche verschafft habe?

Nun spürte sie seinen Atem tatsächlich. Und roch Champagner oder Ähnliches. Der Mann wusste zu leben.

– Wir sollten es nicht lange hinauszögern. Ihnen ist kalt. Dies ist wahrhaftig kein Ort für ein junges Mädchen.

– Dann kürzen Sie es ab und schießen einfach.

Das hatte sie tatsächlich gesagt. Auch ihn schien es zu überraschen und vor allem zu belustigen.

– Nicht doch. Ehrlich? Ich hätte noch eine andere Idee, Fräulein Lundgren Petersen. Sie behalten bis auf Weiteres ihr Leben und überlegen sich, was Sie uns über Frau Jelling erzählen könnten. Nicht, dass es schade um sie gewesen wäre. Es gibt Zeiten, da kann man sich solche kleinen sentimentalen Rücksichten nicht leisten.

Der Krieg würde so lange dauern, wie es noch irgendetwas zu zerstören gab. Dresden war zerstört, letztlich eine Stadt unter vielen. Für den immer noch erwarteten Endsieg wurden die Vergeltungsraketen gebaut, Teile dafür wurden in der Autofabrik DAB am Markt in Silkeborg hergestellt. Eine erfolgreiche Sabotageaktion zerstörte den größten Teil der Fabrik. Einer der Saboteure, der 23-jährige Jagdaufseher Leif Dines Pedersen, wollte am nächsten Tag den Erfolg der Aktion mit Fotos dokumentieren. Er wurde festgenommen, brach unter der Folter zusammen und verriet der Gestapo etliche Kameraden. Drei weitere Männer zwischen 21 und 22 Jahren wurden verhaftet. Eine junge Frau, die auf dem Gestapo-Büro etwas zu erledigen hatte, konnte in einem unbeobachteten Moment in Papieren auf dem Schreibtisch erkennen, dass die Deutschen dabei waren, die ganze Sabotageorganisation in Silkeborg aufzurollen. Sie warnte die Gruppe, etwa fünfzig konnten untertauchen. Die vier Festgenommenen wurden nach Kopenhagen gebracht. Ein Befreiungsversuch scheiterte. Am 13. März wurden die Urteile auf dem Hinrichtungsplatz Ryvangen vollstreckt.

Taarnby erfuhr, dass Lea seit Januar im Westgefängnis saß, aber offenbar bisher nicht hingerichtet worden war.

Lea hatte jedes Zeitgefühl verloren, konnte kaum Tag und Nacht unterscheiden, Frühling war es jedenfalls noch nicht und wurde es vielleicht auch nicht mehr.

Sie bekam ab und zu eine Kameradin, war dann wieder alleine und konnte nur ahnen, wo die Zellengenossin hingekommen war. Von Lagern war die Rede. Welche, die zurückkamen, berichteten von einem Lager bei Padborg an der deutschen Grenze, recht erträglich sei es dort, die Verpflegung jedenfalls besser als im Westgefängnis, und man werde im Großen und Ganzen in Ruhe gelassen, lachend erzählten sie von einem Mädchen aus Silkeborg, das dort sogar einen Liebsten gefunden habe. Scherben, die ein wenig Licht von der Welt einfingen, die sich da draußen weiterhin um sich selbst drehte. Neue Transporte wurden zusammengestellt. Die größte Angst war, in eines der deutschen Lager geschickt zu werden.

Manchmal durfte Lea auf den Hof, manchmal nicht, ein System war nicht zu erkennen. Auf den Mauern und an den Toilettenwänden fand sie Nachrichten der anderen vor: Grüße, Mitteilungen, Neuigkeiten über den Frontverlauf. An den Tagen, an denen sie nicht allein in der Zelle saß, konnte sie in etwas wie einen normalen Tagesablauf eintauchen. Die anderen hatten in der Regel Familienangehörige außerhalb des Gefängnisses, denen sie gelegentlich schreiben und von denen sie ab und zu ein Päckchen empfangen durften, der Inhalt wurde schwesterlich geteilt. Einige hatten auch Ehemänner, Brüder, Kinder in anderen Zellen und sorgten sich, bis etwa durch einen der Kalfaktoren eine beruhigende Nachricht übermittelt wurde, mehr noch sorgten sich fast diejenigen, deren Familie zu Hause war, wenn keine Nachricht kam.

Einmal wurde Lea mitten in der Nacht in eine Verhörzelle gebracht und auf einen Stuhl an die Wand gesetzt, die Arme hinter der Stuhllehne gebunden. Ihr gegenüber auf der anderen Seite des Raumes saß ein Deutscher. Er schwieg und tat nichts weiter, als seinen Stuhl immer wieder ein wenig näher an sie heranzurücken, bis seine Knie die ihren berührten. Ach, haben sie das mit dir auch gemacht, ja, das machen sie gerne! Das sind so ihre Spiele.

Der Kater bestellte sie auch gelegentlich zu sich, um ein bisschen mit ihr zu spielen. Sinn ergaben die Verhöre für sie keine. Sie zwang sich, wach zu bleiben und bereit, die versteckte Gefahr in dieser schnurrenden Stimme rechtzeitig zu erkennen. Irgendwann wurde es ihr jedoch egal, was er besorgt bemerkte.

– Sie sehen müde aus. Und des Wartens müde, habe ich recht? Ja, manchmal muss man warten im Leben. Sie bestehen aber auch nur noch aus Haut und Knochen. Da müssten wir dringend etwas tun, meinen Sie nicht auch? Ja, es ist eine schwierige Zeit. Ich sehe Sie in einem Abendkleid vor mir. Sie sitzen mir in einem kleinen feinen Lokal gegenüber und prosten mir mit Champagner zu. Ich kenne da so ein Lokal, dahin hätte ich Sie gerne einmal ausgeführt, wenn die Umstände doch nur andere wären! Aber warum sollten Sie das eigentlich nicht noch erleben? Natürlich weiß man das nie in diesen Zeiten. Wer weiß, morgen ist man vielleicht schon tot! Denken Sie darüber auch manchmal nach? Nun, genug davon für heute! Sie sollten versuchen, ein wenig Schlaf zu bekommen.

Wenige Stunden später wurde sie aufgeweckt und in den Hof geführt, wo ein Lastwagen bereitstand. Die Ladefläche des geschlossenen Wagens, zu dem sie mit zwei weiteren Frauen geführt wurde, war schon voller Männer. Ihre beiden Mitgefangenen stiegen auf, Lea wurde im letzten Moment zurückgehalten und hörte kurz darauf wieder die vertraute Stimme im Ohr: Die fahren jetzt nach Deutschland. Ravensbrück, was ihre beiden Kolleginnen angeht. Müssen Sie sich nicht merken, den Ort. Aber prägen Sie sich die Gesichter der beiden ruhig noch einmal ein, Sie werden sie nicht wiedersehen. Ach ja, Deutschland! Hab die Heimat schon länger nicht gesehen. Nun, aber wie geht es Ihnen: Haben die Heimat nicht verlassen und sehen doch kaum etwas von ihr. Wollen Sie mitfahren?

Ohne zu überlegen, nickte sie.

– Das ist nicht Ihr Ernst, oder?

Sie schwieg. Der Lastwagen wurde geschlossen und fuhr ab.

– Sagen wir mal: in den sicheren Tod. Nun, den können Sie natürlich genauso gut hier finden. Wer weiß schon, was das Morgen bringen wird!

Ein Flugzeuggeschwader flog hoch über ihnen hinweg.

– Wie das wohl ausgehen wird? Wissen Sie was: Wir machen eine kleine Wette, nur Sie und ich. Wenn Sie gewinnen und wir den Krieg verlieren, dann spendiere ich Ihnen den versprochenen Champagner! Und wenn wir doch gewinnen, wie der Führer uns versprochen hat, wenn ich also die Wette gewinne – ja, dann werden sich unsere Wege wohl endgültig trennen. Fast wünsche ich mir unter diesen Umständen ja, dass wir verlieren! Aber das haben jetzt nur Sie gehört! Kleines Geheimnis unter Freunden, sozusagen. Was wollen Sie: Wir sind doch alle Menschen. Da sind solche Gedanken nur menschlich-allzumenschlich, nicht wahr?

Taarnby hatte beschlossen, den Krieg zu überleben, und hielt sich zurück. General von Hanneken war als Oberbefehlshaber abgelöst und wegen erheblicher Veruntreuungen ins Zuchthaus geschickt worden. Andere Vergehen fielen nicht in die Zuständigkeit des Kriegsgerichts.

Unter dem neuen Oberbefehlshaber wurde Silkeborg weiter zur Festung ausgebaut. Zerstört wurden: das schöne Lokal der Handwerkervereinigung mit dem Ball- und Theatersaal von den Deutschen und etliche Geschäfte und Fabriken durch Sabotage. Ein Denunziant wurde von einem vorbeifahrenden Fahrrad aus angeschossen, überlebte jedoch. Mehrere sehr aktive Widerstandsleute überlebten nicht. Alle dafür in Frage kommenden Gebäude wurden mit deutschen Flüchtlingen belegt. Das hieß immerhin, dass die Deutschen anfingen, Teile ihres eigenen Landes zu verlieren. Wer nicht auf der Flucht oder anderweitig beschäftigt war, hatte Befehlen zu gehorchen und war dem Anschein nach bereit, das Reich bis zum letzten Blutstropfen zu verteidigen.

Taarnby verstand, dass es darauf ankam, immer wieder in Deckung zu gehen, wenn die tödlich verletzte Bestie um sich schlug. Ferner hatte er sich wieder angewöhnt zu beten, wenn er auch nicht wusste, zu wem. Doch es tat gut, Leas und Louises Namen und den seiner Mutter und noch manch anderer Person auszusprechen. Er hatte das unbestimmte Gefühl, diese Namen in eine offene Hand legen zu können. Dann vielleicht auch die dazugehörenden Menschen.

Lea hatte Hunger: nach Leben, nach Brot, nach frischer Milch, nach Obst, nach Leben, nach Liebe, nach Luft, die man tief einatmen und sich auf dem Fahrrad um die Ohren sausen lassen konnte, nach Liebe, nach Liebe, nach Leben, nach Wellen und Sonne, nach Apfelblüten, nach Händen, die sie streichelten, auch die ihrer Mutter, nach Leben. Der Tod machte ihr weniger Angst, als dass er sie traurig machte. Sie war nicht bereit zu sterben. Aber sie war bereit, bereit zu sein, wenn es nicht anders ging. Es war leichter, wenn sie nicht an sich dachte, sondern an andere. Sie wickelte die Namen dort ein, wo sie die Flügel des Engels vermutete.

Sie war völlig in der Hand eines anderen Menschen, der verlernt hatte, Mensch zu sein, und die noch nicht verlernten Versatzstücke recht beliebig einsetzte. Sie schwieg, statt zu wüten. Sie beherrschte sich, um nicht von ihm beherrscht zu werden, und ließ seine Worte unbewegt abperlen, gewöhnte sich an, Gedichte, Psalmen, sogar Gebrauchsanweisungen und ähnliche Splitter eines besseren Alltags im Geist aufzusagen und dennoch zuzuhören, um kein Wort zu verpassen, damit sie wusste, woran sie war.

In der Regel fanden diese Treffen ohne Zeugen statt. Manchmal fragte er sie Belangloses und ließ dies von einem Beamten protokollieren. Sie hütete sich vor eigenen Aussagen oder gar

Fragen. Für ihn war das Spiel ein Zeitvertreib. Für sie ihre einzige Möglichkeit, vielleicht den nächsten Morgen zu erleben.

In der letzten Nacht war sie davon aufgewacht, dass ihre Mutter nach ihr gerufen hatte. Dankbar lächelnd war sie wieder eingeschlafen.

Taarnby nahm mit, was er auf dem Schreibtisch seines Vaters von und über Kaj Munk fand. Er las, las wieder und versuchte zu verstehen, was sein Vater dazu gedacht hatte.

Die Sprache des Pfarrers und Dichters wurde ihm schneller vertraut als die Inhalte. Er fing an, die lebhafte, oft scharfe und polemische, jedoch immer warme und werbende Redeweise Munks zu mögen. Manchmal zog er eine Augenbraue hoch, wenn es ihm zu pathetisch wurde, gelegentlich grinste er zustimmend, immer wieder las er einzelne Gedichte und stellte fest, dass Gedichte ihm gefielen, das war ihm bisher nicht bewusst gewesen.

Eines hatte es ihm besonders angetan: nicht das des Meisters mit der schweren Dornenkrone, sondern das von der blauen Anemone. Es war inzwischen März, sie würde wieder dort blühen, wo Munk sie vor zwei Jahren überrascht gefunden und besungen hatte.

Irgendwo blühte Lea jetzt. Wenn sie keiner zertrat. Noch war Winter.

Taarnby beschloss, die Verse auswendig zu lernen. Dieses Wissen konnte nützlich sein. Es war wichtig, mitten im Frost blaue Blütenblätter zu erkennen. Wie eine Amazone steht meine Anemone und ist zum Kampf bereit.

Sie war dazu übergegangen, die Verse laut zu sagen. Alles, was ihr in den Sinn kam, auf Dänisch, Deutsch und Englisch, und zwischendurch dichtete sie eigenes dazu. Seit zwei Wochen war sie alleine in der Zelle. Kontakt zu den anderen hatte sie inzwischen nur noch durch die Klappe in der Zellentür, wenn sie nach dem Ausgang an ihrer Zelle vorbeikamen. Dann sang sie, was ihr einfiel, und draußen stimmten sie ein. Einmal riss ein Wärter ihre Tür auf und herrschte sie an, sie solle gefälligst aufhören, sie unterbrach sich im Satz, lächelte ihm zu und stimmte *Komm, lieber Mai und mache* an, sang es ganz zart und warm, als sie es in seinen Augen schimmern sah – er brummte: Hm, dies Lied noch, aber dann ist Schluss!, und schloss sie wieder ein. Gnadderpott hieß er unter den Gefangenen.

Einzelhaft hieß Todesurteil, hatte sie einmal aufgeschnappt. Dem maß sie keine größere Bedeutung bei. Mehr Sorge machte ihr, dass sie kaum noch zu essen bekam, und das Wenige war meist ungenießbar. Ein Husten quälte sie immer mehr. Sie hatte gehört, es gebe eine Sanitätsstation, aber dorthin war sie noch nicht geführt worden.

Verhöre fanden keine mehr statt, als hätte der Kater das Interesse an ihr verloren. Zum letzten Verhör war er nicht selbst erschienen, sondern zwei andere Offiziere, die sich abwechselten und sich beide in immer hysterischeres Gebrüll steigerten, teilnahmslos und schweigend ließ sie es ebenso wie zwei völlig überraschende Faustschläge über sich ergehen.

Zurück in der Zelle, nahm sie ihre Verse wieder auf. Sie dachte an Jørgen. Die letzte Nacht mit ihm. Die Nacht, in der Kaj

Munk ermordet wurde. Eines seiner letzten Gedichte hatte sie danach auswendig gelernt. Sie holte tief Luft:

Ich bin Herr und keiner mehr daneben.
Seht, dass anderes nie mächtig werde.
Ich bin Gott für Luft und Meer und Erde.
Ich bin Herr, bin aller Fronten Gott.
Folgt nur eurem Wahn, nach Macht zu streben!
Gottesmacht hat einzig nur die Liebe.
Doch bin ich jetzt Gott für Zorneshiebe,
treibt ihr mit der Liebe weiter Spott.

Sie hörte einen Wärter näher kommen. Vielleicht der Gnadderpott. Bei dem hatte sie noch eine Strophe gut:

Abessinien, wehrlos warst du Beute
derer, die im Frieden dich zerschossen,
während noch dein Kaiser unverdrossen
betend in der stummen Kirche kniet'!
Doch die dir die Bomben schickten: Heute
flüchten sie ...

Der Wärter riss die Tür auf. Es war der Gnadderpott. Herausfordernd erwiderte sie seinen Blick und sprach weiter, dafür reichte sein Dänisch wohl:

Heute flüchten sie aus eingestürzten Wänden.
Er, der Reiche überzog mit Bränden,
nun in seiner Heimat selber flieht.

Eine Weile starrten sie einander stumm an. Dann schloss er die Zellentür wieder.

Taarnby war an einen ersten Namen herangekommen – ein Denunziant, man würde sich nach dem Krieg um ihn kümmern – und über diesen endlich an weitere. Dänen, junge Kerle, die schon vor der Besatzung der Dänischen Nationalsozialistischen Arbeiterpartei beigetreten waren. Aufenthalte in Deutschland, Mitglieder in der SS. Zeiten der Arbeitslosigkeit und Haft, auch nach der Besetzung des Landes. Waffen-SS, Division Wiking, Frikorps Danmark, von der Ostfront zurück nach Dänemark, vermutlich Teilnahme an Schalburgtage-Aktionen und dann mehreren Attentaten und Liquidationen.

Noch wusste Taarnby nicht viel Genaues, erst recht nicht über einen Deutschen, dessen Decknamen er ebenfalls erfahren hatte, auch von einem Dänen wusste er nur den Decknamen, doch es schien, als habe er die Mörder seines Vaters gefunden. Jetzt hieß es geduldig warten, in wenigen Wochen spätestens musste alles vorbei sein. Seine Hand zitterte, er zwang sie zur Ruhe und notierte, was er wusste und vermutete.

Die Luft roch nach Feuchtigkeit, aus der etwas wachsen würde. Der Wind stand nicht im Sold des Frostes. Und wieder wurde ein Lastwagen beladen.

Lea ertappte sich dabei, dass sie sich unwillkürlich nach dem Kommandanten umschaute, doch er war nicht gekommen. Es würde Frühling werden, und er gab sein Spielzeug auf. Wie hieß der Ort, Ravensbrück?

Der Wagen wurde geschlossen. Es stank. Sie wurden in einen Zug umgeladen, es gab sogar Holzbänke. Wir steigen um, sagte Lea sich und übte die Redewendung, die einmal eine Bedeutung gehabt hatte. Es interessierte sie nicht sehr, wohin sie fuhren, weil sie ohnehin nicht wusste, was sie dort sollte. Immerhin waren die anderen höchstwahrscheinlich keine Juden, sondern einfach nur Dänen wie sie.

Stundenlanges Rangieren. Eine Fähre. Luftalarm auf offener Strecke. Das Rumpeln einer Brücke. Lea zitterte vor Kälte. Sie hatte sich an eine ältere Frau gelehnt, die neben ihr saß, und genoss die Nähe des festen, kräftigen Körpers, spürte sogar etwas Wärme durch den groben Gefängniskittel, die Frau legte ihren Arm um sie und teilte einen trockenen Roggenknust mit ihr.

Kaum eine Haltestelle: Faarhus. Ein Dorfkrug. Sie stolperten in langer Reihe eine schlammige Straße entlang aus dem kleinen Ort heraus. Auf ihrer Fahrt war es Nacht geworden und war schon fast wieder dunkel, ab und zu ein Hof, dann Wald. Lea hatte das Gefühl, auf der Stelle zu gehen. Aber es war also noch Dänemark. Vielleicht konnte sie diesen deutschen Ortsnamen vergessen. Eine Bauernfamilie: eine alte und eine jüngere Frau, ein halbwüchsiger Junge – aufrecht standen sie am Straßenrand und lächelten den Gefangenen aufmunternd zu, die Deutschen ließen sie gewähren.

Flache lange Baracken, die sternförmig im Halbkreis um einen Wachturm angeordnet waren. Frauen und Männer wurden getrennt, ein Stacheldrahtzaun dazwischen. Lea wurde von der älteren Frau und einer anderen gestützt und halb getragen. War sie wirklich so viel schwächer als die anderen. Am Rand ihres Bewusstseins fing sie die gemurmelten Worte auf: Hatten ja alle nicht viel. Aber die haben sie ja fast verhungern lassen.

Sie bekam Holzschuhe und eine Koje. Jemand strich ihr über den Kopf, und vielleicht flüsterte dieselbe Person ihren Namen, den Lea gerade wieder vergaß.

Lea ist hier! Mehr stand kaum auf Louises Karte, nur dass es ihr selbst gutgehe und Lea sich erholen werde.

Taarnby fing an, für die Einrichtung dieses Lagers dankbar zu sein.

Nach einem Feuergefecht mit den Deutschen war er die halbe Nacht gelaufen und hatte die Karte, die er abends bekommen und in Eile in die Jacke gesteckt hatte, fast vergessen. Er wusste immer noch nicht, wem er danken sollte und wie, warf aber trotzdem einen Blick zum Himmel.

Doch noch war es nicht überstanden.

Sollte Gott einmal vorbeikommen, würde er ihn darauf hinweisen.

Sie hatte etwas zu schreiben organisieren können:

Ich brauche nicht mehr. Mehr kann ich nicht fassen.
Die Hoffnung spannt sich von Morgen bis Abend
und wird in hart riechender Wolle abgelegt.
Manchmal wird ein Stück, immer nur ein Stück,
von ihr abgebrochen, das nach Zweifeln riecht.
Meine mageren Arme messen den Abstand
zwischen den Brettern. Meine Seele passt bald hinein.
Aber wer sie sieht, soll meine Botschaft doch
bitte in die nächste Wolke schreiben.

Maren, die rundgesichtige hellblonde Kommunistin, war die Erste, die es sich abschrieb, sie hatten sich angefreundet. Louise wollte sie es erst nicht zeigen, ihr schien, das Mädchen brauche stärkendere Verse, doch Jørgens Schwester bestand darauf. Die ganze Baracke letztlich: Hatten sie sie doch mühsam genug durchgebracht, mehr tot als lebendig sei sie ja gewesen, was sie denn im Westgefängnis bloß mit ihr angestellt hätten. Hatten ihre Schreie in der Nacht eingefangen und sie beruhigt. Hatten an ihren Lippen gehangen, als sie zusammenhängend erzählen konnte. Das Gedicht vom Engel auswendig gelernt und warteten begierig auf mehr.

Doch war sie nicht auf Abruf hier, immer noch die Maus, mit der der Kater spielte? Die Barackenälteste hatte ihr in einem Moment, wo sie mit ihr allein war, auf den Kopf zugesagt, sie sei doch die Amazone, Flamme habe von ihr erzählt, aber sie verriet es den anderen nicht. Lea lernte die Ordnungen und Abläufe und fügte sich ein, immer bereit, falls sie geholt und weitergeschickt wurde. Dennoch wurde Frühling.

Als sie die ersten Anzeichen des Frühlings roch und hörte, schrieb sie noch ein Gedicht und nannte es *Ankunft in Frøslev:*

Augen, die mir einen Schutzwall bauen,
freundlich wartend machen sie mich fester,
grüßen mich mit lustigem Vertrauen,
nehmen mich gleich auf als ihre Schwester.

Hände, die mich noch behutsam stützen,
Zärtlichkeit in Schinderei bewahrten
und mich in den ersten Tagen schützen
vor der Plackerei, der harten.

Münder, die mir von dem Leben sprechen,
das wir ungebeugt doch aufrecht halten –
niemand wird uns diesen Willen brechen
und uns zwingen unter die Gewalten!

Stacheldraht behindert meine Wege –
bin doch froh, dass ich ihn endlich sehe,
nach fünf Jahren Freilauf im Gehege,
und die Fesseln unverstellt verstehe.

So bin ich bei euch nun angekommen:
Schwestern, die mit mir gemeinsam hoffen!
Bin durch allen Widerstand geschwommen –
glaubt mir: Morgen sind die Zäune offen!

Eine küsste sie dafür, eine deklamierte die Verse in der offenen Tür der Baracke, eine andere komponierte eine Melodie. Nun reichte es, diese zu summen oder zu pfeifen, damit alle Bescheid wussten. Der Satz: Morgen sind die Zäune offen!, wurde zu ihrer Parole, bald reichte: Morgen!, und die Antwort war ein fröhlich gepfiffenes Bruchstück aus der Melodie.

Reime hatten ihre Zeit und Notwendigkeit. Lea begann wieder, den anderen Verse aufzusagen und Lieder anzustimmen, was diese begeistert aufgriffen.

Hitler sei in heldenhaftem Kampf in Berlins Ruinen gefallen. Britische Truppen stießen nach Lübeck vor, Dänemark und Norwegen waren vom Reich abgeschnitten. Der neue Oberbefehlshaber, Generaloberst Lindemann, wies jedoch ausländische Nachrichten und in Dänemark kursierende Gerüchte zurück, die deutschen Truppen in Dänemark hätten kapituliert, und hielt fest, er habe überhaupt keine Verhandlungen geführt, schon gar nicht über eine Kapitulation, und auch keine Vorbereitungen zu einer Räumung getroffen. Er und seine Truppen kennten nur ihre Pflicht und ihre Befehle und seien bereit, für diese zu kämpfen und zu sterben. Er warne jeden, auf Gerüchte zu hören, die leichtsinnig in Umlauf gebracht würden.

Die anderen machten bereits eifrig Pläne, Liss hatte sogar schon nach Hause fahren dürfen. Lea und Maren wurden aus dem Schlaf gerissen und auf einen Lastwagen gebracht. Nach Deutschland konnte es nicht mehr gehen, dass der Weg versperrt war, hatten sie auch im Lager mitbekommen. Also Kopenhagen?

Der Lastwagen schien recht ziellos über Land zu fahren. Es wurde langsam hell. Sie hörten Schüsse, der Wagen schleuderte und hielt an. Der Wachtposten, der sie mit einem Gewehr in Schach gehalten hatte, drehte sich um und lauschte nach draußen. Die Amazone wechselte einen raschen Blick mit zwei Männern und warf sich von hinten auf den Posten, drückte ihm mit einem Arm die Kehle zu und hielt ihm die andere Hand auf die Augen, er stieß nur einen kurzen erschrockenen Laut aus, da hatten die Männer ihm schon das Gewehr entwunden, und andere durchsuchten ihn nach weiteren Waffen, Lea hatte ihn entkräftet hustend wieder losgelassen, Maren hielt sie fest.

Stimmen, dänische Worte.

– Auf der Ladefläche! Wir sind Gefangene aus Frøslev! Hier, auf der Ladefläche!

Viel Durcheinander, von dem Lea nichts Klares mitbekam. Sie wurde von der Ladefläche gehoben – Hier, das ist unsere Anführerin! – und konnte zu ihrer eigenen Überraschung stehen, atmete durch und blieb stehen. Einiges von dem Durcheinander war zu ihren Ehren, es war ihr peinlich, sie lächelte verlegen und schaute sich nach Maren um, die ihr zulachte und die linke Faust ballte. Sie wurde vor den Anführer der Gruppe geschoben, Stahlhelm und Lackschuhe und eine teilweise Uniform, breites Lachen. Die Deutschen zusammengetrieben, entwaffnet und gefesselt, ihr Wachtposten schaute zu Boden, sehr alt war er noch nicht. Lasst sie am Leben!, bat sie.

Endlich saßen sie alle irgendwo. Es wurde Tag, ein kühler Frühlingsmorgen, ein paar Vögel hatten sich herausgewagt.

– Die Städte sollten wir erst mal meiden. Wartet noch. Wir rechnen alle in den nächsten Stunden mit der Kapitulation. Aber bis dahin garantiere ich für nichts.

Bankkaufmann aus Horsens, Finn hieß er und mochte Mitte dreißig sein. Zehn oder zwölf Männer waren es insgesamt, eine buntgewürfelte Truppe. Und etwas über zwanzig Gefangene, Lea und Maren und sonst nur Männer jeden Alters.

– Wo wollten die bloß noch hin mit euch. Ich glaube, die wissen selbst nicht mehr genau, was sie tun.

Maren wollte so bald wie möglich weiter nach Aalborg, erklärte sich aber widerstrebend bereit, noch zu warten.

– Außerdem kann ich dich ja wohl schlecht allein lassen, halb verhungertes Gestell von einer Partisanin!

– Wen hast du dort?

– Na, 'nen Liebsten, klar! Hoff ich jedenfalls. Mal sehen, ob er noch lebt und mir treu geblieben ist. Aber vor allem meine Schwester und meine Mutter. Wenn sie die nicht auch geschnappt haben. Hab ja nichts mehr mitgekriegt. Hab zwei-, dreimal geschrieben, aber kam nie 'ne Antwort. Muss kein schlimmes Zeichen sein, aber kann. Meine Mutter hat uns mehr oder weniger allein großgekriegt. Hat's nicht leicht gehabt. Ist auch schon länger in der Partei, als ich denken kann.

– Und dann machst du weiter.

– Worauf du Gift nehmen kannst! Gibt so ‘n paar Herrschaften, denen ich unser altes Dänemark nicht gerne überlassen möchte! Und du?

– Ich weiß nicht. Auch ein Liebster, klar. Geschwister habe ich keine. Meine Eltern sind in Schweden. Glaube ich jedenfalls. Ich hoffe, sie leben noch und kommen bald zurück.

Ein Polizist und eine Mörderin. Sie war sich immer noch nicht sicher, ob das eine gute Idee war. Maren deutete ihren verloren zu Boden gerichteten Blick anders: Die haben bestimmt immer an dich gedacht, und das hat sie am Leben erhalten.

Oder vor Angst umgebracht. Und was ist mit Edith und Daniel. Nein, eine Frage ist das nicht. Es ist einfach nicht vorbei. Es wird nie vorbei sein. Nie.

Sie wünschte sich, so eine zu sein, die optimistisch in die Zukunft schaute. Vor allem wünschte sie sich, dass sie eine Zukunft haben würde, in die sie schauen konnte. Und sie wünschte sich noch ein paar Tage – oder Stunden wenigstens – an Marens Seite.

Warten, Warnungen, Mahnungen, Warten. Hektisches Telefonieren. Ob jemand irgendwo die Befreier gesehen hatte. Im Süden, an der Grenze. Oder kamen sie übers Meer? Aber jetzt die Deutschen nicht reizen.

Die Kämpfer standen bewaffnet und bereit, die wichtigen Gebäude zu übernehmen und vor Übergriffen zu schützen. Kaum einer rechnete damit, dass die Deutschen sich einfach kampflos ergeben würden. Zu lange hatten sie dieses unsinnige Durchhaltespiel getrieben.

Taarnby hatte bewegte Tage hinter sich. Die geliebte kleine

Schwester endlich wohlbehalten in die Arme schließen zu können und ihr zugleich von Vaters Tod berichten zu müssen. Das nicht enden wollende Schluchzen in seinen Armen zu ertragen und selbst keine Hand frei zu haben, die eigenen Tränen wenigstens fortzuwischen. Die Hoffnung auf Lea. Louise hatte etwas ausweichend geantwortet, es stand wohl nicht zum Besten um seine Lea. Aber sie lebe jedenfalls und könne sich auf den Beinen halten und lache sogar ab und zu und schreibe Gedichte. Gedichte. Taarnby schüttelte lächelnd den Kopf.

Ein deutscher Transport sei gewaltsam gestoppt worden. Dreiundzwanzig dänische Gefangene befreit, darunter zwei Frauen. Nein, Näheres wisse er nicht. Sie warteten jetzt alle irgendwo im Wald in der Nähe von Horsens.

Taarnby war hin- und hergerissen zwischen Angst und Hoffnung und versuchte, sich auf das einstweilen endlose Warten zu konzentrieren, doch die Gedanken hatten sich längst selbstständig gemacht.

Die dänischen Nachrichten aus London begannen um 20.30 Uhr nicht anders als alle an dem Tag. Plötzlich eine Unterbrechung, Unruhe im Hintergrund, zehn Sekunden lang Schweigen und Ungewissheit, dann kam es: In diesem Augenblick wird mitgeteilt, dass Feldmarschall Montgomery erklärt hat, alle deutschen Einheiten in Holland, Norddeutschland und Dänemark hätten sich ergeben. Dänemark ist wieder frei!

Sie stiegen noch einmal in den Lastwagen, der fuhr wenigstens. Maren war bei ihr und wollte sich dann weiter nach Norden durchschlagen, außerdem fünf der anderen Gefangenen und eine Handvoll der Widerstandsleute. Die Kapitulation galt erst für den nächsten Morgen ab acht Uhr, doch überall waren die Fenster erleuchtet, Menschen auf den Straßen, Jubel, Singen. Lea glitt hindurch, sie hatte keine Kraft zum Singen und wusste nicht, wo sie die Freude hernehmen sollte, jetzt, wo es endlich so weit war. Die anderen sangen. Der Wagen hielt immer wieder an, wurde angehalten, dann blieb er stehen, weil der Tank leer war. Draußen war es ruhige Nacht geworden, die erste Nacht zwischen Krieg und Frieden. Lea hörte leisen Regen und rollte sich zusammen. Es war kühl, doch es roch frisch. Dann schlief sie ein.

Von irgendwoher hatten sie noch in den ganz frühen Morgenstunden Benzin organisiert und tatsächlich Brot mitgebracht. Lea erwachte von Stimmen und Vogelgesang. Jemand hielt ihr ein duftendes Brotstück unter die Nase. Solange das Brot reichte, spürte Lea unschuldiges Glück und zog den Moment in die Länge.

Sie fuhren wieder. Die Plane auf der Ladefläche war ein wenig zur Seite gerollt. Wald. Wasser. Silkeborg. Die Glocken läuteten. Der Wagen hielt, um den singenden Zug mit den Fahnen vorbeizulassen, und blieb dann einfach stehen. Sie schlossen sich alle dem Zug an. Lea schaute sich überall um, sah erste bekannte Gesichter, vielleicht erkannte man sie nicht gleich wieder, obwohl Louise sie auch gleich erkannt hatte. Erst auf dem Marktplatz konnte sie sich langsam durch die Menge schieben. Von den Liedern, Rufen, auch Reden bekam sie nichts mit, wusste nicht und interessierte sich nicht dafür, wo die anderen Gefangenen und die Widerstandskämpfer geblieben waren, nur Maren blieb an ihrer Seite und nahm schließlich ihre Hand. Dann stand er plötzlich einfach vor ihr, fröhlich lachend, und sagte nur: Lea. Sie flog in seine Arme

NACH DER
BESATZUNG

und klammerte sich

Wie ein verletztes Vogeljunges. Dabei war das schlafende Mädchen in seinem Arm nach allem, was er wusste, eine zähe und tapfere Kämpferin. Entsetzlich mager und mit einem ungeheuren Schlafbedürfnis, aber sie hatte durchgehalten und überlebt. Er beschloss in diesem Moment, nicht mehr wissen zu wollen. Dänemark war frei. Es galt die Zukunft, nicht die Vergangenheit.

Ja, er wusste, die Gespenster ließen sich nicht abschütteln. Vilhelm Buhl war schon wieder Staatsminister. Gewiss, die Deutschen hatten seinerzeit seine Ablösung verlangt. Doch im Bewusstsein nicht nur von Lea und ihrer kommunistischen Freundin Maren war er derjenige, der dazu aufgerufen hatte, Saboteure anzuzeigen. Der Auftraggeber der Denunzianten. Die waren zum Teil erschossen worden oder wurden es noch jetzt. Auch in dieser Nacht waren Schüsse zu hören. Der ersten Nacht der Freiheit. Lea stöhnte im Schlaf. Die Gespenster saßen überall. Doch jetzt schmiegte sie sich an ihn, als wäre nichts geschehen.

Er schloss die Augen und drückte Lea sanft noch ein wenig näher an sich. Sie lebte. Es war vorbei. So mehr oder weniger jedenfalls. Nein, es war vorbei. Vorbei.

Sie hatte sich gewaschen. Etwas gegessen. Und dabei kaum die Augen von ihm gelassen. Aber dann zwischendurch den Blick niedergeschlagen. Da war etwas, an das er nicht herankam. Sie ließ ihn nicht. In diesen Momenten sah sie todtraurig aus, sodass ihm jede Frage erstickte.

Maren war weitergezogen, Lea hatte sie kaum loslassen können. Die Freundin hatte versprechen müssen, sich so bald wie möglich zu melden. Hatte ihre Gefühle mit frechen Bemerkungen überspielt: Du steckst dein bourgeoises Puppengesichtchen jetzt mal ganz rasch wieder in deine Bücher, dass unser Land fähige Anwältinnen kriegt!

Er überlegte, wie er sein Leben einrichten könnte, ohne sie jemals wieder loszulassen, auch er. Ob es je wieder werden könne, wie es sein sollte. Ja, das wusste er auch nicht.

– Du hattest Angst um mich.

– Ja, ehrlich gesagt, hatte ich das.

– Ich hatte selbst Angst. Nicht so sehr um mich. Aber überhaupt.

– Und heute?

– Wie kannst du das gerade jetzt fragen. Die Sonne scheint. Ich will unbedingt in dieses Wasser, auch wenn es viel zu flach zum Schwimmen ist. Dann werden wir ein Picknick haben aus den leckeren Sachen in unseren Fahrradtaschen. Dann will ich in die Kirche da. Und dann fahren wir weiter. Du hast ein Hotelzimmer für uns reserviert. Wir werden das Meer sehen. Dann werden wir ein fürstliches Abendessen haben und noch mal zum Meer gehen. Und dann haben wir ein schönes weiches Bett. Irgendwann werde ich in deinen Armen einschlafen und, so Gott will, keine schrecklichen Träume haben. Ich vermute, ich habe das alles nicht verdient. Aber wenn ich es bekomme, werde ich ohne Zögern zugreifen.

– Gott sei Dank.

– Gott sei Dank? Du?

– Wenn du jetzt so weit bist, dann könnte ich anfangen, wieder an Gott zu glauben.

– Ich weiß nicht, wie weit ich bin. Ich habe völlig versagt und alles hingeworfen. Doch ich fühle mich frei.

– Was ist in Bonn passiert?

– Komm, zieh dich aus, ich werde zuerst im Wasser sein!

Die Augen holten nach, was sie greifen konnten, und träumten sich den Rest dazu. Sie ließ ihn ihren ausgemergelten Körper sehen und streicheln und erwartete stillschweigend, dass er nichts dazu sagte und überhaupt so tat, als gebe es keinen Grund, genauer nachzufragen, also schaute er weg, wenn ihr Blick aus dem Kontakt glitt. Die erste Nacht schlief sie nur, doch schon am zweiten Abend wollte sie geliebt werden, auch wenn es zwischendurch Sekunden gab, wo sie mehr entschlossen schien, es zu genießen, als es wirklich zu können. Es gab einen Moment, wo ihm die Tränen kamen, da übernahm sie sanft die Führung und streichelte und küsste die Tränen fort.

– Was ist eigentlich mit unserem Haus, fragte sie später betont beiläufig und ohne ihn anzuschauen, er versicherte ihr, es sei alles in bester Ordnung, die Nachbarn warteten auf sie, und verschwieg, dass er auch von mindestens einem Fall wusste, allerdings nicht in Silkeborg, wo die Heimkehrenden nichts mehr vorfinden würden. Dann wolle sie vorbei, nach dem Rechten schauen, sich bedanken und sich ein paar Kleider holen. Er freute sich, dass sie selbstverständlich unterstellte, erst einmal bei ihm zu wohnen.

als erhebe sich das Land selbst und schüttele die lästigen Parasiten ab. Die Soldaten zogen sich ins Hauptquartier in Silkeborg Bad zurück, weigerten sich jedoch, die Waffen abzugeben. Man ergebe sich nur den Engländern, doch die ließen auf sich warten. Die derart auf den Platz verwiesenen Dänen hielten sich an ihren Landsleuten schadlos. Es gab unzählige Verhaftungen. Mädchen und Frauen, die im Ruf standen, mit den Deutschen zu tun gehabt zu haben, wurden geschoren und in jeder Form erniedrigt.

Reichte es, nicht zu ihnen zu gehören, reichte es, auch nicht zu ihren Peinigern zu gehören, reichte es, mit einem unguten Gefühl weiterzugehen – sie fühlte sich immer noch viel zu schwach und nahm doch die Ahnung mit, sie hätte eingreifen müssen. Wer, wenn nicht sie.

Erschießungen, Lynchjustiz. Das Lokalkomitee des Freiheitsrates schien nicht alles unter Kontrolle zu haben, und die Polizei fing ja erst an, ihre Rolle wieder einzunehmen, man bekam ja vielleicht auch nicht alles mit oder war eben anderweitig beschäftigt, je weniger man wusste, desto weniger Sachen musste man nachgehen.

Lea war noch nicht daran gewöhnt, dass sie nichts mehr zu befürchten hatte. Sie wechselte Blicke mit einzelnen der Gefangenen, die sie starr und hochmütig erwiderten, auswichen oder gar nicht erst hochschauten. Sie wünschte sich, dass es Jørgen und den anderen gelingen möge, die Mörder zu fassen. Die meisten von denen hier waren wahrscheinlich keine. Dann ging sie wieder weiter, weil sie nicht Zeugin der Beschimpfungen und der geworfenen Steine oder Lehmklumpen sein wollte.

Stand vor ihrem Elternhaus, die Hand auf den Latten des Gartentors, dem Namensschild, traute sich nicht weiter, wusste nicht, ob dieser Name noch etwas mit ihr zu tun hatte, und erst Haus und Garten. Das Fenster im Obergeschoss, die drei größeren Scheiben und darüber die drei mal neun kleineren. Ja, hier hatte eine Lea Frøhlich gewohnt, stand sie nicht dort am Fenster oder barfuß in einem weißen Sommerkleid dort auf dem Rasen, ein Friedensmädchen? Hatte sie noch ein Recht, diese Person zu sein, eine Unbekannte, eine von vorher und nie

– Lea, mein Gott, Kind! Dass du lebst und wieder da bist!

– Guten Tag, Frau Pandrup.

Passen Sie auf, Frau Pandrup. Ich bin nicht die, für die Sie mich halten. Die ist ich weiß nicht wo geblieben. Ich bin scharf und anspruchsvoll und ein Stück verloren. Und Ihnen so dankbar, dass Sie mich einfach für die nehmen, die ich einmal war.

– Ach Gott, Mädchen! Dass du da bist!

Die Nachbarin weinte und drückte sie an sich. Lea gab zögernd nach, war einen kurzen Augenblick das vermisste Nachbarsmädchen und nichts sonst und spürte in den festen Armen, denen sie sich hingab, die Arme anderer Frauen, die sie mütterlich umschlossen hatten, im Lager, aber auch Jytte. Jytte, wie es ihr wohl ging.

– Komm, Kind, ich geb dir die Schlüssel.

– Haben Sie etwas von meinen Eltern gehört?

– Ja, weißt du nichts – nein, du musst wohl woanders gewesen sein, armes Ding!

eine ältere Frau in einer Straßenbahn und ein junges Mädchen – armes Ding

Sie wischte die Erinnerung fort und biss ängstlich in die anderen Worte: Wissen Sie etwas? Geht es Ihnen nicht gut? Frau Pandrup?

– Du hast also wirklich gar nichts mitbekommen. Wo warst du nur. – Wir haben nach wenigen Monaten eine Karte von deinem Vater erhalten. – Sei stark, Kind. Er schrieb, er verstehe nicht, wo du seist, er bete nur, dass wenigstens er dich noch einmal wiedersehen könne. – Du bist in Dänemark geblieben, nicht wahr?

Lea nickte nur und wagte nicht, die Frage zu stellen, die sich selbstverständlich aus der anderen Mitteilung ergab. Nein, von ihrem Vater wisse sie nichts Näheres, teilte die Nachbarin ungefragt mit, aber auf eine Karte habe er jedenfalls noch geantwortet, im Herbst. Sie habe die Adresse und werde sie ihr zusammen mit den Schlüsseln geben.

Eine halbe Stunde später saß Lea in dem, was einmal ein Wohnzimmer gewesen war. Verloren. Ohne Kraft, einfach aufzuspringen und fortzulaufen. Hatte eine Adresse, an die sie jetzt schreiben würde. Schreiben musste. Was sollte sie bloß schreiben. Tränen hatte sie keine. Eine Mutter auch nicht mehr. Schaute auf das Porträt ihrer Mutter über dem Klavier und wusste nichts anderes zu denken, als dass sie beide einander verlassen

Sehr viel anderes als essen und lernen tat sie nicht, sie kam zusehends zu Kräften, und sie liebten sich jede Nacht. Doch sie erzählte nichts. Schmiegte sich an ihn mit diesem verlorenen Ausdruck oder geschlossenen Augen, umso schöner, wenn sie dann lächelte. Eine Zukunft für sie beide schien mehr als ungewiss, er versuchte die Gegenwart zu genießen. Viel Zeit hatten sie nicht, er war oft bis in den Abend unterwegs, und sie lernte. Sie interessierte sich nicht für die Verhaftungen, kaum für die Nachrichten und erst recht nicht dafür, wer wirklich oder vermutlich im Widerstand gewesen war. Sie verachtete die Zusammenarbeitsparteien, ließ von den Sozialdemokraten nur den im Widerstand aktiven Frode Jakobsen gelten und nahm befriedigt und zugleich besorgt zur Kenntnis, dass er und andere Mitglieder des Freiheitsrats an der Regierung beteiligt waren. Von ihnen und dem aus London zurückgekehrten konservativen Außenminister John Christmas Møller erwartete sie die Gründung neuer Parteien. Sie konnte an dieser Stelle sogar hitzig werden und wechselte dann urplötzlich das Thema, als sei ihr die Zukunft ihres Landes herzlich gleichgültig, wählen durfte sie ja ohnehin noch nicht. Nur für alles andere sei sie offenbar nicht zu jung gewesen, meinte sie mit einem kurzen, bitteren Auflachen.

Taarnby lag oft lange wach und horchte auf ihren Schlaf, bereit, sie zu streicheln, wenn sie unruhig wurde. Sie schlief nackt in seinen Armen. Im ersten Morgenlicht war ihr Gesicht dann völlig entspannt und ihr Atem ruhig und fest. Er stand vorsichtig auf und betrachtete sie. Sie öffnete die Augen und verstand seine gegenstandslose Sehnsucht mit einem einzigen strahlenden Lächeln zu stillen.

Sie hatte die Karte abgeschickt. Nun putzte sie das Haus. Frau Pandrup hatte nichts verkommen lassen, auch den Garten nicht, doch Lea hatte das Gefühl, sie müsse die vergangenen anderthalb oder gleich fünf Jahre fortputzen. Sie wusch sich und fand ein Parfum ihrer Mutter, von dem sie vorsichtig ein wenig auftrug, dann konnte sie ihre Nase nicht davon fortnehmen und hatte einen entsetzlichen Klumpen in ihrer Brust und Kehle. Sie suchte eines ihrer schönsten Kleider heraus, das ihr zu weit war, obwohl sie es zuletzt nach dem Abitur getragen hatte. Einmal dabei, legte sie auch eine Kette ihrer Mutter an und warf sich plötzlich aufs Bett ihrer Eltern, vergrub ihren Kopf im Kissen auf der Seite ihrer Mutter. Die Worte Verzeih mir! kamen nur bis knapp vor ihre Lippen, wer hätte sie auch gehört.

Vielleicht im Gefühl, damit ihre Schuld abzutragen, ging sie ins Arbeitszimmer ihres Vaters und stapelte auf seinem Schreibtisch Lehrwerke, Gesetzestexte, Kommentare. Mit denen würde sie jetzt wiederholen und sich dann zum Examen anmelden. Und wenn er kam – er musste einfach kommen –, dann konnte er sie abhören. Sicher würde er kommen und das gerne tun.

Vorsichtig setzte sie sich auf den Stuhl mit den Armlehnen und dem Lederpolster und schlug das erste Buch auf.

Während die Dienststelle wieder eingerichtet wurde, bekam er zu seiner Überraschung mitgeteilt, Himmelstrup habe nach ihm gefragt und ihn für die Reiseabteilung der Reichspolizei angefordert, die ihre kriminalpolizeiliche Ermittlungsarbeit wieder aufnehme, insbesondere die Aufklärung des Munk-Mordes. Lea teilte seinen Stolz mit ihm.

Er sollte vorläufig in Silkeborg bleiben und alle eingehenden Meldungen zusammentragen. Himmelstrup war in Südjütland angekommen und untersuchte die neuen Gefangenen des Lagers, das nun Faarhuslager hieß. Als Taarnby dies Lea und Louise erzählte, ging Lea gar nicht darauf ein, während Louise mit verächtlich verzogenem Mund meinte, hätte sie vorher gewusst, dass jetzt Deutsche in ihrer Koje schliefen, hätte sie sich um eine ansteckende Krankheit bemüht.

Er wartete auf Meldungen und war vollauf mit den Verhören der nach der Befreiung Verhafteten beschäftigt. Seine neue Stellung in der Reiseabteilung verschaffte ihm das Recht und die Pflicht, die Verhöre der vermutlich schwereren Fälle zu übernehmen. Bisher hatte er zu wenig in der Hand, um die Mörder seines Vaters zu finden, und zwang sich, nicht, oder jedenfalls nicht in erster Linie, an Rache zu denken. Er gestand Lea diese widersprüchlichen Gefühle, heiser flüsternd in ihren Armen, die ihn hielten und streichelten.

– Bleiben wir automatisch auf der richtigen Seite, egal, was wir tun?

Er wusste nichts zu antworten, doch ihre Frage ging ihm nach, auch in den folgenden Tagen und Wochen.

Frau Pandrup hatte das Telegramm entgegengenommen, jetzt hatte Lea es vor sich auf dem Boden der Veranda liegen, wo sie barfuß hockte und überlegte, wie sie ihren Vater empfangen sollte. Aus dem Telegramm ging nichts weiter hervor.

Sie stand auf, sie war erwachsen geworden. Dazu gehörte Verantwortung, auch wenn sie nicht sicher war, wie sie die tragen konnte. Der Rechtsanwalt Viggo Frøhlich kehrte nach Hause zurück und würde seine Kanzlei sicher umgehend wieder öffnen, während seine Tochter sich auf ihr juristisches Examen vorbereitete.

Sie wartete am Bahnhof auf ihn und hatte darauf geachtet, nichts anzulegen, das beide an die Verstorbene erinnern würde. Dann standen sie voreinander, und Lea kämpfte den Impuls nieder, einfach auf ihn zu zu rennen, ihn zu umarmen und zu küssen, und tat dann genau das, weil ihr nichts Besseres einfiel, nachdem er trotz seines vorsichtigen Lächelns so müde aussah.

Später, auf dem Sofa, hatte sie ihren Kopf auf seine Schulter gelegt. Mühsam tasteten sie sich voran, über das hinweg, was nicht ausgesprochen wurde.

– Du warst im Untergrund, stellte er mehr fest, als dass er es fragte, und als sie nickte, suchte er die nächste Frage: Und im Gefängnis.

– Auch im Lager, bestätigte sie.

– Warst du – an irgendetwas beteiligt?

– Mmh.

Er brauchte wieder eine Weile: Auch Sabotage?

Sie räusperte sich: Schlimmer.

Mit dem Geständnis bekam der Damm einen Riss, einen feinen zuerst, der sich aber rasch verbreiterte. Einen Moment lang war sie bereit, aus dem Haus gewiesen zu werden. Der Moment verstrich, und ihr Vater nahm sie fester in den Arm, das reichte ihr zunächst als Antwort.

Bevor es dunkel wurde, fragte sie heiser: Möchtest du, dass ich die Sabbatkerzen anzünde?

– Ja, Liebes.

Dann schauten sie stumm in die Kerzen, und Lea hatte Sehnsucht nach einem Segen, den es nicht mehr gab.

Endlich kamen die Engländer. Major Fisher stattete zunächst der Leitung der Widerstandsbewegung in der Villa ihres Kommandanten am anderen Ufer einen Besuch ab. Taarnby sah keine Veranlassung, das vornehme Haus zu betreten, schwang sich jedoch auf einen der Jeeps und fuhr mit in die Innenstadt. In der Mittagssonne des Frühlingstages war die Befreiung endlich greifbar. Er ließ sich von der Begeisterung anstecken, kramte sein Englisch zusammen und rief irgendetwas, es war ja völlig gleich, was.

Auf dem Marktplatz sprang er ab, als er Lea und ihren Vater in der Menge erblickte. Der Anwalt war zur Feier des Sabbats in seinen besten Anzug gekleidet. Inmitten des Fähnchen schwenkenden Jubels wirkten beide eher erleichtert als glücklich. Taarnby hob Lea hoch, drehte sich einmal mit ihr um die eigene Achse, küsste sie und stellte sie vor ihrem Vater wieder ab. Mit einer angedeuteten Verbeugung begrüßte er ihren Vater, der seine Hand fest und lange drückte, aber lächelte. Langsam übertrug sich die allgemeine Begeisterung auf die beiden.

Der Lautsprecherwagen der Engländer spielte *It's a Long Way to Tipperary*, der Bürgermeister begrüßte den Major auf der Rathaustreppe, Fisher bedankte sich: Sie kämen nicht von Tipperary, sondern von El Alamein, aber ein langer Weg sei es gewesen. Er hoffe, jetzt nach dem Krieg könne eine glücklichere Welt geschaffen werden. Taarnby fühlte Leas Hand in seiner. War die glücklichere Welt nicht bereits Gegenwart.

Er hatte nach den letzten Meldungen mehrere Verhaftungen festhalten können, über die auch die Zeitungen berichteten. Die mit Abstand interessanteste darunter: Hans Wäsche, Leiter des Referats zur Beobachtung des dänischen Kulturlebens im Sicherheitsdienst in Kopenhagen und enger Mitarbeiter des SD-Führers Otto Bovensiepen, also an der Schlüsselstelle des deutschen Terrors, außerdem gefürchtet für seine Verhöre im Dagmarhaus. Wenn jemand etwas über Kaj Munks Mörder wusste, dann er.

Polizeimeister Nielsen, den Kollegen zu seiner Amtsführung während der Besatzung befragt hatten, hatte sich verzweifelt das Leben genommen. Er hatte mit den Deutschen zusammengearbeitet. Ja, auf Befehl der Regierung. Taarnby wusste nichts anderes, als dass sein oberster Vorgesetzter sich stets korrekt verhalten habe, der Freiheitsrat sprach Nielsen umgehend das Vertrauen aus, doch erreichte ihn damit nicht mehr. Taarnby blieb die Erkenntnis, dass nichts einfach war, wenn es auch so aussehen mochte. Er schob die Gedanken beiseite und suchte sein ihm bislang vorenthaltenes Glück. Lea blühte langsam auf.

Sie fror. Doch lag es nicht an ihrem kurzen dünnen Kleid. Daniel hatte eine Frostkälte mitgebracht, die keine dänische Frühlingswärme je verdrängen würde.

Erst hatte sie ihn gar nicht loslassen können, als er, unerwartet von den Toten auferstanden, vor ihrem Haus stand, hatte ihn umklammert gehalten und in diesem Moment begriffen, was geschehen war, denn nur er war zurückgekommen – ja, noch eine Handvoll weitere junge Männer, erfuhr sie dann. Vor dem Einmarsch der Roten Armee sei das Lager von der SS zwangsevakuiert worden. Ein Todesmarsch, viele seien zusammengebrochen und liegen geblieben oder von den Wachmannschaften erschossen worden. Buchenwald – sie saßen am Ufer im Garten, und sie schaute hinüber zum Buchenwald auf der Halbinsel Odden, wo sie als Kinder abenteuerli… – die Unschuld des Wortes zerschellte an Daniels Erzählung: Die weißen Busse des schwedischen Roten Kreuzes seien gekommen und hätten die skandinavischen Gefangenen abholen dürfen, sie hingegen hätten zurückbleiben müssen, sie waren keine Norweger mehr, sondern zu Staatenlosen erklärt worden. Hätten die Kleider toter nichtjüdischer Gefangener gestohlen und sich trotzdem versteckt. Erst als die Amerikaner kamen. Dann irgendwie nach Norden durchgeschlagen.

– Was ist mit Edith.

Er schüttelte den Kopf.

– Eure Eltern?

Sanfte Wellen, theoretisch musste es im Übrigen sehr warm sein. Insekten, raschelndes Frühlingslaub.

– Daniel.

– …

– Ich werde dich so lange fragen, bis du es mir erzählst.

– Ich weiß doch, dass Edith dein Liebling war.

Ja, das wusste sie auch, so, wie sie sich erinnerte, dass Daniel sie bei ihrem letzten Treffen in Oslo zu küssen versucht hatte, sich jedoch gutmütig lachend mit ihrer Antwort: Du bist süß, aber du bist mein kleiner Cousin und dabei bleibt es!, zufriedengegeben hatte.

Auf dem Schiff habe am Abend ein Mädchen namens Marie wunderschön gesungen. Ihr Bruder habe überlebt. Acht Geschwister seien sie einmal gewesen.

– Was ist mit Edith.

Die Mädchen und Frauen seien gleich von ihnen getrennt worden. Warum sie ihn zwinge, es auszusprechen. Da ließ sie von ihm ab.

Innen Permafrost. Außen würde sie normal weitermachen. Ihr Examen ablegen. Kräftiger werden und wieder schwimmen. Schöne Kleider, Lippenstift, Nagellack, all so etwas auch. Sie fand, sie war tatsächlich dabei, ganz hübsch zu werden. Keine Schönheit wie Tove, aber für eine mechanische Puppe war es allemal genug. Nur Gefühle waren nicht vorgesehen. Sie erinnerte sich, Jørgen zu lieben. Aber sie erinnerte sich nicht, wie Liebe ging. Außer rein technisch. Wenn das reichte.

– Und heute?

– Heute sitze ich neben dir am Strand, lasse den Sand durch meine Finger rinnen und schaue mit dir zusammen zu, wie die Sonne sich zum Meer neigt. Und ich möchte hier sitzen bleiben, bis sie dort versinkt.

– Wahrscheinlich muss ich mich mit dieser Antwort zufriedengeben.

– Nein, musst du nicht! Hier ...

– Ich glaube, so lacht und küsst keine mechanische Puppe!

– Jørgen, leg mich nicht fest auf etwas, das ich vor acht Jahren nicht besser verstanden habe.

– Aber was hat sich für dich verändert? Ich will es wirklich wissen.

– Hm ... Gut ... – hier, dieser kleine Stein, siehst du? Das bin ich vor acht Jahren. Den setze ich jetzt mal hier in den Sand. Junge Rechtsstudentin, frisch aus dem Lager, hat auch Gefängnis und Widerstand überlebt. Bekam gerade eben indirekt bestätigt, was sie schon längst ahnte oder eigentlich wusste, nämlich dass ihre Lieblingscousine sofort nach der Deportation vergast wurde. Ich glaube, das ist der korrekte technische Ausdruck. Sie kann sich das immer noch nicht richtig vorstellen. Wie das gegangen ist.

– Kann man sich das vorstellen?

– Es gibt Menschen, die konnten sich das nicht nur vorstellen, die haben es sich ausgedacht. Und andere, unzählige andere, die haben es durchgeführt. Die leben jetzt glücklich und zufrieden mit ihren Familien. Vielleicht machen sie gerade hier bei uns Urlaub. Da, guck, der Familienvater, der sich vor dem Geschützbunker fotografieren lässt: Der war in Dänemark während des Krieges, vermute ich mal. Aber vielleicht war er auch in Auschwitz? So hieß der Ort nämlich. Und wenn der nicht dort war – andere waren es. Und auch wenn der hier nichts weiter Schlimmes getan haben sollte – er sieht ja im Grunde ganz nett aus! –, so hat er mit dafür gesorgt, dass es weiterging. Hat die Mörder deines Vaters geschützt. Sprosses Mörder. Also ein Mordgeselle, wenn schon nicht selbst ein Mörder. Das sind all die Steine da: Mordgesellen. Zuschauer. Mitläufer. Mitwisser. Und hier die kleine Studentin.

– Die kleine Studentin steht immer noch alleine da.

– Warte. Hier ... – diese Steine: Das ist die dänische Gesellschaft nach dem Krieg. Oder vor dem Krieg, ist dasselbe. Die machen jetzt einfach weiter. Es gibt eine juristische Aufarbeitung, an die man Fragen stellen könnte, die die Studentin noch nicht stellt. Erst, als sie im Ministerium arbeitet, fängt sie an, die Fragen zu stellen. Aber das ist später. Jetzt setze ich sie da rein, zwischen die anderen Steine. Mit dem Gesetz soll man das Land bauen: An diesen alten dänischen Grundsatz klammert sie sich. Es werden neue Gesetze gemacht. Die gelten rückwirkend, damit man wenigstens ein paar von den Mördern verurteilen kann. Doch ich will nicht vorgreifen. Das kann unsere Studentin alles noch nicht sehen. Sie versucht, nur auf die Gesetze zu schauen, von denen sie glaubt, dass man mit ihnen das Land bauen kann. Jedes Mal, wenn sie am Kopenhagener Stadtgericht vorbeigeht, sieht sie den Spruch, an den sie glauben will. Sie ist beliebt bei den anderen Steinen. Sie macht Karriere. Doch irgendwann sieht sie, dass nicht das Land gebaut wird, das eigentlich gebaut werden sollte. Auch woanders nicht. Jetzt will die kleine Studentin kein Stein mehr sein. Der Stein bekommt Risse. Und schließlich zerbricht er. Ein ganz anderes Geschöpf kommt zum Vorschein. Nehmen wir ... die Alge hier. Die ist gar nicht so klein. Die ist auch gar nicht so schwach. Aber sie ist kein Stein. Sie passt nicht zwischen die Steine. Sie will etwas anderes. Sie will – sie will keine Kompromisse mehr.

– Gibt es noch andere? Zum Beispiel kleine Kriminalbeamte?

– Such dir etwas aus.

– Die Muschel hier?

– Ja, wenn du sie magst! Sie ist sehr schön! Und die Alge passt gut hinein oder auch um die Muschel herum.

– Du bist also kein Stein mehr, sondern eine Alge. Was ist der Unterschied, außer dass du biegsamer geworden bist?

– Vor allem passe ich nicht mehr zwischen die Steine. Ich bin nicht mehr zum Bauen zu gebrauchen. Nichts gegen die Steine – ich bin froh, dass es sie gibt. Ja, ich glaube unseren Steinen, den Staunings und Buhls, dass sie das Land mit Gesetzen bauen wollten, solange es eben ging. Aber dann ist es auch nicht anders als bei dem Touristen da drüben: Vielleicht haben sie selbst nichts getan, aber sie haben die Mörder geschützt. Wenn Dänemark sich genauso gewehrt hätte wie Norwegen, wären sofort viele gestorben, und wahrscheinlich wäre Kopenhagen zerstört worden. Aber vielleicht hätte es gereicht, um den Engländern zu helfen, Norwegen zu besetzen. Vielleicht wäre der Krieg anders verlaufen und früher zu Ende gegangen. Vielleicht würde Edith dann auch noch leben. Ich weiß es nicht. Jedenfalls haben wir mit den Verbrechern paktiert, in der Hoffnung, für uns das Schlimmste zu verhindern. Und jetzt leben die meisten Verbrecher friedlich in ihrem Land und fahren irgendwohin mit ihrer Familie in den Urlaub, zum Beispiel zu uns, und wir paktieren schon wieder mit ihnen.

– Es gibt ja auch andere.

– Ja. Sophie Scholl, die war nur ein paar Wochen älter als ich. Hast du von ihr gehört? Als ich anfing, illegale Zeitungen zu verteilen, war sie schon tot. Sie haben sie hingerichtet, weil sie mit ihrem Bruder und anderen Studenten zusammen Flugblätter verteilt hatte. Studenten, sie haben dasselbe getan wie wir. Jemand hat sie verpfiffen. Und es gab noch andere. Auch Pfarrer wie Kaj Munk. Aber es waren zu wenige. Außerdem war es ja eine ordentlich gewählte Regierung. Alles lief nach Gesetz und Vorschrift. Aber wenn man nur auf Gesetze vertraut, dann übersieht man, was mit ihnen alles angerichtet werden kann.

– Wir brauchen Leute, die darauf achten, dass es gute Gesetze sind.

– Komm, lass uns gehen. Mir wird kalt.

– Aber die Sonne steht noch über dem Meer. Und eigentlich ist es immer noch sehr warm.

– Mir ist kalt.

– Gut, lass uns gehen. Die Sonne können wir auch vom Hotel aus versinken sehen.

– Ich weiß ja, dass es warm ist. Trotzdem ist mir kalt. Und ich hab einen dicken Kloß im Hals und eine furchtbare Wut im Bauch, vor allem, seit dieser Blödmann da auf den Bunkern posiert. – Au, Mist!

– Was ist passiert?

– Ich bin umgeknickt, und dabei ist mir der Riemen am Schuh gerissen. Warum hab ich die Schuhe überhaupt wieder angezogen!

– Komm!

– He, du willst mich doch nicht etwa den ganzen Weg zum Hotel tragen!

– Warum nicht? So kann ich gleichzeitig diese wunderbaren Beine in der Hand halten und diese zauberhaften Lippen küssen und halte auch sonst noch recht viel Überzeugendes in den Händen!

– Im Film würden jetzt die Geigen ganz laut spielen.

– Das ist dann vielleicht der richtige Zeitpunkt, um dich zu fragen, ob wir diesmal endlich heiraten könnten. – Du brauchst nicht gleich zu antworten.

– Du hast meine Antwort doch längst ... Du müsstest mir allerdings versprechen, dass du dich nicht nur für meine wunderbaren Beine interessierst, sondern auch für meinen Kopf und auch da nicht nur für die zauberhaften Lippen.

– Ich verspreche dir, was immer du willst.

– Du sollst nichts versprechen, ohne zu wissen, was du versprichst! Sonst brauchst du eine gute Anwältin, und die kostet unter Umständen viel Geld.

– Ich interessiere mich sehr für deinen Kopf, der mir den meinen schon vor zehn Jahren verdreht hat.

– Und für was interessierst du dich mit einem verdrehten Kopf?

– Für die Amazone, die alle herausfordert. Die nicht lockerlässt. Die es genau wissen will.

– Aber was willst du mit so einer verschrobenen Göre?

– Wissen, warum ich damals nicht einfach den bequemen Weg gewählt habe.

– Mit mir wird es wieder nicht der bequeme sein.

– Ich weiß. Wahrscheinlich brauche ich das. Und du wirst noch mehr Bücher schreiben – und wenn ich kann, helfe ich dir dabei, so wie jetzt.

– Und wenn ich alles schreiend in die Ecke werfe und nicht mehr weitermachen will?

– Werde ich dich halten, bis du nicht mehr schreist.

– So wie nachts?

– So wie nachts.

– Und du hältst das wirklich aus? Du hältst mich aus?

– Ich kann dir nicht versprechen, dass ich nicht zwischendurch mal die Geduld verlieren werde.

– Das wird interessant. Dann schreien wir beide.

– Das wird vorkommen.

– Ich werde mich aber auch verrennen und sehr ungerecht werden.

– Und ich werde begriffsstutzig sein und nicht verstehen, warum du es tust.

– Aber trotzdem bei mir bleiben? Und mir trotzdem nicht verbieten, so zu sein, wie ich bin, und das zu tun, was ich tun muss?

– Ich werde dir nie etwas verbieten. Aber wir werden einander manchmal um Dinge bitten.

– Ich habe mich jetzt entschieden, bei meinem Vater in die Kanzlei einzusteigen. Aber ich suche mir die Fälle aus. Ich will vor allem solche Leute vertreten, die sich eigentlich keinen Anwalt leisten können. Ich werde immer nur einen Fall übernehmen und den bis zum Ende durchkämpfen. Mehr Zeit werde ich ohnehin nicht haben.

– Wegen der Bücher.

– Auch. Jørgen, bevor du dich endgültig darauf einlässt, solltest du etwas wissen. Ich glaube, ich bin wieder schwanger.

– Wirklich?

– Ich habe es noch nicht untersuchen lassen, aber ich bin mir ziemlich sicher.

– Das ist wunderbar! – Aber du hast Angst.

– Ja. Mit dir zusammen werde ich weniger Angst haben.

Wie Frost auf den zarten Blüten. Er hätte seinen Vater fragen mögen, was man da tun konnte. Sie klammerte sich an ihn und war doch gar nicht bei ihm.

Er ließ die Deutschen seinen ohnmächtigen Zorn spüren. Irgendwer musste ihn zu spüren bekommen, und sie waren letztlich schuld. An allem. Dem Frost, den sie mit ihrer Großspurigkeit und Anmaßung gebracht hatten. Und da schien – die BBC hatte ja schon früh darauf hingewiesen – ein millionenfacher Mord geschehen zu sein. Beschwiegen. Hilflos angedeutet. Überhaupt nicht zu verstehen. Er versuchte es nicht einmal, doch begriff, dass Lea für immer in diesem Malstrom zu versinken drohte.

Immerhin aufs Kämpfen verstand sie sich, seine Amazone. Sie lernte Tag und Nacht und schien allmählich alle Gesetze auswendig zu können. Sie aß und schwamm, kam zu Kräften, und man drehte sich auf der Straße nach ihr um. Doch in den Nächten spürte er die Wahrheit. Wenn sie in seinen Armen lag und sich an seiner Liebe zu betäuben versuchte. Die Frage, die er seit der Befreiung auf dem Herzen trug, wagte er unter diesen Umständen nicht zu stellen.

Also tat er es ihr gleich und stürzte sich in die Arbeit. Überdies schienen seine Tage in Silkeborg gezählt, er hielt sich auf Abruf für Himmelstrup bereit, auch Lea würde ja früher oder später nach Kopenhagen zurückgehen. Ihr Vater nahm stillschweigend seine Anwaltspraxis wieder auf. Etwas, woran man sich orientieren konnte. Daniel sitze Abende lang vor dem Klavier und rühre es nicht an. Das werde sich in die eine oder andere Richtung entscheiden. Sie wolle aber nicht dabei sein.

Die heiße Spur fand sich in Aabenraa. Ein Arzt, der angab, am Nachmittag des 6. Januar 1944 von einem SS-Beamten des Sicherheitsdienstes zu einem Kranken gerufen worden zu sein. Bei dem Kranken habe es sich um einen Mann in Zivilkleidung mit dem Namen Neumann gehandelt, und er habe eine Pistole in einem breiten englischen Gurt um den Leib getragen. Am linken Ellbogen habe er eine nicht mehr ganz frische Wunde gehabt, außerdem 40,5 Fieber. Der Zeuge habe die Wunde versorgt und sei am selben Abend und noch einmal am nächsten Tag wegen des Fiebers gerufen worden. Er habe die weitere Behandlung abgelehnt, da er kein Militärarzt sei. Der Mann sei daraufhin gleich an einen anderen Ort gebracht worden, wahrscheinlich nach Süden.

Dem Zeugen wurden die Personenbeschreibungen der Witwe Munk und des Hausmädchens vorgelegt. Ja, die Beschreibung zu b) passe. Er habe zu diesem Zeitpunkt gerade erst selbst von dem Mord gehört. Der ganze Vorfall sei ihm sehr rätselhaft erschienen. Der Verwundete sei ihm völlig unbekannt gewesen, und er sei normalerweise nicht vom SD zu Kranken gerufen worden. Im Nebenzimmer hätten sich drei weitere dem Zeugen unbekannte Männer befunden. Die habe er aber nicht näher angeschaut.

Taarnby wurde nach Vedersø geschickt, um der Witwe Munk die neuen Erkenntnisse mitzuteilen. Ob einer der Herren krank oder gar verletzt ausgesehen habe. Ja, die auffällig gelblich-fahle Gesichtsfarbe des Verdächtigen unter b) könne daher rühren. Taarnby notierte: Heißt oder nennt sich Neumann.

Er wurde mit allen Unterlagen nach Kolding beordert, um an den Verhören des inhaftierten Gestapochefs Burfeind teilzunehmen. Vorher feierten sie an Leas 24. Geburtstag Abschied.

Kopenhagen. Sie streifte durch die Stadt, die sie nur in Krieg und Besatzung kannte. Einige Wege lösten Kummer aus, an anderen verbargen die Ziegel und Pflastersteine Angst und Schrecken. Doch es gab auch Stellen, die sie neugierig machten oder aus dem Augenwinkel etwas von Glück wussten. Außerdem war es Juni, die Zeit der hellen Nächte, und sie war doch noch jung.

Sie wusste, dass sie Blasen an den Füßen bekommen würde, sie wollte allein sein, sehnte sich nach Jørgen und strandete bei der kleinen Meerjungfrau.

Die Befehle und Informationen seien direkt vom Reichsbevollmächtigten Werner Best und dem Höheren SS- und Polizeiführer Günther Pancke sowie von Dr. Wäsche gekommen. Von höchster Stelle seien die Personen ausgewählt worden, die ermordet werden sollten, um den dänischen Widerstand zu zerbrechen. Die Ausführung sei von der Petergruppe vorgenommen worden.

Das bereits bekannte Fahrzeug mit der Nummer Pol 198-935 habe das Dagmarhaus in Kopenhagen am 3. Januar 1944 verlassen. In ihm hätten sich SS-Hauptscharführer Wagner als Leiter der Unternehmung, Kriminaloberassistent Huf, SS-Untersturmführer Söhnlein sowie zwei dänische Staatsangehörige namens Hansen und Sørensen als Chauffeur und Dolmetscher befunden. Bis auf Söhnlein seien alle inzwischen umgekommen. Dieser habe jedoch bei dem englischen Bombenangriff auf das Shell-Haus eine Nackenwunde und als deren Folge eine charakteristische Narbe davongetragen.

Kriminalrat und SS-Hauptsturmführer Thees Burfeind war eine schier unerschöpfliche Informationsquelle. Der Gestapochef von Kolding war mitteilsam und freundlich und berichtete wie von einer Landpartie. Schmales offenes Gesicht, kluge blaue Augen. Taarnbys Aufgabe war es, mitzuschreiben. Himmelstrup führte das Verhör. Taarnbys Finger waren kalt und Lea in Kopenhagen.

Über den Untersturmführer Söhnlein wusste der Gestapochef ergänzend mitzuteilen, er sei deutscher Staatsbürger, verheiratet, wohnhaft in Flensburg und spreche Dänisch. Er habe sich um den 3. Januar 1944 herum die Haare hellblond färben lassen und einen hellen Schnurrbart getragen. Der Verdächtige unter a) habe einen vermutlich dunklen Schnurrbart getragen, erinnerte sich Taarnby. Söhnlein habe in dieser Zeit auf dem Vedersøer Pfarrhof die Zufahrtsverhältnisse und dergleichen erkundet. Seine Frau sitze in Tønder im Arrest.

Sicher hätte Burfeind gerne noch mehr mitgeteilt. Er schien also nicht mehr zu wissen.

In dem Zimmer, das sie erst einmal bei einem Studienkameraden ihres Vaters bezogen hatte, stand ein kleiner Schreibtisch direkt am Dachfenster mit einem Andersenblick über die halbe Stadt. Sie schaute kurz in die Richtung, wo sie die kleine Statue am Meer vermutete, und schrieb unter der Überschrift *Die kleine Meerjungfrau 1945* die Verse auf, die ihr am Nachmittag im Hafen eingefallen waren:

Ich bin nur eine Meerjungfrau.
Beine hatte ich mir so sehr gewünscht.
Nun schimmern sie im Mondlicht,
seidenleicht und klotzschwer.

Ich bin nur eine Meerjungfrau.
Niemand weiß, was ich tat.

Stumm schaue ich im Mondlicht zu,
wie sie feiern, tanzen, leben, lieben.

Beine hatte ich mir so sehr gewünscht
und streiche über ihre wunderweiche Haut.
Blutend werfen meine Füße mir
meine Stummheit vor, doch die
stand im Vertrag.

Ich bin nur eine Meerjungfrau, und
wenn niemand weiß, was ich tat, dann
bleibt ihr Leben ungestört.

Sie fragte sich, während sie über die Dächer schaute, wer überhaupt wusste, was sie im Widerstand getan hatte, und überschlug mit einer Hand die Anzahl derer, die es ahnten. Doch wer von denen wusste außerdem etwas über ihre Familie.

Jørgen: Über ihre Familie wusste er alles. Sonst hatte sie ihm nur wenig erzählt.

Ihr war schon wieder übel. Auch das hatte sie vor ihm verbergen können. Es ging erst seit ein paar Tagen so. Diesmal schien es ernst zu sein. Sie war sich noch im Unklaren darüber, ob sie sich darüber freuen oder wie es nun weitergehen sollte. Ihr war übel. Morgen würde sie ihren Professor treffen.

Sie las ihre Verse noch einmal durch, strich geistesabwesend über ihre Beine, suchte die Stelle, an der sie damals die Kapsel befestigt hatte.

Ein neues Blatt Papier, sie wollte jetzt endlich an Maren schreiben, es gab so viel zu berichten. Sie schrieb ihr das Gedicht ab. Maren war plötzlich so weit weg. Überhaupt alles, alles war weit weg.

Wie es Jytte wohl ging. Sie hatte keine Adresse.

Sie schrieb über Edith, erzählte, was sie von Daniel erfahren und anderweitig zusammengetragen hatte. Wir müssen kämpfen, dass alles ans Licht kommt, dass die Täter zur Verantwortung gezogen werden und dass wir eine neue Ordnung bekommen. Ich wünschte, ich könnte so wie Du sagen, wo ich politisch stehe. Zu jung zum Wählen, und die Parteien sind die alten. Sie erzählte von ihrem letzten Besuch in Oslo. Es wurde ein langer Brief.

Taarnby fasste seinem Vorgesetzten auf dem Rücksitz alle bekannten Einzelheiten noch einmal zusammen und folgte ihm dann in den imposanten Backsteinbau mit den hohen weißen Fenstern. Ein Beamter führte sie in das angebaute Gefängnis. Im Vernehmungslokal warteten sie auf Anneliese Söhnlein.

Wenn Taarnby sich gefragt hatte, was Menschen dazu verführt haben konnte, dem nationalsozialistischen Staat zu dienen, so ahnte er in der bitteren, doch immer noch verbohrten Miene der Frau, die ihnen nun gegenübersaß, einen Teil der Antwort. Gemeinsam seien sie nach Dänemark gegangen, wo sie ihrem Mann eine Zeitlang als Sekretärin gedient habe. Nicht in Flensburg, sondern nahebei in Husby hätten sie gewohnt, dort seien die Möbel noch eingelagert. Da könne man sie nun miteinlagern, sie sei abgelöst worden. Nein, wozu solle sie weiter ins Detail gehen. Grethe Kristine Bjerrekær heiße ihre Nachfolgerin. Odense. Natürlich jünger.

– Die nehmen wir uns morgen vor, Taarnby. Veranlassen Sie alles Nötige.

Sie hatten Edith in die Mitte genommen und stemmten sich zu dritt gegen die Brandung, ihre Juchzer lauter als die Möwen. Als kein Haar mehr an ihnen trocken war, rannten sie um die Wette, wo die Wellen ausliefen. Tove schlug ein paar schöne Räder in dem fingertiefen Wasser.

Gib nicht so an!, lachte Lea und lief gleich auf den Händen, rettete sich vor einer Attacke ihrer Cousine zurück auf die Füße. Erschrocken aufschreiend zeigte sie auf Edith, die alleine vorgegangen war und allmählich in einem dichten Nebel verschwand. Es wurde immer dunkler und kälter, sie zitterte in ihrem Badeanzug, ihre Cousinen waren beide nicht mehr zu sehen und zu hören.

– Tja, Fräulein ... Lundgren Petersen, hätten Sie doch rechtzeitig erkannt, wo Sie hingehören.

– Wo ist sie? Wo habt ihr Edith hingebracht?

– Lassen Sie das doch.

Allein ging sie durch die ausgestorbenen Straßen. Irgendwo spielte eine Geige, dann brach sie ab.

Sie öffnete die Augen, warf einen kurzen Blick auf die Uhr. Nicht einmal fünf. Aber da es taghell war, konnte sie ebenso gut aufstehen.

Die Prüfungstermine waren festgelegt. Professor Hurwitz hatte sie stichprobenhaft abgehört.

– Sie haben Ihr Examen so gut wie in der Tasche, Fräulein Frøhlich. Und ich würde mich freuen, wenn Sie sich entschließen könnten, zu promovieren. Ich würde Sie gerne dabei begleiten.

Ein Mann hatte bei ihm im Zimmer gesessen und sich ihr mit leichtem deutschem Akzent vorgestellt. Sie wusste, dass Hurwitz wegen seiner jüdischen Abstammung nach Schweden geflohen war und juristische Texte aus der Sicht des Widerstands verfasst hatte. Dieser Herr Bauer schien aus den gleichen Gründen über den Sund geflohen zu sein. Die beiden Herren betrachteten sie rauchend und lächelnd.

– Ich habe immer darauf gewartet, dass Sie in Stockholm auftauchen, Fräulein Frøhlich. Nachdem Sie offensichtlich hiergeblieben sind, habe ich darauf gewartet, dass Sie endlich kommen und weitermachen. Gerade jetzt brauchen wir kluge junge Leute wie Sie.

Eine neue Ordnung. Und ihr wurde ein Platz darin angeboten. Vielleicht ein angemessener Ersatz für alles andere. Vielleicht.

Apothekenhelferin in der Löwenapotheke in Odense, geschieden, geboren am 10. Oktober 1916 in Ribe, festgenommen aufgrund längeren Liebesverhältnisses zu Söhnlein, gab zu Protokoll, sein voller Name sei Wolfgang Heinrich Paulus Söhnlein, geboren in Amsterdam am 25. September 1913. Er sei bei seinen Großeltern in Würzburg aufgewachsen, die mittlerweile verstorben seien. Sein Vater sei in Slagelse wohnhaft, wo er Direktor der Konservenfabrik Danica sei.

Sie hatte ein Foto von Söhnlein, das sie den Polizeibeamten aushändigte.

– Das dürfte unser Verdächtiger unter a) sein. Rundes fülliges Gesicht. Ganz schöner Brocken! Nur hat Frau Munk die Herrschaften offenbar alle ein bisschen älter gemacht. Also, auf nach Jütland! Wenn die in Vedersø das Foto erkennen, haben wir unseren ersten Mann.

Taarnby wünschte sich, auch die Mörder seines Vaters zu haben. Und wusste zugleich nicht, was er sich dann in dieser Angelegenheit wünschen sollte. Sie mussten hängen, natürlich. Und dann.

Maren war tatsächlich nach Kopenhagen gekommen. Lea konnte vor Freude lachen, eines der wenigen Male seit der Befreiung, die keine wirkliche war.

– Mensch, Mädel, wie schaffste das in dieser Wärme, so ein Eiszapfen zu sein!

Lea lachte.

– Dass du gekommen bist!

– Nee, hör mal: Schreibst mir so 'nen Brief, und dann soll ich brav in meinem Zimmerchen sitzen bleiben, 'ne Zigarre schmauchen – ha'm nämlich welche, noch von den Tommies! – und tun, als ob nichts wär?

Lea küsste sie.

– So gefällste mir schon deutlich besser! Und jetzt zeig mir Kopenhagen!

Sie streiften durch die ganze Stadt. Am Ende schaute die kleine Meerjungfrau ihnen beim gemeinsamen Verzehren einer Zimtschnecke zu, die sie sich hatten leisten können.

– Nein, eigentlich schaut sie ja weg. Träumt traurig von ihrem Prinzen. Meiner will mich übrigens heiraten.

– Ja, das würde meiner, glaube ich, auch am liebsten. Aber er hat sich offenbar noch nicht zu fragen getraut.

– Lea?

– ...

– Ach, Lea ... Lea, du lebst. Und das andere änderst du nicht mehr.

– Das war wie eine Fabrik dort. Tausende an einem Tag. Und dann haben sie sie verbrannt.

– Kleines, du änderst es nicht mehr. Klingt hart, ich weiß. Und noch was: Wir haben sie noch lange nicht besiegt. Und dafür brauchen wir welche wie dich. Werd 'ne gute Anwältin und kämpf weiter. Bring die Mörder vor Gericht.

– Bin doch selbst eine ...

– Was? Hör mal, gleich werde ich wirklich wütend! Eure Klasse mit ihren ewigen Luxusskrupeln! Na, wenigstens lächelst du mal wieder.

– Luxusskrupel ...

– Ja. Wie haben sie dich genannt – Amazone? Von der Sorte hätten wir ein paar mehr gebraucht. Wünschte, ich wär so mutig gewesen wie du. Und hätte irgendwo schießen gelernt. So. Und wenn dein Prinz dich nicht fragt, dann frag du ihn eben. Soll das Kind etwa ohne Vater aufwachsen?

Sie legte Lea ihren Arm um die Schulter und zog sie sanft zu sich heran.

– Es wird ein Mädchen. Und sie wird mächtig stolz auf ihre Mutter sein!

Sie zeigten das Foto den Pächtersleuten des Vedersøer Pfarrhofs. Mutter und Sohn waren als Erste sicher.

– Das ist er, ja!

– Ja, das war der Mann!

– Hm. Ja.

– Dieses breite Gesicht habe ich sofort wiedererkannt!

– Ja. Die Augenpartie.

– Er hatte – rötliches Haar, meine ich, und einen ganz kurzen Schnurrbart von derselben Farbe.

Dem vierzehnjährigen Kjeld fiel noch ein, dass der Mann, der im Dezember zu ihnen auf den Pfarrhof gekommen war, eine Hornbrille getragen habe. Doch als er mit ihnen zu Mittag gegessen habe, da habe er sie nicht aufgehabt. Taarnby notierte alles.

– So. Söhnlein und Neumann. Das ist doch schon mal ein Anfang.

Sie übernachteten in Ringkøbing, und er schrieb an Lea. Dass sie hoffentlich alle kriegen würden, nach und nach, und sie vor dänische Gerichte stellen könnten. Er hoffte, sie werde zwischen den Zeilen lesen, was er nicht ausdrücken konnte.

Ihr war jeden Morgen übel und manchmal auch noch später am Tag. Sie las Jørgens Brief wieder und wieder. Irgendwann musste sie es ihm sagen.

Freude? Sie wusste es nicht genau. Ja, schon. Aber.

Am besten ging es ihr im Wasser. Das Land aus der schaukelnden Perspektive einer Meerjungfrau.

Das Examen bestand sie im Vorübergehen, und langsam wurde es auch mit der Übelkeit besser. Jørgen würde sie besuchen. Die Freude war stärker als die Angst, und nun würde sie es ihm sagen. Inzwischen war jeder Zweifel ausgeschlossen.

Vor Jørgen kam Daniel, der zwei Nächte bei einem Freund wohnte und dann rasch etwas Billiges fand. Jetzt würde er studieren. Wo immer ein Klavier stand, bereitete er sich auf die Aufnahmeprüfung vor. Seine Finger hatten die alte Fertigkeit noch nicht wiedergefunden, doch deuteten eine Tiefe an, die das vergessen ließ. Sie schaffte es nicht, länger als höchstens ein paar Minuten zuzuhören.

Ein Brief von Tove, den sie würde beantworten müssen. Doch was sie zu sagen gehabt hätte, hatte sie bereits geschrieben. Tove hatte einen Schweden geheiratet und war ebenfalls schwanger. Auf Leas Berichte ging sie mit keiner Silbe ein. Sie schien entschlossen, Edith und selbst Daniel, der ja lebte, aus ihrem kleinen Glück auszublenden, um es nicht zu gefährden. Und mochte es einen Widerstand gegeben und mochte Cousine Lea da etwa mitgemacht haben, so war dies allenfalls eine unter vielen Wellen, die an die Ufer des Mälarsees schwappten und sich wieder verzogen. Zu arbeiten schien sie gerade auch nicht, sie bekam ja ein Kind. Lea fühlte sich ausgeschlossen aus dem Idyll, verspürte keine Lust, es zu betreten, und blieb ratlos mit der Frage zurück, was sie seiner Bewohnerin noch zu sagen haben könnte.

Von Jytte hatte sie nichts gehört. Sie würde versuchen, die Leute wieder ausfindig zu machen, die sie fragen konnte. Spürte plötzlich, wie unerträglich ein weiterer Verlust wäre.

Er freute sich auf Lea und auf Kopenhagen.

Und hier waren die Wolken, die sich vor seine Sonne schoben: die Hauptstadt, die sein Leben in andere Bahnen zwingen würde als bisher. Lea, die selbst in seinen Armen für ihn unerreichbar sein konnte. Spuren zu den Mördern Kaj Munks, Hinweise zu denen seines Vaters. Persönliche Gefühle der Ermittlungsarbeit unterordnen.

Lea brauchte Zeit, und er wollte sie nicht bedrängen. Er hätte sie am liebsten immer um sich gehabt, doch sie hatten das Thema Heirat ausgespart, und vielleicht war es klug, dies vorerst weiterhin zu tun.

Ob sie einmal Kinder haben würden. An dieser Stelle waren die Umrisse seines Traums undeutlich. Im Übrigen hatten sie verhütet.

Das Leben war zu fragwürdig und gefährdet, um die bisher geltenden Ordnungen und Reihenfolgen einzuhalten. Er verstand ja, dass die Älteren sich wieder in den Resten des Vorkriegslebens einrichteten. Das wäre für Lea und ihn auch ohne Krieg und Besatzung nicht in Frage gekommen. Nun war daraus erst recht kein Nest mehr zu fügen.

– Taarnby, manchmal beneide ich Sie fast um die Zukunft, die vor Ihnen liegt! Je weniger Ballast man jetzt aus den Ruinen einer alten Welt ziehen muss, umso besser!

Verlegen erwiderte er das väterliche Lächeln seines Vorgesetzten.

zwischen Jørgens Lippen, Händen und Schultern, einem aufgeräumten Himmel mit Möwen und Wölkchen über pastellenen Fassaden und freien Masten und schließlich eingehakt zwischen Jørgen und Daniel ein Lachen nach dem anderen aus sich herausrollen lassen

saß der Schrei noch in der Zimmerecke, die nicht richtig dunkel geworden war, Jørgen war kaum wach, deckte sie mit einem Kuss und strich ihr geduldig das Zittern aus dem Arm, und sie hatte sich immer noch nicht getraut

die Sätze fielen sanft auf das Laken und taten beide nicht weh, obwohl man nicht wusste, wohin man sie nun tun sollte, aber Hände und Mund waren mit so viel anderem beschäftigt:

– Ich bin schwanger.

– Lass uns heiraten.

Eigentlich war es einfach. Und das Leben, eigentlich war es einfach. Wenn nicht. Die Geräusche der Morgenstadt breiteten sich einladend im offenen Fenster aus. Eine Zigarette teilen. Nein, nur ein Zug: Ich hör jetzt auf damit. Er rauchte sie fertig, und sie horchte darauf mit dem Kopf auf seiner Brust. Also eigentlich einfach, das Leben, und etwas zu sagen, das

Seine Hand tat gut, und sie atmete dieses unverdient viele gute Leben langsam ein, lauschte seiner Hand

leise nichtssagende Sätze, pastellfarben, frisch und warm wie der Himmel

Das hellblaue Kleid mit dem breiten Gürtel, man würde noch lange nichts sehen. Ihre Haare hatten einen zarten kupfernen Ton im Blond, in der Sommersonne wirkten sie rötlicher als sonst, ihre Haut blieb mehr oder weniger weiß.

An der Straßenecke kurzes Erschrecken, sie dachte, sie hätte jemanden gekannt. Dann das Ausatmen. Sie wurde nicht mehr gesucht.

Doch würde man ihr nicht irgendwann die Rechnung präsentieren, für das hier. Jung und hübsch und frei und viel zu lebendig zu sein. Einen Liebsten zu haben, der sie sanft an sich drückte und sofort merkte, dass etwas nicht stimmte. Augen schließen und wegscheuchen, wegscheuchen die Gedanken, mit den wieder geöffneten Augen mussten sie fort sein und waren es nicht ganz und trollten sich doch beleidigt vor so viel Glück.

Und las dann in Daniels Augen, dass er in ihren die Wahrheit las, doch sie lächelnd zusammenlegte und wieder verschloss, die Wahrheit.

Beide, Daniel und Jørgen, gingen davon aus, dass sie nicht nur das Kind, sondern auch die Doktorarbeit zur Welt bringen würde. Daniel begleitete sie bis zur juristischen Fakultät. Sie betrat die dunkle Geborgenheit von Räumen, die um Gesetze errichtet waren, und würde Hurwitz treffen und das Thema mit ihm eingrenzen.

Einen Titel hatte sie bereits: *Strafverfolgung Einzelner im Internationalen Strafrecht.*

– Wir brauchen ein allgemein anerkanntes internationales Strafrecht, hatte sie erklärt. Ich möchte untersuchen, welche Grundlagen dieses Recht haben muss und welche Schwierigkeiten es gibt, die Gesetzgebung und Gerichtsbarkeit der einzelnen Staaten mit einer internationalen Justiz zu vereinen.

Vier verliebte Männeraugen hingen an ihren Lippen. Sie redete sich in Eifer.

– Wenn ein Mord nicht eine Tat ist, die ein Einzelner aus eigenem Antrieb verübt, sondern eine Tat, die er als Angehöriger eines Staates aufgrund staatlicher Anordnungen an einem Bürger eines anderen Staates verübt, dann brauchen wir dafür neue Rechtsnormen. Wie können die begründet werden? Von welchen Grundsätzen können sie abgeleitet werden? Wo werden solche Taten verurteilt? Wo verbüßen die Täter ihre Strafe? Was bedeutet ein solches internationales Strafrecht für die Souveränität eines Staates?

– Dein Professor wird begeistert sein!

– Er wird dich als seine Nachfolgerin sehen.

– Ihr nehmt mich nicht ernst!

– Im Gegenteil: Wir bewundern dich. Wir lieben dich. Du bist genau diejenige, die die Welt jetzt braucht.

– Es wird Zeit, Justitia die Binde von den Augen zu reißen.

– Im Ernst, Lea: Wenn ich mir einen Rest von Träumen bewahrt hatte, dann habe ich von Leuten wie dir geträumt, die die Gerechtigkeit in die Welt zurückbringen.

– Aber wir brauchen dann auch eine internationale Polizei. Wer stellt die an?

– Ein neuer Völkerbund.

– Die Vereinten Nationen. Henrik Kauffmann hat für uns in San Francisco die Charta unterschrieben.

– Aber da ist noch von keinem Strafrecht die Rede, oder?

– Deshalb brauchen wir ja Leas Arbeit.

Sie hätte das Gespräch auch noch tags darauf fast wörtlich wiedergeben können. Mit klopfendem Herzen öffnete sie die Tür zum Zimmer des Professors.

Taarnby wünschte sich geradezu, ein Künstler würde Lea als Modell für eine Statue der Göttin Justitia nehmen, allerdings wirklich ohne Augenbinde. Ihre glühenden, leidenschaftlich brennenden Augen. Empört reagierte sie auf die Berichte von den Bomben in Japan. Er gab ihr recht. Dennoch war der Krieg endlich vorbei.

Er hatte ihr Gesicht immer vor Augen. Auch als er Wolfgang Heinrich Paulus Söhnlein endlich von Angesicht zu Angesicht gegenüberstand. Harmloses Dickerchen. So war das also. Und so würde es vielleicht bald sein, wenn er einem der Mörder seines Vaters gegenüberstand. Gekränkte Unschuld. Wie hatte Lea das genannt: Sie haben ihre Arbeit getan. Genau. Menschen in ihren Betten erschießen oder Passanten. Kinder, Frauen und alte Männer vergasen. Einfach eine Arbeit. Mit einem Feierabend. Wie war die Schicht, Schatz? Wir haben die Quote auf zehntausend erhöht, Liebling. Das ist doch wunderbar, Schatz. Sicher ist dein

Vorgesetzter sehr zufrieden mit dir. Komm, das Essen steht auf dem Tisch!

Die Rolle des Handlungsreisenden hatte Söhnlein gewiss überzeugend ausgefüllt. Büroartikel. Taarnby konnte ihn sich gut vorstellen, wie er Büroklammern nach Farbe und Form sortierte, Bleistifte exakt auf gleiche Länge spitzte und akkurat nebeneinanderlegte. Er sei im Dezember 1943 nach Kopenhagen gerufen worden, wo man ihn über seine Aufgabe unterrichtet habe. Befehl von Hitler und Himmler persönlich. Etwas Außergewöhnliches als Antwort auf die Liquidierungen dänischer Denunzianten. Pastor Munk sollte liquidiert werden, um die Aktionen gegen die Helfer der Deutschen ein für alle Mal zu stoppen. Er habe große Scheu gehabt, die Aufgabe zu übernehmen, er meinte, nicht die Nerven dafür zu haben, doch habe man darauf bestanden, ihm die Aufgabe zu übertragen, da man dänischen Personen nicht traue und er der dänischen Sprache mächtig sei.

Er beschrieb die Vorbereitungen und benannte die Mittäter. Taarnby ergänzte die Personenbeschreibungen aus der Aussage der Witwe Munk:

b) Leo Neumann, Schweizer, habe sich eine Weile in Frankreich aufgehalten, ca. 40 Jahre alt, ca. 165-168 cm groß, kräftiger Körperbau, schwarzes Haar.

c) Otto Schwerdt, ca. 30 Jahre alt, ca. ein Meter achtzig groß, schlank, dunkel und bartlos. Pfälzer. Ja, er sei später Chef der so genannten Petergruppe gewesen.

d) Kurt Carstensen, ca. 35 Jahre alt, mittelgroß, schlank, helles Haar, Gestapomann aus Flensburg.

Und der Chauffeur: Toni Gföller, ca. 22 Jahre, ca. 178 cm groß, helle, leicht gelockte Haare, kräftig gebaut, Österreicher aus Salzburg.

Ja, in Herning hätten sie getankt. Gegen 17 Uhr seien sie

weiter in Richtung Ringkøbing gefahren. Unterwegs hätten sie die Nummernschilder ausgetauscht. In Ringkøbing habe er von einem Kiosk aus im Pfarrhof in Vedersø angerufen, mit Pastor Kaj Munk selbst gesprochen und darum gebeten, den Pfarrer am nächsten Tag besuchen zu dürfen. Dieser habe geantwortet, er empfange keinen Besuch, und aufgelegt. So habe man gewusst, dass er zu Hause war.

Zwischen 20 und 21 Uhr seien sie im Pfarrhof angekommen. Gföller sei im Wagen sitzen geblieben, und Carstensen habe auf dem Hof Wache gestanden. Er selbst sei mit Neumann und Schwerdt ins Haus gegangen. Dort hätten sie ein Dienstmädchen angetroffen. Da er Dänisch spreche, habe er das Reden übernommen und nach dem Pfarrer gefragt. Frau Munk sei gekommen und habe gesagt, ihr Mann sei nicht zu Hause, er habe erwidert, dass das nicht stimme. Er habe sich mit Neumann an ihr vorbei ins Obergeschoss gedrängt, wo der Pastor sein Studierzimmer gehabt habe.

Woher sie das gewusst hätten?

Die Fotofolge in der Zeitung, in der Munks zu Hause gezeigt worden seien. Da sie Munk im Studierzimmer nicht angetroffen hätten, seien sie wieder nach unten gegangen. Auf dem Weg sei ihnen Schwerdt mit dem Pfarrer entgegengekommen. Er wisse nicht, wo Schwerdt diesen gefunden hatte.

Sie hätten ihm erklärt, er sei verhaftet. Frau Munk habe heftig protestiert und erneut die Polizeimarken zu sehen verlangt. Sie hätten zunächst vorgehabt, den Pfarrer in seinem Haus zu erschießen, aber auch wegen der Kinder davon Abstand genommen. Neumann und Schwerdt hätten sich alleine beraten und Munk dann mitgeteilt, er solle mit ihnen kommen. Schwerdt sei als Obersturmführer der Ranghöchste gewesen. Sie seien nun alle losgefahren: Schwerdt, Pastor Munk und Neumann hinten im

Wagen und die übrigen drei vorne, direkt über Ringkøbing und Herning auf die 15 nach Silkeborg.

Um die Polizei irrezuführen, habe er einen Zettel anfertigen sollen mit etwas wie: Du Schwein, du hast doch für Deutschland gearbeitet. Doch er habe sich geweigert und erklärt, er könne nur schlecht Dänisch schreiben. Daher sei beschlossen worden, dass Carstensen, der damit geprahlt habe, perfekt Dänisch schreiben und sprechen zu können, einen solchen Zettel anfertigen solle. Während der Fahrt habe Schwerdt Carstensen zugeflüstert, er solle nun den Zettel schreiben. Sie hätten dafür einen Augenblick angehalten, bevor sie Herning erreicht hätten. Schwerdt habe erklärt, es handle sich um einen Fahrbefehl.

Wer denn nun geschossen habe.

Kurz vor Silkeborg habe Neumann befohlen, anzuhalten. Gföller sei zum linken Straßenrand eingebogen, recht dicht am Graben. Carstensen und er seien zur rechten Seite ausgestiegen, ihre Aufgabe sei gewesen, Ausschau nach anderen Fahrzeugen zu halten. Neumann sei aus der linken Wagentür gestiegen, danach auf Aufforderung Pastor Munk und zuletzt Schwerdt. Als Vorwand zum Aussteigen habe Neumann angegeben, dass sie austreten müssten. Einen Augenblick später habe man den leisen Knall einer schallgedämpften Pistole gehört, in deren Besitz Neumann gewesen sei, und kurz darauf den Fall eines Körpers. Schwerdt habe sie mit Ausnahme von Neumann zurück in den Wagen beordert und Gföller befohlen, sich hinten in den Wagen zu setzen, er wolle selbst das Steuer übernehmen. Danach seien noch mehrere Pistolenschüsse gefallen, insgesamt vier oder fünf. Die seien von Neumann abgefeuert worden.

Man begann es zu sehen. Jørgen legte gern sein Ohr an ihren Bauch, doch zu hören und zu spüren war noch nichts. Dafür spürte Lea, dass sie noch viel mehr in sich trug als nur das Kind. Und es wollte hinaus, am besten gleichzeitig in entgegengesetzte Richtungen. Da Jørgen alles gutmütig ertrug, kümmerte sie sich nicht weiter darum, ob sie zu anspruchsvoll war. Seinem Gesicht nach zu urteilen, schien sie ihn reich zu entschädigen.

Sie saß und lag, wo und wie es gerade kam, aß, was ihr in die Hände geriet, was immer noch viel weniger war, als sie gerne gehabt hätte, vergrub sich unter Büchern, die überall herumlagen, den Fußboden, das Papiermesser oder andere Bücher als Lesezeichen, auch Papier lag dazwischen.

– Nicht wegräumen, nuschelte sie mit vollem Mund. Ich brauch das alles!

So oft wie möglich streiften sie durch den Kopenhagener Sommer und versuchten, die vergangenen Sommer nachzuholen. Sie waren sich noch nicht einig über den genauen Ablauf der Hochzeit. Lea wollte keine große Feier, und höchstwahrscheinlich würde es eine bürgerliche Trauung geben, aber tanzen wollte sie auf jeden Fall, und Geld hatten sie sowieso keins. Sie vereinbarten, jeder dürfe fünf Freunde einladen, dann wäre das Dutzend mit ihnen voll.

Taarnby bekam den Auftrag, den ehemaligen Reichsbevollmächtigten Dr. Werner Best und dessen Privatsekretärin über Bests Kontakte zur Petergruppe zu verhören. Die Sekretärin war gesprächiger und wusste unter anderem mitzuteilen, dass Best nach dem Mord an Pastor Munk so begeistert von Schwerdt gewesen sei, dass er ihn unbedingt in Dänemark habe behalten wollen.

– Herr Doktor Best war mit Schwerdts Aktionen einverstanden. Er hat mir ja mehrmals Telegramme nach Berlin diktiert, in denen er Schwerdt zur Beförderung vorschlug. Schwerdt mache eine ordentliche Arbeit und habe es verdient.

An dergleichen mochte sich Best nicht erinnern. Er wisse gar nichts über eine Petergruppe.

– Das ist mir überhaupt kein Begriff.

– Aber Sie kannten doch Schwerdt?

– Ich kannte einen Herrn Schwerdt, aber für mich war er ein Mann des ausländischen Nachrichtendienstes, Amt sechs.

Himmelstrup zuckte nur mit den Schultern, als er das Protokoll las.

– Brutus ist ein ehrenwerter Mann. Das sind sie alle, alle ehrenwert.

Bischof Eivind Berggrav war extra aus Norwegen gekommen. Nicht alles, was er im Gedenkgottesdienst für Pastor Munk sagte, verstand Lea. Und sie war auch nicht sicher, ob sie allem folgen wollte. Ein ewiger Krieg zwischen Recht und Unrecht, zwischen Gott und Satan. Sie war längst nicht mehr davon überzeugt, dass Menschen sich für die eine oder andere Seite entscheiden konnten.

Am nächsten Tag hörte sie im Radio ein Interview mit Professor Hartvig Frisch, dem ehemaligen Sprecher der Sozialdemokraten im dänischen Reichstag. Ja, die militärische Sabotage durch den bewaffneten Widerstand sei zweifellos dessen großes Verdienst und habe Dänemarks Rolle für das Ausland entschieden. Doch das Auftreten der Widerstandsbewegung gleich nach der Befreiung erinnere ihn an das der Faschisten im Italien der Dreißigerjahre, als diese im Land herumgefahren seien und Menschen ohne Rücksicht auf Recht und Gesetz festgenommen hätten.

Was er über die Liquidierungen von Spitzeln und Denunzianten während der Besatzung denke.

– Wäre ich Mitglied des Freiheitsrates gewesen, als man zum ersten Mal ernsthaft darüber nachdachte, auf Mord zurückzugreifen, und es war ja Mord ...

– Nein!

– Man muss doch sagen, die Weise, in der das vor sich ging, ist das, was wir auf Dänisch Mord nennen. Ich hätte unbedingt dafür gestimmt, das sein zu lassen. Mein Argument wäre gewesen: Wenn man selbst diesen Weg einschlagen würde, dann würde man hemmungslosen Terroraktionen der Deutschen offene Bahn bereiten.

Mord. Ja, das kam nicht überraschend. Hatte sie es nicht längst gewusst.

Warum musste sie das hier allein hören. Jørgen war unterwegs in Jütland, und Daniel spielte in irgendeiner Bar Klavier. Und sie war eine Mörderin, die ein jüdisches Kind im Leib trug. Andere hatten sich aus geringfügigeren Gründen das Leben genommen.

Irgendwann erwachte sie so weit aus ihrer Erstarrung, dass sie das Radio ausschalten konnte, dem sie ohnehin nicht mehr hatte zuhören können. Nun gut. Sie hatte ihre Arbeit. Die Idee eines neuen Völkerstrafrechts wurde ja nicht dadurch falsch, dass eine Mörderin darüber schrieb.

Gott spuckte ins Hafenbecken: Mord. Großes Wort.

Er wisse ja nicht, was sie getan habe. Ob sie überhaupt etwas getan habe. Er habe nur so eine Ahnung. Aber er wolle es eigentlich auch nicht genauer wissen.

Gott zuckte die Schultern, zog die Nase hoch.

– Ändert ja auch nichts mehr. Aber schreib ihr besser.

– Weißt du denn nichts.

– Ich hab mir schon lange abgewöhnt, was zu wissen. Pass auf sie auf.

Taarnby stand alleine am Hafenbecken irgendeiner Stadt in Jütland, schaute ins brackige Wasser und wusste, dass er selbst dazu kaum Zeit hatte. Sie hatten Spuren. Tausende Fotos wurden abgeglichen. Überdies sah es so aus, als ob die Mörder seines Vaters gefunden wären. Man musste sie nur noch haben.

Wütend: *Das* ist Mord!

Sarg neben Sarg, jeder mit dem Danebrog, einem großen Kranz und weiteren Blumen. Einhundertsechs insgesamt, darunter Sprosse. Das hieß, Jytte hatte der Bestattung auf dem Hinrichtungsplatz der Deutschen zugestimmt, zusammen mit seinen Kameraden, oder sie hatten sie nicht gefunden. Lea hielt vergeblich Ausschau.

An K.C.s Grab hatte sie schon gestanden, ein Steinchen auf den Stein gelegt. Karl Conradsen. Bald würde hier ein weiterer ihr unvertrauter Name zu lesen sein: Frederik Dinesen. Auch sie hätte hier liegen können. Es hatte nicht viel gefehlt.

Acht Kilometer waren es vom Schloss Christiansborg, wo die ausgegrabenen Freiheitskämpfer aufgebahrt worden waren, bis hier hinaus zum Ryvangen. Acht Kilometer, von denen der lange Zug mit den Wagen schließlich kaum weniger als die Hälfte ausgemacht haben konnte. Die vielen Menschen am Straßenrand und jetzt. Überall Fahnen auf Halbmast. Alle Glocken läuteten. Bischof, Königshaus, Regierung. Unter den früheren Kämpfern ein paar vertraute Gesichter. Und mehrere, die fehlten. Die Feierlichkeit war gut gemeint. Doch wo war die Zukunft, in die man schauen konnte. Wie viel davon wurde gerade hier begraben.

– Amazone!

Einer, der sie erkannte. Noch einer und mehrere. Man gab sich ja sonst nicht weiter zu erkennen. Hier war man unter sich. Und kannte sich doch kaum. Hatte miteinander Angst und Gefahr ausgestanden und auch gefeiert, das auch, mittendrin, und wusste nicht einmal den richtigen Namen. Die verrieten sie einander auch heute nicht. Ib, Hellerup, Klingel. Ob sie von Grün wisse. Hellerup gab ihr einen Kuss auf die Wange und hielt sie lachend an den Armen. Der gutmütige Bär, wie immer. Wie früher. Er war der Jüngste aus ihrer Gruppe gewesen.

Immer noch ging sie vorsichtig durch die Menge, auf der Suche nach Jytte. Fühlte sich einen Moment lang wie ein Kind, das seine Mutter suchte.

– Lea! Ich habe so gehofft, dass du noch lebst.

Sich von mütterlichen Armen halten lassen und am liebsten nie mehr loslassen wollen. Wo bist du, was machst du jetzt. Lea traute sich schließlich, ihren kleinen Bauch zuzugeben. Erzählte viel, um über die Verlegenheit hinwegzukommen, die Jytte offenbar gar nicht spürte, wie sie mit einem raschen Seitenblick feststellte. Ließ sich dann richtig anschauen, von oben bis unten, mit dem Lächeln, das ihre Mutter hätte haben sollen, nachdem alles vorüber war, und glaubte langsam, dass nun wirklich alles vorüber war.

vorbei
doch sie lebte
noch

hielt ihre Hand, schaute auf ihr erschöpftes Gesicht, die geschlossenen Augen, versuchte zu verstehen

Daniel. Er hatte sich vor sie geworfen, den zweiten und dritten Schuss abbekommen. Sie war nur an der Schulter getroffen. Aber das Kind hatte sie verloren. Noch dort.

Passanten hatten versucht, den Schützen zu überwältigen, er hatte sich dann selbst

Ihr Atem war kaum zu spüren, aber regelmäßig.

Er hörte Frau Dinesen und Herrn Frøhlich leise auf dem Flur miteinander sprechen.

– Jede Hilfe kam zu spät. Er muss gleich tot gewesen sein. Ach, Ihr Cousin?

Vom Lager und alledem hatte er dem Arzt nichts erzählt. Was änderte es auch. Daniel hatte im Bruchteil einer Sekunde entschieden, dass er überlebt hatte, um das Leben seiner Cousine zu retten.

Gott hatte geweint. Aber das half ja nun auch nichts mehr. Außerdem hatte Taarnby keinen Platz dafür.

Licht und Stimmen und doch nicht der Himmel, sondern eine Art Wartezimmer der Hölle

Sie hielt die Augen geschlossen, weil sie nicht wollte, dass man sah, dass sie wach war. Sie wusste Bescheid. Daniel. Und das Kind. Jetzt musste sie schreien. Doch der Schrei war nicht da. Sie war nur eine Hülle. Hatte das Tote wohl irgendwie zur Welt gebracht, sie wollte es nicht genauer wissen.

Spürte Jørgens Hand. Wollte nie wieder von dieser Hand losgelassen werden. Aber konnte die Augen nicht öffnen. Ihm nicht in die Augen schauen. Jytte. Vater.

Daniel und ihre Tochter hatten an ihrer Stelle bezahlt. Und das war schlimmer, als wenn die Schuld einfach offengeblieben wäre.

Die Stimmen schwammen weg

Daniel spielte, oh, er hatte Jazz immer geliebt

Ihr Professor hatte Blumen mitgebracht und ihr damit ohne Worte ihre Aufgabe gezeigt.

Taarnby verstand, dass er nicht mehr Teil solcher Aufgaben war, wohl nicht einmal mehr Teil ihres Lebens.

Der Fall selbst war rasch geklärt. Verner Jelling. Ein Racheakt. Sie hatte offenbar seine Mutter liquidiert. Taarnby erinnerte sich an Protokolle.

Himmelstrup erkundigte sich nach ihr. Hörte zu, als Taarnby eines Tages alles erzählte. Hörte einfach nur zu. Auch Ronnebjerg, der gerade mit dabeisaß. Es tat gut, alles zu erzählen. Er wusste ja, dass er Aufgaben hatte und weitermachen musste. Weitermachen und im Augenblick seine Pflicht tun, etwas anderes hilft sowieso nicht, hatte Himmelstrup noch gesagt, bevor sie sich wieder den Unterlagen zuwandten und Taarnby den Bericht gab, der von ihm erwartet wurde. Aber er hatte reden können.

– Ich werde mich für sie rechtfertigen müssen, hatte sie gesagt, und er verstand, dass sie meinte: nicht vor einem menschlichen Gericht.

Und dann wollte sie weiterarbeiten, sobald sie konnte. Weitermachen und im Augenblick seine Pflicht tun.

Zum ersten Mal stellte er sich ernsthaft der Einsicht, dass die Zukunft nicht notwendig besser sein musste als das, was man bereits kannte. In Gedanken spielte er durch, er sei es gewesen, der sich vor sie geworfen hatte. Doch nun war es nicht so.

leer wie ihr Körper. Jetzt konnte es keine Hochzeit mehr geben. Gerade weil ich dich mehr liebe als alles auf der Welt, hatte sie ganz leise und mehr zu sich selbst gesagt. Vielleicht hatte er es gehört.

Sie träumte von ihrem Kind. Ja, es war ein Mädchen. Sie nannte es Maj.

In diesen Träumen, nicht in den anderen, aber in diesen schaffte sie es, nur von Glück

Er merkte, dass sie sich nach ihm sehnte, doch noch mehr danach, allein sein zu können. Erzählte alles seiner Mutter, als er sie einmal besuchen konnte, und machte sich hinterher Vorwürfe, dass er sie kaum selbst hatte erzählen lassen, doch wieder hatte es gut getan, einfach reden zu können.

Dann ging das geduldig von verschiedenen Enden betriebene

Puzzlespiel plötzlich auf, und sie nahmen den ersten Mörder seines Vaters fest. Natürlich durfte er ihn nicht verhören, doch las das Protokoll, gab einen entscheidenden Hinweis, weil er sich an eine andere Aussage erinnerte, und eine Woche später hatten sie den zweiten.

Er hätte sie am liebsten gar nicht sehen wollen, doch begleitete seine Mutter zur Gegenüberstellung. Hühnerdiebe, die es nun immerhin zu Mördern gebracht hatten. Zu mehrfachen übrigens.

Er erzählte es Lea. Dass er gegenüber den Mördern seines Vaters nur noch einen Wunsch verspürte: an sie nicht mehr denken zu müssen. Frei zu sein. Verstand zu spät, dass sie das nicht sein konnte.

Die Sehnsucht nach Lea war in ihrer Gegenwart unerträglich, und auch sie küsste ihn plötzlich und stieß ihn dann – nein, sich – stieß sich geradezu von ihm ab.

Wieder alleine, überlegte er, was er an Jellings Stelle getan hätte. Wenn er die Mörder seines Vaters zwar gefunden hätte, doch keine polizeiliche Untersuchung eingeleitet worden wäre. Regierung und Freiheitsrat hatten abgesprochen, die Liquidationen nicht zu verfolgen. Die Widerstandsbewegung sah sie als Kriegshandlungen. Keine Strafe, keine Rache, sondern Abwehr von Gefahr für die eigenen Kämpfer. Alle Fälle wurden Frode Jakobsen als Minister ohne Portefeuille vorgelegt, der nur die sehr wenigen Fälle an die Untersuchungsbehörden weiterleitete, in denen unter dem Deckmantel der Liquidation von Denunzianten nachweislich ein Verbrechen geschehen war. Verner Jelling hatte kein Recht auf Auskunft über die Umstände des Todes seiner Mutter. Lea wäre nie vor Gericht gestellt worden. Da man den Fall gar nicht erst verhandelt hätte, wäre sie jedoch auch nicht freigesprochen worden. So konnte sie sich auch selbst nicht freisprechen.

Als sie sich wieder trafen, erzählte er von den Fortschritten bei der Aufklärung des Mordes an Kaj Munk. Und spürte, dass es wieder nicht das passende Thema war. Daniel und sie waren auf dem Weg zur Aufführung von *Niels Ebbesen* gewesen. Sie las die überschwänglichen Besprechungen der posthumen Premiere und lachte bitter.

– Er hat uns doch dazu aufgerufen, notfalls auch zu töten. Bestimmt geht es jetzt bald auch gegen ihn. Ich erinnere mich noch gut an die unsäglichen Zeitungsberichte damals nach seiner Rede in Ollerup. Das wärmen sie jetzt bestimmt wieder auf.

Sie hatte ihm erlaubt, neben ihr zu sitzen und den Arm um sie zu legen. Er ging früh.

Der Gedanke, sich das Leben zu nehmen, begleitete sie fast täglich. Doch damit würde sie Daniels letztes Geschenk überflüssig machen. Und wer würde dann noch an Edith denken.

Sie schrieb Maren wieder einen langen Brief. Zwischen den Zeilen stand nur eine Botschaft, sie möge kommen, und es möge wieder so sein wie an jenem Tag. Sie schickte den Brief nicht ab. Am nächsten Tag schrieb sie einen kürzeren, da sie meinte, die Freundin habe doch ein Recht, zu erfahren, was geschehen war, und erfahre es besser beizeiten von ihr selbst. Dieser Brief geriet so nüchtern, dass sie die Botschaften zwischen diesen Zeilen erst recht nicht auf den Weg schicken wollte. Der vierte Brief, nicht mitgerechnet die lediglich angefangenen, war es dann.

Reichspolizeichef Arthur Dahl gab eine Pressekonferenz über den Mord an Pastor Kaj Munk. Bis jetzt habe man nur die Aussage des einen Festgenommenen, der alle Schuld den anderen Tatbeteiligten zuschob.

Am 15. September wurde Söhnlein zum Tatort Hørbylunde Bakker gefahren, wo er weinend zusammenbrach. Taarnby protokollierte: Der Zeuge nimmt an, dass es Neumann war, der die Pistole abgefeuert hatte, da es Neumanns Aufgabe war, Kaj Munk zu liquidieren, und er im Allgemeinen dazu eingesetzt wurde, die Morde selbst zu verüben.

Söhnlein wurde zurück nach Kopenhagen gebracht. Weinend gab er etliche Personen an, die ihm nach seiner Beförderung zum Chef des Sicherheitsdienstes in Odense unterstellt worden waren. Im Bewusstsein, dass er diese Beförderung für seinen Einsatz bei der Ermordung Munks zugesprochen bekommen hatte, nahm man die genannten Personen dennoch in Haft.

Taarnby schien auch aufgrund der Erfahrungen in anderen Verhören ein gewisses Muster vorzuliegen: Man war unbarmherzig, sobald und solange man oben war, und legte Wert darauf, dass dies als lobenswerte persönliche Eigenart angesehen wurde. Stürzte man jedoch, war man weinerlich und badete in Selbstmitleid, forderte die Barmherzigkeit geradezu ein, die man selbst anderen verwehrt hatte – und weiterhin verwehrte, wenn dies helfen konnte, den eigenen Hals zu retten. Nun hatte man lediglich seine Pflicht getan, wälzte ab, was einem schaden konnte, und rechnete sich zu, was einen vermeintlich in besserem Licht dastehen ließ. In den durchaus detaillierten Erzählungen trugen immer andere die Verantwortung. Man hatte Befehle befolgt, Gesetze ausgeführt. Die Frage nach persönlicher Schuld stellte sich nicht.

Er dachte an seinen Vater. Verantwortung war ein großes Thema für ihn gewesen, auf der Kanzel wie in Gesprächen am

Mittagstisch. Vielleicht der Grund für seinen so willkürlich erscheinenden Tod. Selbstverständlich auch nur ein Befehl.

Maren hatte eine kurze Karte geschrieben: Möchtest Du, dass ich komme? Oder möchtest Du lieber allein sein? Ich bin auf jeden Fall für Dich da.

Sie hatte plötzlich eine andere Idee: Darf ich ein paar Tage zu Dir kommen? Ich helfe Euch auch, Wahlpropaganda zu verteilen!

Antwort: Auch wenn ich kaum glaube, dass Du auf Deine alten Tage plötzlich zur Kommunistin geworden bist – ja, komm! Ich freue mich!

Sie fuhr mit Jytte nach Jütland und dann alleine weiter nach Aalborg. Jytte war jeden Tag bei ihr gewesen. Gemeinsam hatten sie Leas Vater zum Zug gebracht. Schon fast im Zug, hatte er sich plötzlich umgedreht: Ich würde mich freuen, wenn Sie mich in Silkeborg besuchen würden. Ich würde mich sehr freuen.

Überrascht hatte Lea wahrgenommen, dass ihr Krankenlager die beiden zueinandergeführt hatte. Nun, vielleicht war dies schon zu viel gesagt. Sie zierten sich noch voreinander und vor sich selbst. Jytte murmelte: Er braucht sich bei mir für nichts zu bedanken.

Lea lächelte und antwortete nicht. Es wurde auch nicht mehr darüber geredet. Doch dann kam Jytte mit und kaufte sich ebenfalls eine Fahrkarte.

– Du bist für mich doch schon lange wie eine Mutter. Und du kannst mir glauben, dass ich meine Mutter sehr geliebt habe. Ich wünschte nur, ich hätte es ihr mehr gezeigt.

Jytte schüttelte unmerklich den Kopf. Lea nahm ihre Hand und hielt sie fest. Jytte legte ihre andere Hand darüber. Lea erinnerte sich, wie sie einmal geweint hatte. Wäre es so einfach.

Wann hätten die Steine denn geschrien. Es war doch viel stiller abgegangen. Keiner der Kiesel oder Grabsteine hier, von den Quadern der alten Kirche ganz zu schweigen. Im Pfarrhaus zog ein anderer Pfarrer ein. Taarnby verstand natürlich, dass dies nötig und gut war.

Louise und er hatten ihre Mutter in die Mitte genommen. Wenn die Zeit dafür da war, würden sie einen Stein auf das Grab stellen. Die Gemeindeglieder hatten das Geld für den Stein schon zusammengelegt und bestanden darauf, aber sie solle ihn aussuchen.

Sie streichelte seine Hand, als sie gingen.

– Es tut mir so unendlich leid, das mit Lea und ihrem Cousin. Ja, ich weiß, dass sie ein Kind erwartete. Euer Kind. Ich bin nicht so altmodisch, wie du vielleicht denkst. Aber ich bete jeden Tag darum, dass es für euch einen Weg geben wird. Doch jetzt lasst euch Zeit. Macht eure Arbeit und lasst euch Zeit. Ich glaube immer noch, dass Er uns schützt und führt. Das glaube ich trotz allem noch. Wir mögen den Menschen ausgeliefert sein, doch wir sind nicht allein.

Lea hatte einmal etwas Ähnliches gesagt. Ob sie das wohl immer noch glaubte. Er glaubte kaum mehr, dass es für sie und ihn einen Weg geben würde. Und an das andere sowieso nicht. Aber er war damit einverstanden, dass seine Mutter daran glaubte und darum betete. Und spürte, dass er sich ihrem Glauben anvertrauen konnte.

Maren erzählte stolz vom Aalborger Streik im August. Und warum die Verhandlungen mit den Sozialdemokraten hatten scheitern müssen. Lea revanchierte sich eher widerwillig mit der Kopenhagener Protestdemonstration gegen die Freisprüche der Freikorpsleute, den Forderungen nach einer richtigen Abrechnung mit den Zusammenarbeitspolitikern und der Gedenkveranstaltung in Ryvangen. Das war alles vorher. Ich kann nichts für meine Luxusskrupel, sagte sie schließlich. Maren nahm sie schweigend in die Arme und hielt sie.

Marens Mutter war Näherin. Lea hatte früher schon ein bisschen genäht, bekam eine alte Maschine hingestellt und lernte ihr bisher unbekannte Feinheiten. Über dem Nähen vergaß sie alles andere. Maren musste am ersten Tag alleine mit der Wahlpropaganda losziehen. Ihre Mutter freute sich über die unerwartete Hilfe und Maren knuffte ihre Freundin grinsend, als diese schuldbewusst gestand, die Zeit vergessen zu haben. Am nächsten Tag zogen sie zusammen durch die Stadt. Als Lea alle Zettel verteilt hatte, tanzte sie ein paar Schritte mitten auf der Straße, und Maren lachte. Mit Nähen, Lesen, Verteilen und Diskutieren vergingen die Tage wie ein Fingerschnips Gottes.

Maren und ihr Bräutigam brachten sie zum Zug.

– Wie machste das bloß, dass du gleich in allen Herzen zu Hause bist, fragte Maren zum Abschied. Lea schaute verlegen auf den Boden und murmelte: Nicht in allen ...

Sie möge gerne wiederkommen, hatte nicht nur Marens Mutter gesagt. Ob sie sie zur Hochzeit einladen dürfe, hatte Maren vorsichtig gefragt, Lea hatte gezögert und dann genickt.

Lea hatte recht gehabt. Kaj Munk wurde ebenso Freiwild wie der Widerstand, dem man nur das Ansehen der Alliierten nicht aberkennen konnte. Die Sozialdemokraten hatten Angst vor der Wahl, die auf den 30. Oktober festgesetzt wurde, und versuchten, die Zusammenarbeitspolitik ins rechte Licht zu setzen.

Viele Widerstandsleute seien doch Abenteurer gewesen, mit einem gewissen Hang zu einem gefährlichen Leben. Hätte Hitler am Ende gesiegt, wären einige von ihnen voller Bewunderung für den Führer gewesen. Man könne zum Beispiel bei Kaj Munk nicht sicher sein; vieles von dem, was er geschrieben habe, deute in diese Richtung. Ein Dolchstoß: wie er 1940 Hitler und den Nationalsozialismus gepriesen habe. Als das dänische Volk verzweifelt nach einer Stütze suchte, seien es die Politiker gewesen, welche die bisherigen Grundlagen des dänischen Volkslebens bewahrt hätten. Kaj Munk habe auf der anderen Seite gestanden, wenn auch seine Bedeutung für den Widerstand in den letzten Jahren der Besatzung gewiss nicht zu diskutieren sei.

Es erschienen auch Artikel und Bücher, die voller Wärme an den Dichterpfarrer erinnerten. Doch das Gift wirkte. Als werde Munk ein zweites Mal ermordet.

Taarnby spürte, dass sein Vorgesetzter zu den Vorfällen während der Besatzung eine andere Haltung einnahm als er selbst. Freilich galten das am 1. Juni 1945 beschlossene *Zusatzgesetz zum Strafgesetzbuch betreffs Verrats und anderer landesschädigender Aktivitäten* sowie weitere ähnliche Gesetze rückwirkend ab der Besetzung und ermöglichten es, Leute zu verurteilen, die bisher nach Recht und Gesetz straffrei ausgegangen waren. Doch Himmelstrup schien keinen grundsätzlichen Unterschied zwischen dem Mord an Kaj Munk und der Tötung eines Denunzianten zu machen, nur Zugeständnisse aufgrund der Kriegssituation. Man war ja auch gebunden an die offizielle Linie. Und ganz gewiss war es tragisch, wenn eine junge Schwangere angeschossen wurde und einer für sie sein Leben ließ, der Deportation und Lager überlebt hatte.

Taarnby spürte, dass er auf seiner Suche nach verlässlichen und belastbaren Grundsätzen von einer Sackgasse in die nächste geriet.

– Ich war ja dabei, bei diesem Dolchstoß. Und ich weiß selbst, dass Munk einmal sehr positiv über Hitler gedacht hat. Aber nicht mehr in Ollerup. Einen Besessenen hat er ihn dort genannt. Wer will die Welt schon in die Hände eines Besessenen legen.

– Mein Vater, der Munk übrigens immer gerne las, hat einmal über ihn gesagt: Wie kann jemand politisch nur so wach und blind zugleich sein! Aber das war noch vor dem Krieg. Jedenfalls ging ich noch zur Schule.

– Ich glaube nicht, dass er blind war. Aber er hat anders gesehen. Mir kam er immer wie einer der Propheten vor. So ein Elias oder Jeremias. Jedenfalls nicht weniger überzeugt als einer von ihnen!

– Ein Prophet Jesu. Und der hatte normalerweise wohl eher Apostel. Deswegen war Munk so schwer einzuordnen.

– Davon verstehe ich nichts. Aber wenn Kaj Munk über Jesus gesprochen hat, konnte ich ihn gut verstehen.

– Ja, wahrscheinlich hat er wirklich sehr alttestamentlich über Jesus gedacht.

– Wenn du damit meinst, dass für ihn nichts mehr dazwischen war ...

– Dazwischen?

– Für die Kirche ist doch Jesus immer zwischen den Gläubigen und Gott. Und die Kirche selbst noch mal dazwischen. Das ist bei uns anders. Und ich glaube, für Kaj Munk war nichts zwischen Jesus und ihm. Schon gar nicht die Kirche. Obwohl er Pastor war.

– Ja, ich glaube, das trifft es. Deswegen hat er überhaupt keine Rücksichten genommen. Nur auf einen.

– Jesus.

– Und dem ist er bis ans Kreuz gefolgt.

– Er hat auch gesagt, Jesus sei ein guter Jude gewesen.

– Kommst du da ins Spiel, Amazone?

– Jedenfalls hat er mich wirklich überzeugt. Und mir Mut gemacht. Ich bin keine Abenteurerin. Und ich habe überhaupt keinen Hang zu einem gefährlichen Leben.

– Wenige haben so gefährlich gelebt wie du. Sogar noch hinterher.

– Ja.

– Was hat dich denn nun wirklich getrieben? Wo hast du diesen Mut hergenommen?

– Ich weiß es nicht. Es war ja nicht so, dass ich mich bewusst dafür entschieden hätte. Es war eher so, als hätte ich gar keine Wahl.

– Ich glaube, bei Munk war es ähnlich.

– Ja, ganz bestimmt. Ich habe ihm zugehört und nicht alles verstanden, aber gefühlt: Der weiß ganz genau, dass wir das jetzt tun müssen. Mit Gottes Hilfe, so hat er es gesagt. Das war wie eine Hand, die mir gereicht wird. Die habe ich ergriffen und bin losgegangen.

– Und heute?

– Immer noch so. Aber ich hoffe, heute ist es nicht mehr so gefährlich. Ich bin kein Mensch, der Gefahr braucht, um sich wohlzufühlen.

– Nein, das bin ich auch nicht.

– Aber du bist doch auch losgegangen! Du hast doch auch nicht darauf geachtet, ob du dich in Gefahr bringst.

– Du schmeichelst mir. Aber ich glaube, ich habe sehr wohl darauf geachtet, dass die Gefahr zumindest überschaubar bleibt. Ich fürchte, ich bin nicht so mutig wie du. Ich bin eher der Durchschnitt, der dann irgendwann mitgemacht hat, als es nun wirklich nicht mehr anders ging.

– Ich wusste bis jetzt nicht, dass ich den Durchschnitt so liebe!

– Danke. Wenn das so ist, werde ich mich bemühen, durchschnittlich zu bleiben.

– Du versteckst dich gerne, das ist alles. Statt einfach zuzugeben, dass der Durchschnitt in seinem Häuschen geblieben ist und den Kopf eingezogen hat. Kämpf für alles, was du liebst – das hast du getan.

– Na gut, wenn du mich eine Nummer größer brauchst, als ich bin.

– Natürlich brauche ich das. Wie könnte ich mich sonst an dich anlehnen! Und das sollen Frauen schließlich.

– Wenn ich jetzt nicht genau hinschauen und den Schalk in deinen Augen sehen würde! Aber sehr rücksichtsvoll von dir, es so herum darzustellen. So merkt keiner, wie sehr ich mich an dich anlehne.

– Wir lehnen uns aneinander an.

– Und genau das verstehen die großen starken Männer nicht. Da kommen all diese Hitlers her und die Stalins und Mussolinis und wie sie alle heißen.

– Sie haben keinen Gott über sich.

– Sie sind ja selbst Gott. Und ich glaube, das war bei Kaj Munk der Punkt: Als er das gemerkt hat, konnte er die starken Männer durchschauen.

– Glaubst du, er hat sie eine Weile mit Jesus verwechselt, die starken Männer?

– Vielleicht nicht verwechselt, aber sich in ihnen geirrt. Er hat wohl immer gedacht, für Jesus muss er ganz kompromisslos sein. Und das hat er bewundert: wenn jemand so kompromisslos war. Bis er sah, was dabei herauskommt, wenn jemand nur kompromisslos für sich selbst ist. Das ist ja schließlich das genaue Gegenteil von Jesus. Und dann wurde ihm wohl immer deutlicher, dass der Weg Jesu nach ganz unten führt und nicht nach ganz oben.

– Wenn dein Vater dich jetzt hören könnte ...

– Ich kann nicht mehr glauben. Aber Jesus ist mir nach all den Jahren viel zu vertraut. Vielleicht konnte er auch nicht immer glauben. Jedenfalls gab es Situationen, wo er ganz alleine war. Ganz allein übrigblieb. Da muss Gott dann selbst kommen, wenn es ihn gibt. Der Mensch schafft es doch nicht mehr.

Alleine saß sie im Kino und schaute sich *Das unsichtbare Heer* an. Auch Alice war am Schluss allein. Die beiden Männer, die sie geliebt hatte, waren tot. Nun, Jørgen lebte. Und anders als Alice hatte sie ihren Anteil geleistet. Sie erinnerte sich an einen Tag, wo eine Fabrik in die Luft ging, genau wie im Film, und danach hatte sie mit Sprosse zusammengelegen, es wirklich gewollt und wirklich genossen und Jørgen darüber sogar vergessen können.

Vor ihr das Pärchen, das Mädchen mochte 19 sein, ihr liefen die Tränen über die Wangen, als sie das Kino verließen, ihr Freund küsste sie weg, ja, nun war das nur ein Film. Die Kleine war süß. Lea fühlte sich alt, steinalt. Zwischen den schwatzenden, auch lachenden, ansonsten heftig diskutierenden Besuchern des vollbesetzten Kinos einzelne Schweigende, so wie sie. Was war der Preis. War es so, dass einige ihn gezahlt hatten, für die anderen?

Der junge Architekt, für den Alice sich dann letztlich doch entschieden hatte, hieß auch Jørgen. Sein Zögern, seine – nun denn: Luxusskrupel, als er dem Direktor gegenübersaß und ihn mit der Pistole bedrohte: mit derselben Waffe, mit der ihn der Direktor am Ende in den Rücken schoss, weil Jørgen seine Luxusskrupel nicht hatte überwinden können.

Sie kannte diesen inneren Kampf. Und hatte in den entscheidenden Momenten doch gar nicht gezögert, sondern geradezu kalt und genau gehandelt. Mit kühlem Kopf und sicherer Hand. Deswegen hatte man sie so gut gebrauchen können. Im Film wäre ihr Platz unter den Saboteuren gewesen. Sie hätte diejenige sein können, die den Pförtner in Schach hielt.

Jedenfalls war sie keine Zuschauerin geblieben. Das war sie erst jetzt.

Die Sozialdemokraten verloren 200 000 Stimmen und 18 Mandate, überwiegend an die Kommunisten.

Es war Taarnbys erste Wahl. Der Vorschlag, das Wahlalter auf 21 herabzusetzen, war im Vorfeld gescheitert. Er hatte schließlich ohne richtige Überzeugung für die Konservativen gestimmt, weil er Christmas Møller bewunderte.

Im November bekamen sie Kurt Carstensen von Neumünster in Deutschland aus überstellt. Er gab bereits beim ersten Verhör wenige Tage später zu Protokoll, er wolle reinen Tisch machen. Schmal und ernst, Halbglatze. Seine Augen wussten nichts davon, dass er einem Verbrecher-Regime gedient hatte.

Er sei bei der Flensburger Polizei Schwerdt, Neumann und Gföller vorgestellt worden. Wohin in Dänemark sie fahren sollten, habe er nicht gewusst, er habe nur als Dolmetscher mitfahren sollen. Sie seien zunächst nach Kopenhagen gefahren und dort über Neujahr 1944 geblieben.

– Ich hatte keine Ahnung, woran ich teilnehmen sollte. Soviel ich verstanden hatte, war Schwerdt die Leitung übertragen worden. Dann hatte er auch die Instruktionen bekommen.

Kurz nach Neujahr seien sie nach Odense gefahren und dort mit Söhnlein zusammengetroffen, den er schon flüchtig gekannt habe.

Schwerdt habe den Wagen gefahren. Sie hätten in einer Stadt übernachtet, deren Namen er nicht sicher erinnere: Ich war in einem Hotel untergebracht, Gregersens Hotel, gegenüber vom Bahnhof ...

– Herning.

– Ja. Ja, Herning, das kann sein.

Dort hätten sie sich den ganzen folgenden Tag aufgehalten und seien durch die Straßen gebummelt. Erst beim Mittagessen habe er erfahren, dass sie zu Pastor Kaj Munk in Vedersø fahren würden, aber was dort geschehen sollte, sei ihm nicht erzählt worden. Söhnlein habe von seinen früheren Beobachtungen berichtet: ein recht großer Hof, eine Pächtersfamilie, die Kinder und die Ehefrau des Pfarrers. Dieser habe Jagdgewehre und Hunde. Sie hätten über die schlechten Straßen gesprochen und dass es schwierig werden könne, vor einem möglichen Alarm fortzukommen, falls sie den Pastor auf der Stelle erschössen. So habe man sich darauf geeinigt, Munk mitzunehmen.

– Ich weiß nicht mehr, wie spät es war, als wir am Pastorat angekommen sind. Wir sind auf den Hofplatz gefahren und haben dort den Wagen gewendet. Gföller erhielt Befehl, sich ans Steuer zu setzen und sich zum Fahren bereitzuhalten. Ich erhielt Befehl, beim Wagen stehenzubleiben. Söhnlein, Schwerdt und Neumann sind dann hineingegangen. Aber ich habe nicht gesehen oder gehört, was im Haus vor sich ging. Plötzlich kam ein junges Mädchen nach draußen. Ich bin auf sie zugegangen und habe sie angewiesen, wieder hineinzugehen. Nach vielleicht einer Viertelstunde oder zwanzig Minuten sind sie mit dem Pastor rausgekommen. Der Pastor, Neumann und Schwerdt haben sich auf den Rücksitz gesetzt, mit dem Pastor in der Mitte, Söhnlein und ich selbst haben auf dem Vordersitz gesessen, zusammen mit Gföller, der den Wagen nun gefahren hat.

Auf dem Weg nach Silkeborg habe Schwerdt ihm ein Stück Papier gereicht und laut gesagt, er solle einen Fahrbefehl schreiben. Ihm sei darauf klar gewesen, dass er den verabredeten Zettel schreiben sollte, der den Verdacht von ihnen ablenken sollte: Du Schwein hast doch für Deutschland gearbeitet.

Der Zeuge schrieb denselben Satz auf einen Zettel, den Taarnby dem Protokoll beifügte.

Schließlich hätten sie auf der linken Straßenseite angehalten. Die drei auf dem Rücksitz seien alle zur Linken dicht beim Graben ausgestiegen. Er selbst habe auf der entgegengesetzten Seite des Wagens gestanden.

– Ich habe gesehen, dass der Pastor dicht bei einem Baum stand mit Schwerdt auf seiner Rechten und Neumann auf der Linken. Dann habe ich gesehen, wie ihm ins Genick geschossen wurde und danach in die linke Schläfe.

– Wer hat die Schüsse abgegeben?

– Ich meine, Schwerdt hat den Genickschuss abgegeben, und Neumann hat ihm in die Schläfe geschossen.

– Haben Söhnlein und Sie auch geschossen?

– Ich weiß nicht, ob Söhnlein geschossen hat. Aber ich kann mit Sicherheit sagen, dass ich selbst keinen Schuss abgegeben habe.

Der Pastor sei bei dem zweiten Schuss in den Graben gefallen, ohne einen Laut von sich zu geben. Er wisse, dass sowohl Schwerdt als auch Neumann schallgedämpfte Pistolen gehabt hätten.

– Nein, ich erinnere mich nicht, ob sie die bei dieser Gelegenheit benutzt haben.

Er meine, es seien insgesamt drei Schüsse abgefeuert worden, und Neumann habe zweimal geschossen. Wer den Koffer und den Zettel bei dem Pastor angebracht habe, wisse er nicht, aber er habe Schwerdt den Zettel lange vorher abgegeben, bevor sie an die Stelle gekommen seien.

– Nein, ich habe nicht dabei mitgeholfen, den Pastor in den Graben zu legen. Ich habe ihn überhaupt gar nicht angerührt.

– Wir haben in Erfahrung gebracht, dass Sie gemeinsam mit Schwerdt, Neumann und Gföller einen Mordversuch an Journalist Dam verübten, während Sie sich in Kopenhagen aufhielten, bevor Sie nach Vedersø weiterreisten.

Der Zeuge gab das zu und erklärte, dieser Mordversuch habe unmittelbar vor der Neujahrsnacht stattgefunden. Er habe an der Wohnungstür geläutet und habe Dam auf Dänisch gebeten, hineinkommen und mit ihm sprechen zu dürfen. Dam habe ihn hereingelassen, und Schwerdt und Neumann hätten sich vorgedrängt und beide auf Dam geschossen, Gföller sei unten im Treppenhaus stehengeblieben. Auch bei diesem Auftrag habe Schwerdt die Leitung gehabt. Ja, Dam habe sich gewehrt, Neumann sei angeschossen worden.

Taarnby schrieb das Geständnis ins Reine. Himmelstrup bemerkte: Deckt sich fast mit der Aussage von Söhnlein. Nur unser guter Schwerdt hätte demnach auch einen Schuss abgegeben. Die Verantwortlichen für alle diese Taten dürfen wir sicher weiter oben im System suchen.

Taarnby gab die Akte einer jungen Polizeisekretärin und dachte an Lea. Sie trafen sich nur noch alle zwei bis drei Wochen. Er träumte dagegen fast jede Nacht von ihr. Ja, sie auch von ihm, gestand sie und schaute an ihm vorbei. Dann wandten sie sich wieder beide ihrer Arbeit zu. Er dachte an die Worte seiner Mutter.

Jørgen schaute sie nicht an. Ihre Eltern saßen schon im Wagen. Er hielt ihr die hintere Tür auf, befahl ihr, neben ihnen Platz zu nehmen, und setzte sich selbst neben den Fahrer. Sie holte eine Pistole aus ihrer Manteltasche und bedrohte den Fahrer. Es war Jørgen. Sie waren allein im Wagen. Sie legte die Waffe fort und versuchte, ihn zu küssen. Doch er saß am Steuer, sie saß hinten und kam nicht an ihn heran. Sie versuchte zu singen, doch bekam nur ein heiseres Krächzen heraus.

Er lieferte sie im Westgefängnis ab und schaute sie dabei immer noch nicht an. Sie bekam keinen Ton hervor, auch sonst war alles still. Der Gestapo-Kater nahm sie in Empfang, lächelnd umkreiste er sie, dann richtete er spielerisch seine Hand mit ausgestrecktem Zeigefinger und hochgerecktem Daumen auf sie und sagte: Bumm! Sie stürzte zu Boden und versuchte, das Blut mit den Händen zu stillen, ihr Kleid war im Schritt schon ganz rot. Was ein Schreien sein sollte, war kaum ein Stöhnen.

Sie schlug die Augen auf und machte die Lampe an, die freilich an zu vielen Stellen in dem kleinen Zimmer gegen die Dunkelheit kapitulieren musste, doch für den Raum um ihr Gesicht reichte es.

Als sich ihr Atem beruhigt hatte, schaute sie sich im Zimmer um. Sie war bei Dina und Johan, dem Studienfreund ihres Vaters, wohnen geblieben. Die kleine Miete sollte ihr offenbar eher das Gefühl geben, nicht zur Last zu fallen. Ob sie dieses Gefühl dadurch tatsächlich losgeworden war, ließ sich schwer feststellen.

Dina hatte ihr eine Nähmaschine gegeben. Wenn sie nicht las oder in der Universität war, nähte sie und wurde immer geschickter. Mutig hatte sie sich eine Zeitschrift mit der neuen Mode aus Paris gekauft und sich für ihr letztes Geld das Schnittmuster eines Winterkostüms besorgt. In einer Kleidersammlung hatte sie einen guten, aber viel zu großen Mantel aus schwarzweiß-kariertem Wollstoff gefunden und aufgetrennt. Das Kostüm war fast fertig.

Camouflage. In einem nur gedachten Gespräch mit Maren hatte sie der Freundin zu erklären versucht, was sie selbst erst anfing zu verstehen. Warum sie mehr Sorgfalt auf ihr Äußeres legte als je zuvor. Es war ein Ablenkungsmanöver. Waren die Leute mit Leas Äußerem beschäftigt, würde keiner etwas dahinter vermuten. Sie war freundlich-kühl, eher oberflächlich und dabei, eine juristische Karriere zu machen, nicht wahr.

Einen ganzen wundervollen Nachmittag hatte sie vor zwei Tagen im Kunstindustriemuseum in der Pariser Modeausstellung verbracht. Dort hatte jemand sie angesprochen und ihr seine Karte gegeben. Er wolle von ihr Fotos für ein neues Modejournal machen. Sie hatte gezögert, doch jetzt beschloss sie, das Angebot anzunehmen. Außerdem brauchte sie Geld.

Børge Henning Larsen fiel ihr wieder ein. Sie hatte nie wieder von ihm gehört. Es war nur eine Sommerfreundschaft, nicht mehr. Kein Ersatz für Jørgen, den gab es sowieso nicht. Aber wenn sie nicht ganz in dem dunklen Abgrund verschwinden wollte, der ihr nicht nur nachts, sondern auch am helllichten Tag bedrohlich nahe rückte, dann brauchte sie Menschen, mit denen sie gegensteuern konnte.

Freundschaft verband sie inzwischen mit dem deutschen Emigranten, den sie bei Professor Hurwitz kennengelernt hatte. Fritz Bauer war eine vielschichtige Persönlichkeit. Sie bewunderte das Feuer, das in ihm brannte. Er hatte ihr ein Buch mit Widmung geschenkt, das mit einem Vorwort seines Freundes Stephan Hurwitz nach der Befreiung auf Dänisch erschienen war, nachdem er es im Vorjahr schon in Schweden veröffentlicht hatte: *Kriegsverbrecher vor Gericht.* Es lag auf ihrem Nachttisch und war bereits ziemlich zerlesen, manche Seiten hatte sie voller Ungeduld unsauber aufgeschnitten.

Die Fotoseiten am Schluss kannte sie auswendig und baute sie in ihre Albträume ein. Auch ein Foto der Leiche von Kaj Munk am Tatort war darunter, so hatte Jørgen ihn also vorgefunden.

Bauer ging ausführlich die Haager Landkriegsordnung durch

und unterschied die Schuld *am* Krieg von der Schuld *während* des Krieges – auf Letztere wollte sich Lea in ihrer Arbeit konzentrieren. Schon in den Verhandlungen in Den Haag hätten die Deutschen darauf bestanden, alles der Kriegsräson unterzuordnen. Jede Repressalie gegen die Bevölkerung eines besetzten Landes sei erlaubt, um die Sicherheit der eigenen Truppen zu gewährleisten.

Mit Interesse las sie die *10 Gebote für die Kriegsführung des deutschen Soldaten.* Die habe jeder dabeigehabt. Offenbar ebenso ein papierener Wisch wie die internationalen Verträge und Nichtangriffspakte.

Bauer forderte ein internationales Strafrecht und ein internationales Gericht. Auch Hurwitz, der Dänemark in der *United Nations War Crimes Commission* vertrat, forderte ein solches Gericht, etwa, um Personen den Prozess zu machen, deren Verbrechen nicht auf ein einzelnes Land begrenzt waren.

Wie die Mörder von Kaj Munk. Diese Männer, die Jørgens Polizeieinheit jetzt nach und nach aufspürte, waren keine gewöhnlichen Mörder, sondern hatten offenbar letztlich auf Befehl Hitlers gehandelt, also formal der Regierung eines fremden Staates. Vorher oder nachher hatten sie ihr Unwesen vielleicht in anderen besetzten Ländern getrieben. Auch die anderen Morde, etwa an Jørgens Vater, gingen gewiss auf Anordnungen zurück, die irgendwo in der deutschen Befehlshierarchie erteilt worden waren. Mit allgemein anerkanntem Völkerrecht waren sie nicht begründbar, selbst nicht mit dessen nationalsozialistischer Auslegung, was Bauer mit ausführlichen Zitaten belegte. Das im August erlassene Londoner Statut versuchte den Umgang mit Kriegsverbrechen zu regeln und sprach außerdem von Verbrechen gegen den Frieden und Verbrechen gegen die Menschlichkeit.

Draußen war es immer noch dunkel. Nach einem viel zu kurzen Sommer kam der Winter. Oder hatte er je aufgehört.

In Nürnberg begann bald der große Prozess gegen die wichtigsten deutschen Kriegsverbrecher. Hurwitz meinte, sie solle sich Teile der Verhandlungen ansehen, und wollte ihr einen Presseausweis verschaffen. Lea war nicht sicher, ob sie dafür schon bereit war.

Aber schlimmer als ihre Albträume konnte Deutschland ja eigentlich nicht sein.

Bauer hatte tatsächlich vor, irgendwann zurückzukehren, mit dem Ziel, alle Täter vor Gericht zu bringen. Als einer von sehr wenigen kannte er inzwischen Leas ganze Geschichte. Sie wusste, dass er als Sozialdemokrat und Jude 1933 ins Konzentrationslager gekommen war. Plötzlich hatte sie angefangen zu erzählen und nicht mehr aufhören können. Er hatte ihr aufmerksam zugehört und sie nicht ein einziges Mal unterbrochen.

– Schreiben Sie Ihre Arbeit. Hurwitz zählt fest auf Sie.

Schon deutlich weiter als nur am Rand des schwarzen Abgrunds, konnte sie nach dieser Aufforderung wieder lächeln.

Es war gut, mit anderen ein Ziel zu teilen.

Taarnby ertappte sich immer häufiger dabei, jungen Frauen nachzuschauen. In der Regel hielten sie dem Vergleich mit Lea nicht stand, was ihnen gewiss nicht gerecht wurde und ihm nur wehtat.

Aufmerksam verfolgte er die Berichte in den Zeitungen zu dem bevorstehenden Prozess in Nürnberg gegen die Hauptkriegsverbrecher. Lea hatte angedeutet, dass sie hinfahren werde, um sich einen Teil des Prozesses anzuschauen, doch er wusste, dass ihr der Mut fehlte, nach Deutschland zu fahren. Allerdings kannte er sie gut: Eine Kleinigkeit wie fehlender Mut war für sie noch nie ein Hinderungsgrund für irgendetwas gewesen.

Er schob die Gedanken an Lea beiseite. Söhnlein wurde erneut verhört.

– Wer schoss zuerst?

– Das habe ich doch schon x-mal gesagt. Ich meine, es war Neumann.

– Hat Schwerdt auch geschossen?

– Es ist möglich, dass Schwerdt einen von den folgenden Schüssen abgegeben hat.

– Mit was für einer Waffe?

– Mit einer gedämpften Pistole.

– Wie viele Schüsse wurden insgesamt abgegeben?

– Vier oder fünf, meine ich.

– Einschließlich der Schüsse mit der gedämpften Pistole?

– Nein, vier oder fünf mit einer normalen Waffe.

– Wie viele Schüsse wurden mit der gedämpften Pistole abgegeben?

– Ja, also – zwei.

– Von Neumann und Schwerdt?

– Ja.

– Wann ist der Pastor zu Boden gegangen?

– Nach dem ersten Schuss. Nach dem ersten Schuss mit der gedämpften Pistole.

– Carstensen hat ausgesagt, der Pastor sei erst nach dem zweiten Schuss zu Boden gegangen.

– Ja, das kann wohl auch sein.

– Nach dem zweiten Schuss?

– Ja.

– Sie bestreiten Carstensens Aussage nicht?

– Nein. Ich kann mich geirrt haben.

Carstensen blieb bei seiner Aussage. Als der Wagen angehalten habe, sei ihm klar geworden, dass der Mord jetzt geschehen solle. Er und Söhnlein seien zur Rechten ausgestiegen und die drei auf dem Rücksitz zur Linken. Dann habe er den Pastor stehen gesehen. Nein, er sei nicht von den anderen gestützt worden. Er habe reglos dagestanden, gewiss mit leicht gebeugten Knien, und als die Schüsse gefallen seien, habe er gar nicht reagiert. Er habe keinen Laut von sich gegeben und sei nach dem zweiten Schuss vornüber in den Graben gefallen.

Zwei von Kaj Munks fünf Mördern haben Geständnis abgelegt. Der zynische Mord an dem dänischen Dichter-Pfarrer vollständig aufgeklärt, titelte die *Nationaltidende* am 21. November 1945. Am selben Tag endete das Jahrestreffen der Dänischen Kriminalistenvereinigung unter dem Vorsitz von Professor Stephan Hurwitz und eröffnete der amerikanische Chefankläger Robert H. Jackson in Nürnberg den Kriegsverbrecherprozess mit den Worten, es sei eines der bedeutsamsten Zugeständnisse, das die Macht jemals der Vernunft eingeräumt habe, dass an den gefangenen Feinden nicht Rache geübt werde, sondern sie freiwillig dem Richtspruch des Gesetzes übergeben würden.

Sie las es sich nicht noch einmal durch, denn sie hatte es nicht schreiben wollen. Fing an, es zu zerknüllen. Strich es wieder glatt und las es doch:

Meine Angst isst mit mir zu Abend.

Wir schauen uns an, stumm.

Ich reiche ihr das Brot, viel
haben wir uns nicht zu sagen.

Meine Angst läuft neben mir auf der Straße.
Ich halte ihr die Türen auf oder sie mir.
Sie spiegelt mich in den Scheiben,
als bezahle sie jemand dafür.

Meine Angst tut, was sie tun muss.
Meist bleibt sie höflich, aber wir schweigen.
Wenn ich nicht mehr kann, dann
wird sie mich gültig vertreten.

Ob sie den Einsatz verdienten: sie, die Schüsse hörten und weiterschliefen, die etwas explodieren hörten und weitertanzten. Michael erwiderte, er mache mit, weil er sich schämen würde, wenn er nicht auf die eine oder andere Weise mit dabei gewesen wäre. Später warf er dem deutschen Wärter, der doch insgeheim auf seiner Seite war, an den Kopf, die Freiheit könne nicht vor ein Peloton Soldaten geschleppt werden. Sie stehe immer wieder von den Toten auf.

Hatten sie so gedacht und geredet. Oder wie Ruth: Die Wiesen seien nicht mehr grün, wenn Michael ihr genommen werde, sondern rot von seinem Blut. Es war schwer, das jetzt festzustellen, ein halbes Jahr später. Wo aus ihrem keineswegs immer heroischen Einsatz ein Film geworden war. Der allerdings die Skrupel und die Ungewissheit zeigte. Michaels haltloses Weinen, als die Uhr sechs schlug und er wusste, dass Dreyer jetzt hingerichtet wurde.

Taarnby fragte sich, wie viele im vollbesetzten Saal selbst erlebt hatten, was Poul Reichhardt auf der Leinwand spielte. Eine auf jeden Fall, wie er beim Hinausgehen sah. O ja, sie wusste Bescheid. Und war jetzt einsam wie er.

Auf der Straße zündete er sich eine Zigarette an, schlug den Kragen hoch und zog den Hut tiefer in die Stirn, rauchte mit in den Taschen vergrabenen Händen. Sie hatte ihn nicht gesehen. Sprach mit niemandem, schlug ihren Kragen ebenfalls hoch und duckte sich in den Nieselregen. Sie trug eine Mütze, ihre langen Haare schauten darunter hervor und wurden feucht. Mit raschen Schritten verließ sie das Kino, er folgte ihr, da er nichts Besseres zu tun hatte, blieb aber auf Abstand. Vor einer Woche hatten sie sich zuletzt getroffen. Was the last time I saw you the last time.

Ihre in den kalten Dezemberregen verkrochene Silhouette. Der schmale, einsame Rücken. Taarnby ertappte sich bei einem gewissen Heimweh nach der Besatzungszeit. Damals war schwarz noch schwarz, und weiß war weiß, und man konnte auf sein Mädchen hoffen. Or can I hope to hold you once more. Was war denn besser geworden. Dass er sie auf der dunklen Straße verfolgte und nicht zu ihr konnte.

Sie hatte ihn nicht angeschaut, als sie ihn gebeten hatte, dass man einander nicht mehr sehe. Auch nicht geweint, aber das sowieso nicht. So schön ausgesehen, aber er wusste nicht, für wen. What about me could have made you doubt me, want to live without me, loving me no more. Er ließ sich vom Selbstmitleid hinter ihr herspülen, dann verschwand sie in ihrem Hauseingang, er ging weiter, ohne den Schritt zu verlangsamen und sich umzuschauen, nur ein Passant.

– Willy, hier ischt die junge Dame, die wir dir vorstellen wollen: Fräulein Fröhlich, Stephans brillante Assischtentin.

Der norwegische Journalist mochte um die Dreißig sein, Deutscher und Sozialdemokrat wie Bauer – Hurwitz und er hatten ihn in Stockholm kennengelernt. Bauer hing an seinen Lippen, als er von Deutschland erzählte.

Lübeck, Nürnberg.

Stuttgart kam nicht vor, aber Trümmer, die der begierige Zuhörer stillschweigend beiseitewischte, denn darunter waren auch die Trümmer des Reiches, dem er entkommen war.

Sie versuchte, ebenfalls zuzuhören. Sie würde diesen Willy Brandt nach Nürnberg begleiten. Man gehörte zu den Alliierten, und Angst war unbegründet.

– Gute Arbeit, meine Herren. Ich fasse zusammen, dass wir zum Zweijahrestag des Mordes zwei der Täter haben und von zwei anderen Informationen über ihren Aufenthalt in Deutschland besitzen. Die Untersuchungen durch die alliierten Behörden müssen noch abgeschlossen werden. Was den Fünften angeht, Gföller, den wir noch mit mehreren anderen Taten in Verbindung bringen können, so weilt er vermutlich nicht mehr unter den Lebenden. Ich denke, damit kann ich vor die Presse treten.

Am 4. Januar selbst verhörten sie in Odense SS-Hauptsturmführer Kurt Alfred Guttmann und erfuhren, dass Studienrat Hans Wäsche und SD-Leiter Hans Pahl am Neujahrstag 1944 zusammen mit Schwerdt in demselben grauen Opel Kapitän gesessen hatten, mit dem Kaj Munk später entführt worden war und den Pahl gewöhnlich benutzte.

Himmelstrup wollte den früheren Chef der Sicherheitspolizei und des SD in Dänemark, Rudolf Mildner, in Nürnberg befragen lassen. Taarnby bat um eine andere Aufgabe. Lea war in Nürnberg.

Im Gerippe der Stadt Menschen ohne Vergangenheit und ohne Schuld, man richtete sich ein. Abgespeckt hatte auch der Dicke vorne links auf der Bank der Angeklagten, jedenfalls im Vergleich zu den Fotos, die sie von ihm kannte. Brandt flüsterte eine freche Bemerkung, sie kicherte leise und dankbar, doch es hielt nicht lange genug vor. Die Zeugenaussagen waren wie die Ruinen: Löcher und rauchgeschwärzte Balken, aber man hatte nur seine Arbeit getan. Seine Pflicht. Man hatte seine Pflicht getan. Dann die Aussage der Französin, die überlebt hatte. Beherrscht und genau erzählte sie in die Löcher hinein.

Im Hotel wieder Lärmen und Lachen, Lea fast die einzige Frau und das Hotel eines der wenigen funktionierenden Gebäude. Sie versuchte, nur mit Englisch und Französisch durchzukommen, und sprach mit Brandt Dänisch, sein Norwegisch verstand sie gut. Da der Alb auch tagsüber auf ihrer Brust saß, schrie sie nachts kaum. Träumte von Edith, auch von ihrer Mutter, ihrem Kind, Jørgen – alle zogen sie durch ihre Träume, und alles löste sich endlich in Tränen auf, doch wenn sie erwachte, waren ihre Augen und ihr Kissen trocken.

Nun war sie so weit, nur noch zu beobachten und zu notieren. Sie wechselte Briefe mit Hurwitz, juristische Detailfragen. Bauer schilderte sie ausführlich ihre Eindrücke. Bat ihren Vater und Jytte, sie sollten sich keine Gedanken machen (und endlich heiraten, aber das schrieb sie nicht).

Und dann hätte sie gerne an Jørgen geschrieben. Als die Welle wieder zurückfloss, fühlte sie sich wie eines der zerbombten Häuser. Sie ahnte, dass er gar nichts verstanden hatte. Aber was sollte sie ihm erklären. Ja, wie die Stadt, in der man nicht mehr wohnen konnte. Nur diese an sich selbst unbeteiligten Menschen, die wiedergefundenen Geschäften nachgingen.

An einem Freitagabend fragte sie nach der Synagoge. Fragte so beharrlich, bis sie tatsächlich in der Wielandstraße vor einem Gebäude stand, von dem es hieß, es sei eine Synagoge. Saß unter den Frauen, bis sie keine Luft mehr bekam, verließ den Raum mit einem entschuldigenden Lächeln, doch kam plötzlich vor einer alten Frau einfach nicht mehr weiter. Konnte sich nicht lösen von diesem Gesicht, bis die Alte sie sanft zu sich zog und einen Segensspruch murmelte. Da konnte sie endlich gehen.

Taarnby besorgte sich Fotos der entscheidenden Deutschen während der Besatzungszeit und klebte sie, mit Namen und Daten versehen, auf ein großes Blatt, um selbst nicht den Überblick zu verlieren, denn etwas war ihm bereits als allen gemeinsam aufgefallen: Man war nicht verantwortlich. Nicht zuständig. Hatte selbst nur Anweisungen befolgt. Das gesamte Nazireich schien auf diesem Muster aufgebaut gewesen zu sein.

Hielt er sich jedoch an die unbestreitbaren Fakten, so hatte Dänemark während der Besatzungszeit immer einen Reichsbevollmächtigten gehabt. Dies war seit November 1942 Dr. Werner Best gewesen, der eine härtere Linie im besetzten Dänemark fahren sollte als sein Vorgänger. Best zur Seite stand als Höherer SS- und Polizeiführer seit November 1943 Günther Pancke.

Beide Herren waren bis zur Kapitulation in ihren Positionen verblieben. Eine wichtige Rolle kam außerdem dem Leiter der Sicherheitspolizei und des Sicherheitsdienstes zu. Das war von September 1943 bis zum Januar 1944 Rudolf Mildner gewesen, der inzwischen in Nürnberg zum Mord an Kaj Munk befragt worden war. Mildner, vor Antritt seines Postens unter anderem Leiter des SS-Standgerichts im Konzentrationslager Auschwitz, hatte in Dänemark die Judenaktion durchführen sollen. Deren Scheitern wurde ihm angelastet, außerdem eine generelle Zögerlichkeit, sodass Mildner am 4. Januar 1944, Munks Todestag, abberufen und wenige Tage später durch Otto Bovensiepen ersetzt wurde.

Taarnby trug ein weiteres Datum auf seinem Bogen ein: Am 5. Dezember 1943 – am selben Tag, als Munk im Kopenhagener Dom predigte – hatte Mildner zu einem Krisentreffen eingeladen. Hitler und Himmler hatten Maßnahmen gegen den dänischen Widerstand angeordnet. Die geistigen Anstifter des Widerstands sollten ermordet werden. Mildner wollte Namen, und sein Nachrichtenchef Studienrat Wäsche nannte den Journalisten Christian Dam und den Pfarrer Kaj Munk. Best und Pancke hießen die Vorschläge gut. In Berlin wurden erfahrene Männer angefordert. Otto Schwerdt, der sich in Dänemark Peter Schäfer nannte, und Anton Gföller hatten wenige Monate zuvor an der abenteuerlichen Befreiung Mussolinis teilgenommen. Als erfahrener Schütze wurde ihnen der Schweizer Louis Nebel alias Leo Neumann zur Seite gestellt. Mit Söhnlein und Carstensen, die Dänisch sprachen, wurde das Kommando komplett.

Auch von Nebel alias Neumann besaßen sie inzwischen ein Foto – und die Aussage einer Krankenschwester, die ihn im Januar und Februar 1944 im St.-Franziskus-Hospital in Flensburg gepflegt hatte. Dort waren eine Wundrose sowie eine Blutvergiftung im linken Oberarm behandelt worden, die er sich als Folge der Schussverletzung bei dem missglückten Mordversuch an Redakteur Dam zugezogen hatte. Schwester Hildegard hatte ihm regelmäßig die Verbände gewechselt und sich ein wenig mit ihm unterhalten. Sie bestätigte das ihr vorgelegte Foto.

Bald hatte man eine Adresse: Opitzstraße 4 in München, ein Villenviertel an der Isar. Nebel alias Neumann stand unter dem Schutz der Amerikaner, war offensichtlich ihr Agent und wieder in seinem Beruf als Kaufmann tätig. Auch die Schweizer Behörden waren bereits abgewiesen worden, die ihn zur Vollstreckung einer Haftstrafe suchten.

– Wir lassen uns nicht abspeisen, sagte Himmelstrup als einzige Antwort auf Taarnbys Frage, wie ein Nazimörder amerikanischer Geheimdienstagent hatte werden können. Taarnby bekam einmal mehr bestätigt, dass die Welt nicht gerecht eingerichtet war, Geduld und Hartnäckigkeit sich jedoch auszahlen konnten.

Ihnen lag die Aussage eines finnischen Juden vor, der inzwischen als Vernehmungsoffizier in Nürnberg tätig und über Neujahr bei Nebel zu Gast gewesen war. Man war sehr fröhlich gewesen, und Nebel hatte viel erzählt. Himmelstrup stellte ein Auslieferungsgesuch an den Nürnberger Gerichtshof. Am 7. März wurde Nebel von der Polizei in München festgenommen. Die Amerikaner forderten Beweise, und Himmelstrup beauftragte Taarnby, alle vorliegenden Fakten zusammenzustellen.

Gibt es Gott? Es gibt Segen. Und Fluch. Und vielleicht oder wahrscheinlich keine hinter den Ereignissen waltende Macht. Dennoch spürte Lea ein Gegenüber. Ähnlich voller Zweifeln und verletzt wie sie selbst. Fühlte sich unsichtbar begleitet von diesem keineswegs immer stummen Gegenüber auf ihren Wegen, die immer noch Straßen zu sein behaupteten und auf denen das Leben irgendwie weitergehen musste. Es gab Postkarten, die zeigten, wie das alles vor Kurzem noch ausgesehen hatte. Aber es gab niemanden, der auf den Trümmern den anderen ins Gewissen schrie und eine Abrechnung und auch einen geistigen Neuaufbau forderte. Die meisten waren hauptsächlich damit beschäftigt, überhaupt vom einen Tag zum nächsten zu gelangen. Doch in ihren Gesichtern las Lea nicht einmal Spuren von Schuld und Entsetzen. Das war im Prozess nicht viel anders. Weder die auf der Anklagebank noch die auf den Straßen und in den wenigen Geschäften, die es wieder oder noch gab, hatten wirklich etwas damit zu tun gehabt. Er habe sich nicht um Matratzen und so etwas gekümmert, wies Göring den britischen Ankläger zurecht. Matratzen, in denen also offenbar unter anderem Ediths Haare als Füllung gelandet waren. Nein, darum hatte sich auch sonst keiner gekümmert. Trotzdem hatte es diese Matratzen gegeben. Es gab ja vieles. Auch Gott?

Lea beobachtete, schwieg und arbeitete weiter an den Kriterien für einen internationalen Strafgerichtshof, der nicht mehr nur aufgrund der Macht und des Willens von Siegern eingerichtet war, wenn sie auch einstweilen froh war, dass es diese Sieger gab und dass sie die Macht und den Willen besaßen, ein solches Gericht einzusetzen.

– Manchmal wünschte ich mir, ich könnte Gott wiederfinden.

– Du darfst ihn nicht dort suchen, wo man dir immer gesagt hat, dass er sein soll. Dann kann er dich finden.

– Was macht dich so sicher?

– Wirke ich sicher? Ich fühle mich klein, ängstlich und überhaupt nicht sicher. Aber irgendwo da hat Gott mich wohl tatsächlich gefunden.

– Woran merke ich, dass es so weit ist?

– Wenn du alles loslässt. Wenn nichts mehr da ist und du spürst, dass doch etwas da ist.

– Dann spüre ich nur dich.

– Aber wenn auch ich nicht mehr da wäre. Niemand, den du liebst und der dich liebt. Noch weiter unten.

– Da ist nur Angst.

– Und dann geht es noch weiter. Noch hinter die Angst.

– Ich glaube, so weit bin ich noch nicht.

– Da geht man ja auch nicht von selbst hin.

– Dass Gott dort vielleicht wäre, das glaube sogar ich. Aber erst dort?

– Ich habe das immerhin schon häufiger erlebt. Es heißt ja nicht, dass es dann zu Ende ist. Einmal wird es das Ende sein. Aber bis jetzt ging es immer weiter, Gott sei Dank.

– Du hast recht, das habe ich natürlich auch schon erlebt. Aber wenn man es erlebt und nicht weiß, dass es das ist?

– Du hast doch schon alles! Was willst du mehr? Lass dich fallen und nimm es einfach hin!

– Das könnte ich wirklich von dir lernen.

– Weiß ich nicht. Es ist ja keine Willenssache. Wenn es nicht mehr weitergeht, dann geht es weiter, das ist schon alles. Und natürlich geht es zusammen viel, viel besser!

Zwei Liquidierungsversuche seitens des Widerstands waren gescheitert. Damals war Ellen Christensen, die sich Jenny Holm nannte, die Geliebte Ib Birkedal Hansens gewesen, des ranghöchsten dänischen Mitarbeiters der Gestapo. Die Denunziantin und der Folterer. Inzwischen arbeitete sie für die Engländer. Jetzt sollte sie die in Deutschland untergetauchten Täter finden, damit sie vor dänische Gerichte gestellt werden konnten.

Taarnby fragte sich, was er erwartet hatte. Die Verbündeten bedienten sich der Handlanger der Nazis für ihre Zwecke. Die Trümmer des Reichs boten wunderbare Verstecke. Notfalls war man sicher auch dabei behilflich, solche Schlupflöcher woanders zu organisieren. Und eine Jenny Holm hatte ihre Kunst zur Genüge unter Beweis gestellt. Nun also für die dänische Polizei.

Sie präsentierte die Spur einer weiteren dieser eigenartigen Frauen, die für Mörder und Folterer schwärmten: Ingrid Lauritzen, die frühere Sekretärin von SS-Hauptsturmführer Kriminalrat Erich Bunke, der als Leiter der entscheidenden Gestapo-Abteilungen für die Sabotagebekämpfung und die Judenfrage zuständig gewesen war. Leider verstand man seine wahre Bedeutung erst, nachdem er für immer untergetaucht war. Die Lauritzen war mit ihrem aktuellen Liebsten Otto Schwerdt gesehen worden, über Neumünster konnte die Spur nach Stuttgart verfolgt werden. Der letzte der Mörder Munks, wenn man Gföller außer Acht ließ und wenn Gföller tatsächlich an der Ostfront gefallen war, wofür es keine Beweise gab.

– Schwerdt war bei der Befreiung Mussolinis dabei.

– Ich weiß. Stellvertreter Skorzenys und persönlicher Leibwächter des Duce.

– Pscht! Der Chef will was von uns!

– Taarnby, Bonnesen, Sie fahren mit der Holm dahin und verständigen die amerikanische Militärpolizei.

Jenny Holm war offiziell keine Gefangene. Sie besorgte sich ein eigenes Hotelzimmer. Taarnby und sein Kollege waren verunsichert: Wie weit war ihr zu trauen? Außerdem gebärdete sie sich in einer Weise, zu der beiden nur das Wort mannstoll einfiel.

– Du meinst, wenn sie keinen Nazi kriegt, nimmt sie zur Not auch dänische Polizisten?

– Ob sie den Unterschied sieht, so kurzsichtig, wie sie ist?

– Dafür bekommt sie aber sehr viel mit! Der entgeht doch nichts.

– Mir ist sie einfach unangenehm.

– Mir auch. Sehr sogar. Aber du musst zugeben: Auf ihre Art ist sie genial.

– Jedenfalls kommt sie überallhin, wo wir nicht im Traum hinkämen.

Am Nachmittag des 1. April war dies die Reutlinger Straße 107 in Stuttgart. Die Amerikaner postierten sich vor dem Haus, Taarnby und sein Kollege dahinter. Jenny Holm ging mit zwei Militärpolizisten ins Haus.

– Da! Oben, das Dachfenster!

– Das könnte er sein.

Die beiden Dänen eröffneten das Feuer. Sie zielten dicht an dem Flüchtenden vorbei, der bald den Versuch aufgab, übers Dach zu entkommen, und eine Hand in die Luft hob. Taarnby befahl ihm, zurück in die Dachgaube zu steigen. Dort empfing ihn einer der amerikanischen Offiziere und legte ihm gleich Handschellen an. Sie hatten den Amerikanern eingeschärft, Schwerdt daran zu hindern, seine Hände frei zu gebrauchen, er habe sicher Gift dabei.

Ein gutgebauter Soldat, ein anderes Kaliber als Söhnlein und Carstensen. Laut deren Aussagen hatte er mehrere Schüsse abgegeben, darunter möglicherweise die tödlichen. Jenny Holm fuhr bei den Amerikanern mit und bewachte Schwerdt und Ingrid Lauritzen mit vorgehaltener Pistole. Taarnby gefiel das nicht, er hielt die Waffe schussbereit in der Hand, während sie den Militärpolizisten hinterherfuhren. Doch sie kamen ohne weitere Fluchtversuche im Hauptquartier des Counter Intelligence Corps an.

Bei der Leibesvisitation fand sich in einer besonderen Tasche eine kleine Metallhülse mit einer Glasampulle, vermutlich Zyankali. Außerdem falsche Identifikationspapiere auf den Namen Peter Schäfer.

Er liebte das Abenteuer und brauchte eine Bühne, auch wenn das momentan nur zwei dänische Polizisten waren. Also schilderte er ebendiesen auf der Fahrt nach Dänemark das Unternehmen Eiche, bei dem Skorzenys SS-Kommando den gefangenen Mussolini in Gran Sasso befreit habe. Taarnby und Bonnesen waren mit dabei, landeten mit einem Lastensegler, übertölpelten die Fallschirmjäger, die eigentlich mit der Aktion beauftragt worden waren, und befreiten schließlich den höchsterfreuten Duce. Schwerdt war immer direkt hinter Skorzeny und dem Duce zu bewundern. Eine Heldengeschichte für kleine Jungs.

Als die nach vielen Ausschmückungen dennoch irgendwann zu Ende war, hielt Schwerdt für sein Publikum schon das nächste Abenteuer bereit. Das Unternehmen Greif flankierte die Ardennenoffensive. Wieder unter Skorzenys Kommando verkleideten sich die Deutschen mit amerikanischen Uniformen, lernten Kaugummi zu kauen und notdürftig Amerikanisch zu radebrechen. Sie sollten amerikanische Truppenteile verwirren und irreleiten. Die Sache flog auf, aber die Zuhörer waren nicht überrascht, dass Schwerdt ohne eine Schramme daraus hervorging, während die meisten anderen erschossen worden seien.

– Bin ich froh, dass wir wieder in Dänemark sind!

– Und dass es wieder uns gehört und nicht Vögeln wie dem da!

Schwerdt zeigte sich auch bei den nun beginnenden Verhören weiterhin sehr mitteilungsfreudig. Ja, er habe das Sonderkommando Dänemark geleitet, die Petergruppe, genau. Doch Best und Bovensiepen seien vor jeder Aktion unterrichtet worden. Jeder, ob Deutscher oder Däne, der an den Aktionen beteiligt gewesen war, sei sich dessen bewusst und damit einverstanden gewesen, dass die Aufgabe der Gruppe Terror und die Tötung unschuldiger Zivilisten gewesen sei. Als Soldat habe er, Schwerdt, die Befehle Heinrich Himmlers auszuführen gehabt. Er habe bald verstanden, dass die Aktionen der Petergruppe kontraproduktiv gewesen seien. Der Terror habe den dänischen Widerstand nicht beeinträchtigt, noch weniger die stille Unterstützung der Bevölkerung für den Widerstand. Im Gegenteil habe jede Aktion der Petergruppe weitere hundert dänische Saboteure geschaffen.

Rädelsführer des Kaj-Munk-Mordes in Deutschland gefangen. Chef der deutschen Terrorgruppe in Dänemark unter dramatischen Umständen festgenommen. Würden sie jetzt alle festnehmen? Nach und nach? Und vor welche Gerichte würde man sie stellen? Der Munk-Mörder. Der Chef der Petergruppe. Das betraf Dänemark. 1944. Und davor und danach?

– Wir brauchen Ihre Arbeit, Fräulein Frøhlich. Dringend. Nur vor einem muss ich Sie warnen: vor der Erwartung, die Sie möglicherweise hegen, das, was Sie in dieser Arbeit fordern und nachvollziehbar entwickeln, werde in absehbarer Zeit Wirklichkeit. Dieser Prozess in Nürnberg ist vielleicht das Letzte, was die

Westalliierten mit den Russen zusammen verantworten. Der gemeinsame Feind ist besiegt. Jetzt gibt es neue Fronten. Dem wird sich alles andere unterordnen. Alles. Ich rechne nicht mehr damit, dass wir bald einen internationalen Strafgerichtshof bekommen, der diesen Namen wirklich verdient.

Sie sah plötzlich den Menschen hinter dem Professor. Das feine, scharfgeschnittene Gesicht, das Empfindsamkeit, Enttäuschung, vielleicht sogar Müdigkeit hinter einer doch sehr durchsichtigen aristokratischen Maske versteckte. Jemand, den man gerne in Positionen hievte, darunter wichtige, aber dessen juristische Expertisen man auch schon einmal in den Schubladen ließ, für die sie nicht geschrieben waren. Ihr wurde bewusst, dass sie ihm ihre eigene Seele gerade genauso offen und wehrlos hinlegte.

Mit einem leichten Lächeln bot er ihr eine Zigarette an, zündete sich ebenfalls eine an und erlaubte ihnen, wieder zur allgemein anerkannten Konvention zurückzukehren. Ein Professor und seine Doktorandin. Man hatte Aufgaben.

In der Woche nach Ostern wurde Schwerdt an mehreren aufeinanderfolgenden Tagen verhört. Der Reichsführer SS Heinrich Himmler habe ihm persönlich seine Anerkennung für seinen Anteil an der Befreiung Mussolinis ausgesprochen. Himmler habe ihm vorgeschlagen, nach Dänemark zu gehen, um die Bekämpfung der seinerzeit gegen Deutschland gerichteten Morde und Sabotageakte wirksam zu gestalten. Er habe dagegen den Wunsch geäußert, stattdessen lieber an die Front geschickt zu werden, doch der Reichsführer habe ihm den Befehl erteilt, nach Dänemark zu fahren und dort nach dem Rechten zu sehen. Ende

Dezember 1943 habe er von einem Stabschef der Skorzenygruppe den Befehl bekommen, zusammen mit dem Unterscharführer Gföller über Flensburg nach Kopenhagen zu reisen. Er habe Gföller bereits längere Zeit gekannt, da dieser auch zur Skorzenygruppe gehört habe. Er selbst habe den Rang des Obersturmführers bekleidet. Mit ihnen zusammen sei ein Mann namens Leo Neumann gereist, den er kurz zuvor kennengelernt habe, als dieser das Hauptquartier der Skorzenygruppe besucht habe. Neumann sei jedoch Zivilist gewesen. In Flensburg sei noch ein vierter Mann zu ihnen gestoßen: Carstensen. Welche Position oder welchen Rang dieser habe, wisse er nicht.

Am Tag nach dem Mordversuch an Redakteur Dam sei er darüber unterrichtet worden, dass er als Anführer der Gruppe zusammen mit Neumann, Gföller und Carstensen nach Odense fahren solle, wo Söhnlein zu ihnen stoßen sollte. Gemeinsam sollten sie nach Vedersø fahren und Kaj Munk liquidieren, der ihm als starker Deutschenhasser angegeben worden sei und der aufhetzende Artikel gegen Deutschland geschrieben habe und enge Verbindungen zum Secret Service und zum dänischen Widerstand besitze.

Ein oder zwei Tage später seien sie wie befohlen nach Odense gefahren. Er selbst habe das Automobil gefahren, das ihm vom Dagmarhaus zur Verfügung gestellt worden sei, es sei wohl ein Opel Kapitän gewesen. Söhnlein habe alles bereits genau geplant und sie in diesen Plan eingeweiht. Sie seien mit dem Auftrag alle unzufrieden gewesen. Jemand habe sogar die Führung in Kopenhagen angerufen und protestiert, jedoch vergeblich.

Sie seien dann zusammen nach Herning gefahren, hätten dort übernachtet und die Stadt am 4. Januar gegen vier oder fünf Uhr am Nachmittag mit Ziel Vedersø verlassen. Sie hätten, wie bereits erklärt, deutsche Nummernschilder geführt, als sie von

Kopenhagen abgefahren seien, aber es sei möglich, dass sie diese, nachdem sie Odense verlassen hätten, gegen dänische Nummernschilder ausgewechselt hätten. Dies sei auf Touren dieser Art allgemein üblich gewesen.

– Was wussten Sie über Söhnleins Planung?

– Ich wusste, dass Söhnlein den Pfarrhof und die Umgebung bereits erkundet hatte. Er hatte auch eine Skizze über den Hof und die Umgebung dabei, unter anderem mit den Zufahrtswegen.

– Wissen Sie, woher Söhnlein diese Skizze hatte?

– Die hatte er selbst angefertigt.

Er sei nicht mit ins Dachgeschoss gegangen, Söhnlein und Neumann seien möglicherweise hinaufgegangen. Als er danach bemerkt habe, dass Frau Munk das Telefon benutzen wollte, habe er sie daran gehindert, und in diesem Augenblick sei der Pastor auch selbst gekommen. Ja, Söhnlein habe gleich nach ihrer Ankunft im Pfarrhof Frau Munk eine Polizeimarke gezeigt. Nein, er wisse nicht, wo Söhnlein diese Marke herhatte.

– Söhnlein behauptete, er habe diese Marke von Ihnen bekommen.

– Nein, das ist nicht richtig. Wahrscheinlich hat er sich die Marke selbst beschafft. Er hatte ja die ganze Tour geplant. Außerdem konnte er viel leichter an so eine Marke herankommen. Er war ja schon länger im Land.

– Nach der Festnahme des Pfarrers sollen Sie gesagt haben, es sei jetzt genug mit der Komödie und Sie seien von der Geheimen Staatspolizei. Es heißt, Sie hätten eine entsprechende Erkennungsmarke vorgezeigt.

– Nein, das ist nicht richtig. Ich habe überhaupt nie eine deutsche Polizeimarke besessen.

Als sie vom Hof wegfuhren, hätten sie sich darauf verständigt, Pastor Munk unterwegs in irgendeinem Wald zu liquidieren, aber nicht in der Nähe des Pfarrhofs. Nein, den Zettel, den Carstensen geschrieben haben wollte, kenne er nicht. Er wisse nicht, wer ihn geschrieben habe.

– Carstensen hat ausgesagt, dass Sie ihm während der Fahrt ein Papier gereicht haben, auf dem er nach vorheriger Absprache etwas schreiben sollte, das den Verdacht von den Deutschen als Tätern ablenken konnte.

– Ja, das ist richtig. Ich erinnere mich.

Er wisse nicht mehr genau, wer den Befehl zum Anhalten gegeben habe, als sie die Stelle erreicht hatten, wo der Pfarrer erschossen werden sollte. Entweder Söhnlein oder Neumann.

– Sie haben diesen Befehl nicht gegeben?

– Ich habe den Befehl, anzuhalten, nicht gegeben.

Neumann sei mit Munk aus dem Automobil gestiegen und um den Wagen herum auf die linke Seite gegangen. Im Voraus sei abgesprochen worden, dass Neumann Kaj Munk erschießen sollte. Neumann habe zwei- oder dreimal auf den Pfarrer geschossen. Einer der Schüsse habe diesen in die linke Schläfe getroffen. Die Schüsse seien mit einer gewöhnlichen Pistole abgefeuert worden, nicht mit einer schallgedämpften.

– Der Pfarrer fiel nach dem ersten Schuss vornüber, ohne einen Laut von sich zu geben. Ich hatte den Eindruck, dass er gleich beim ersten Schuss starb.

– Warum sind dann mehrere Schüsse abgegeben worden?

– Wir wollten nicht wieder so eine Dam-Affäre haben. Die Schüsse wurden zur Sicherheit abgegeben.

– Sie sagen, Neumann habe allein geschossen. Laut Carstensens Aussage haben Sie einen Genickschuss abgegeben und Neumann daraufhin die anderen.

– Nein, das ist nicht richtig. Ich habe bei dieser Gelegenheit keinen einzigen Schuss abgegeben.

– Es wurde verabredet, dass Neumann schießen soll?

– Das ist richtig.

– Alle anderen wussten das auch?

– Ja, das wussten alle.

– Hier sind Fotografien, die von der Polizei am nächsten Morgen am Tatort aufgenommen wurden. In dieser Position hat man den Toten gefunden. So kann er aber nicht gelegen haben, als er nach den Schüssen in den Kopf in den Straßengraben stürzte.

– Es ist möglich, dass Neumann ihn so hingelegt hat.

– Haben Sie das gesehen?

– Nein, ich habe es nicht gesehen. Ich sagte: Ich halte es für möglich, dass Neumann die Leiche so hingelegt hat.

Ja, er könne, falls es dazu komme, im Pfarrhof in Vedersø zeigen, wo er und die anderen sich jeweils aufgehalten hätten. Das könne er auch am Tatort.

Sie seien dann nach Aarhus weitergefahren. Während ihres Aufenthaltes dort hätten sie die Mitteilung erhalten, Dr. Mildner sei als Chef der Gestapo zurückgetreten, dafür sei Bovensiepen in Kopenhagen angekommen und habe Mildners Posten übernommen. Bei ihrer Ankunft in Kopenhagen hätten sie sich bei Bovensiepen gemeldet, und er habe diesem Bericht über den Mord an Kaj Munk erstattet. Er habe damals erwartet, nach Deutschland zurückkehren zu können, doch nach acht Tagen sei Bescheid aus Berlin ergangen, dass er in Kopenhagen bleiben solle.

Am Montag nach Ostern, am 29. April, wurden Schwerdt und Söhnlein nach Vedersø gebracht. Himmelstrup hatte Lise Munk gesagt, sie brauche nicht dabei zu sein, doch sie bestand darauf. Hatte sie zu Hause gewesen sein können, als man ihren Mann abholte und ermordete, dann könne sie auch jetzt zu Hause sein. Himmelstrup warnte sie auch, Söhnlein sei ein Feigling, der sich vermutlich jämmerlich anstellen werde.

– Lassen Sie ihn nur kommen.

Taarnby dachte an die Gegenüberstellung mit den Mördern seines Vaters und beobachtete Munks Witwe genau. Söhnlein fing bei ihrem Anblick sofort an zu weinen. Er sei unschuldig. Er habe ja nicht gewusst, dass Munk Kinder gehabt habe. Lise Munk schüttelte langsam den Kopf, mit mühsam beherrschtem Gesicht, voller Verachtung. Ob sie ihm vergeben könne, jammerte Söhnlein weiter.

– Nein. Ich kann Ihnen nie mit meinem Herzen vergeben.

Lea hatte ähnlich geantwortet, als sie über Edith und Daniel und dann auch über Sprosse gesprochen hatten. Alles, was man ihr angetan habe, könne sie durchaus vergeben. Aber nicht, was anderen zugefügt worden sei. Sie sei nicht dazu berechtigt, stellvertretend zu vergeben. Und so vergab sie auch sich selbst nicht, stellvertretend für die, die ihr nicht vergeben konnten.

Söhnlein wurde hinausgeführt. Schwerdt blieb der jungen Witwe gegenüber kalt und reglos. Beide wiederholten ihre bekannten Aussagen. Lise Munk war überzeugt, dass es zwei der Täter seien, und wiederholte im Übrigen ihre bereits protokollierte Aussage.

Am Tatort erklärte Schwerdt noch einmal genau, wo jeder gestanden habe und was der Reihe nach geschehen sei. Seine Aussage stimmte mit den vorliegenden Darstellungen von Söhnlein und Carstensen sowie der nach den Aussagen angefertigten Skizze überein.

Am nächsten Tag wurde Carstensen erneut befragt. Er wisse mit Bestimmtheit, und daran sei auch nicht zu rütteln, dass Schwerdt den Genickschuss gegen den Pfarrer abgegeben habe.

– Das habe ich selbst gesehen.

– Wurde der Schuss mit einer schallgedämpften oder einer gewöhnlichen Pistole abgegeben?

– Das kann ich nicht mit Sicherheit sagen. Aber was ich sagen kann, ist, dass ich so stand, dass ich Schwerdt, den Pastor und Neumann gesehen habe, und ich bin mir ganz sicher, dass Schwerdt zuerst den Genickschuss abgefeuert hat. Danach hat Neumann dem Pastor in die Stirn geschossen, bevor dieser gefallen ist.

Ihr einsamer Spaziergang hatte sie wieder zur kleinen Meerjungfrau geführt. Wie vor fast einem Jahr. Nur war jetzt gerade erst die Sonne über dem Sund aufgegangen. Das Versprechen eines neuen Tages. Wie es aussah, würde er nicht lange sonnig bleiben.

Leise sagte sie: Herzlichen Glückwunsch zum Geburtstag, Lea!

Sonst war niemand da, der es sagen konnte.

Ob sie sich nach Jørgen sehnte oder danach, nicht mehr einsam zu sein. Aber war sie denn einsam. Ihre Arbeit füllte den größten Teil ihrer Zeit aus. Die Dissertation schritt gut voran und würde diesen Sommer fertig werden. In der Bibliothek hatte sie außerdem immer wieder kleinere Aufgaben für Hurwitz zu erledigen. Die Betreuung der Studenten aus dem ersten Jahr machte Mühe und Freude. Sie hatte Freunde und nahm an allen Veranstaltungen der Fakultät teil. Mit Bauer, den sie weiterhin siezte, aber Fritz nennen durfte, führte sie lange Gespräche, teilte seine Sorgen und Nöte und fühlte sich von ihm verstanden. Es gebe zwei Länder, die ihn nicht haben wollten, und kein drittes sei in Sicht. Er sei ein zweiter Jona, den der Walfisch nicht vor dem Meer, sondern vor Ninive gerettet habe, und sei fest entschlossen, seine Mission fortzuführen. Dass Ninive darauf nicht warte, verstehe sich von selbst.

Zwischen den Stühlen. Völlig fremd war ihr dieses Gefühl nicht. Auch selbst bot sie sich keinen Stuhl an.

Sie betrachtete die kleine Bronzestatue. Die ersehnten Beine, die dann doch in Flossen endeten. Der Blick, halb an der Stadt vorbei ins Leere.

Ob Jørgen ihr wohl schrieb. Ihr Vater und Jytte würden natürlich etwas schicken. Lächelnd dachte sie an die kleine Hochzeit vor drei Wochen, sie hatte wieder ein Zuhause. Um es gelegentlich aufzusuchen. Immerhin ein Ort, wo sie offen liegen lassen konnte, was sie hier in der Regel sorgfältig verschloss.

Die Sonne gab auf. Ein trüber Tag. Aber voller Aufgaben. Und da einige wussten, dass sie Geburtstag hatte, würde es am Abend sogar eine kleine Feier geben. Mittags hatte sie etwas Zeit und wollte Daniel und Sprosse besuchen. Sie wären ja gewiss gekommen. Sie bückte sich und suchte zwei Kiesel, die sie ihnen bringen würde.

Er hatte beschlossen, ihr wenigstens eine Karte zu schreiben. Wie früher. Nur jetzt überbrachte sie wieder die Königliche Post.

Am frühen Morgen hatte die Sonne geschienen. Inzwischen regnete es. Er hatte genügend Schreibarbeit.

Schwerdts Akte füllte schon mehrere Ordner. Weitere Befragungen der anderen Täter und der dänischen Mitglieder der Petergruppe hatten Details hinzugefügt und offene Fragen beantwortet. Die Akten gegen die Dänen waren inzwischen dem Staatsanwalt übergeben worden. Was den Munk-Mord anging, warteten sie immer noch darauf, dass die Amerikaner Neumann alias Nebel schickten. Grundlegend Neues versprach sich Himmelstrup jedoch nicht mehr.

Sämtliche weiteren Aktionen der Petergruppe konnten als

aufgeklärt gelten, so die Anschläge, mit denen man sich Anfang 1944 warmgelaufen hatte. Am 15. Januar hatte die Gruppe einen Sprengstoffanschlag auf die Kopenhagener Buchhandlung Hagerup verübt, in deren Schaufenster trotz des deutschen Verbots Munks Bücher ausgestellt worden waren. Das Attentat auf Kapitän Brockenhuus-Schack war dagegen im Auftrag Panckes von drei dänischen Schalburg-Leuten verübt worden, die danach gemeinsam mit Panckes Adjutanten Friedrich Wilhelm Graurock den jungen Polizisten John Christian Falkenaa als zufälliges Opfer erschossen. Einer der Schalburg-Leute, Ib Nedermark Hansen, der an beiden Attentaten beteiligt war, hatte bald eine führende Rolle in der Petergruppe eingenommen. Daher sollten auch diese Fälle mit in die Anklageschrift aufgenommen werden.

Schwerdt gab dagegen zu, selbst den Befehl zur Liquidierung des Rechtsanwalts Holger Christensen in Aarhus am 3. Februar 1944 erteilt zu haben. Er hatte auch die Führung bei dem Anschlag auf die Palladium-Filmstudios am 31. Januar übernommen. Die eigentliche Tat wurde Anton Gföller in die Schuhe geschoben, der die Bomben angebracht und die Explosion ausgelöst habe.

Blieb hier ein Rest Unsicherheit, so konnten aufgrund unabhängiger Zeugenaussagen einige Mordanschläge eindeutig Gföller zugeordnet werden. Bovensiepen hatte Schwerdt beauftragt, den Leiter der Kopenhagener Schützenvereinigung, Kapitän Gustav Blom Mackeprang, zu ermorden, und Schwerdt hatte den Befehl weitergegeben. Unterwegs waren die Täter zufällig auf Gföller und weitere Mitglieder der Gruppe getroffen, die sich ihnen anschlossen. Gföller habe die tödlichen Schüsse abgegeben und sich auf dem Rückweg damit gebrüstet, er habe den Kapitän erschossen. Am 24. April hatte Schwerdt Nedermark Hansen mit der Tötung des Arztes Stefan Jørgensen beauftragt, Gföller sollte ihn begleiten. Es wäre Nedermark Hansens erste Liquidation gewesen. Doch nachdem der Arzt ihn freundlich und gründlich untersucht hatte, war Nedermark Hansen nicht mehr imstande gewesen, ihn zu erschießen. Nach den Aussagen zweier Zeugen aus dem Wartezimmer hatte Gföller die Tat schließlich ausgeführt.

In weiteren Protokollen wurden Anschläge auf Gebäude in Jütland beschrieben. Unter den dänischen Mitgliedern der Gruppe hatte Taarnby auch die Namen der Mörder seines Vaters gefunden: Bengt Lundgaard Mortensen und Erik Vilhelm Møller.

Insgesamt würde in 281 Fällen Anklage gegen die Mitglieder der Petergruppe erhoben werden. Darunter waren 102 Morde, 25 Mordversuche, sieben Zugattentate mit insgesamt 26 Todesopfern und weit über 100 Sprengstoffanschläge. Zu den insgesamt 148 Toten kamen unzählige Verwundete und viele, die seitdem invalide waren.

Man habe als Soldat gehandelt. Dazu sei man durch das Vorgehen der Widerstandsbewegung gezwungen gewesen. Terror, ja: Gegenterror, wie von Hitler befohlen. Für jede Sabotage und jede Liquidation eine Antwort mit den gleichen Mitteln oder am gleichen Ort.

Die Opfer zufällig auszuwählen oder ihren Tod, wie bei den Zugattentaten, in Kauf zu nehmen sei doch aber ein Unterschied zur Widerstandsbewegung, die gezielt Personen beseitigt habe, welche ihr gefährlich werden konnten.

Was wolle er. So sei eben der Krieg. Beim Bombenangriff der Engländer auf das Shell-Haus in Kopenhagen sei ja auch die französische Schule getroffen worden. Diese Kinder könnten noch leben.

Taarnby hatte eingesehen, dass Argumentieren zwecklos war.

Trotzdem hatte er in zwei oder drei Verhören gefragt: Träumen Sie nachts von Ihren Taten und wachen schreiend auf?

Nicht einmal die Frage wurde anscheinend verstanden.

Sie bürstete Edith die Haare. Weiche, braune Wellen in ihrer Hand und über Ediths Rücken, sie wurden immer länger.

Sie wachte auf. Es war noch früh, aber schon hell. Auf ihrem Schreibtisch lag ein Gedicht, das sie am Abend begonnen hatte:

Im Bauch des Fisches
(Für Fritz)

Dieser Bauch nährt den seinen schlecht,
doch schützt er ihn, denn draußen
ist Meer und Meer und kein Land in Sicht
und eines, das ihn nicht hören wollen kann,
noch damit beschäftigt, die eigene Sünde
nicht für die eigene Angelegenheit zu halten.

Zweimal *eigene*, vielleicht fiel ihr noch etwas Besseres ein. Die monotone Aufzählung in der Mitte mit dem dreimaligen *und* gefiel ihr dagegen gut.

Sie versuchte, sich Bauer im Bauch des Walfischs vorzustellen, auf einem Holzstuhl, ein Heft auf den Knien, in das er eifrig schrieb. Das markante Gesicht mit der Brille auf der kräftigen Nase, die scharfen Falten zwischen Nase und Mund, die straff zurückgekämmten Locken. Doch hätte er Licht zum Schreiben? Wenn sie wollte, hätte er eins.

Und schickte Gott seinem Propheten ein Licht
in den Bauch des Fisches, zu schwach zum Bleiben,

doch stark genug, den mutwillig Verirrten einen Weg
zu zeigen, ein Licht, in dem er schriebe im Bauch
des Fisches und von dem er spräche im Rachen
des Wolfes: dann

Ja, was dann. Eine Möglichkeit war, die Zeile unbeendet zu lassen. Überhaupt das Gedicht hier enden zu lassen. Eine andere Möglichkeit war eine dritte Strophe. Ohne den Raum zu schließen, den das *dann* öffnete. Vielleicht ...

Er versucht, das Licht zu sehen, wo er das Maul
des Fisches ahnt. Weiß, dass Gott die gegebene
Zeit in Händen hat, der den Verirrten das Irren erlaubt.
Noch ist es nicht so weit. Der Fisch, noch Schutz,
gleitet unaufhaltsam voran. Und wenn es so weit ist,
dann. Ja, dann.

Im Prozess gegen die dänischen Mitglieder der Petergruppe forderte Staatsanwalt Haslund mit einer Ausnahme für alle Angeklagten Todesurteile. Was sie bei all diesen Verbrechen empfunden hätten, fragte er sie.

Man habe es nicht als Verbrechen empfunden. Auge um Auge und Zahn um Zahn. Die Widerstandsbewegung habe ja immer behauptet, sie habe das ganze dänische Volk hinter sich – dann habe das dänische Volk auch bezahlen müssen. Ein Gewissen zu haben heiße ja nur, Angst vor den Folgen zu haben, und darunter leide man nicht. Menschlich gesehen seien die Taten ja nicht gut gewesen, aber man habe dieselben Mittel wählen müssen wie die Widerstandsbewegung. Man habe einen Eid auf den Führer abgelegt und sich durch diesen verpflichtet gefühlt. Die deutsche

Politik sei die einzig richtige gewesen. Hierzulande habe man geplänkelt, dort sei man zur Tat geschritten. Der Führer habe gesagt, Terror müsse mit Terror beantwortet werden.

Taarnby sah Lea unter den Zuschauern und bemühte sich, nicht zu ihr hinzuschauen. Ihr Lächeln, als sie ihn bemerkte, mochte er nicht erwidern und nicht darüber nachdenken, ob es einen wehmütigen Zug hatte. Wenn er sich ehrlich prüfte, hegte er nicht den geringsten Groll gegen sie, doch mehr mochte er ihr nicht zugestehen.

Er betrachtete die Angeklagten. Stolz und zufrieden hatten sie ihre Aussagen vorgetragen, sichtlich guter Laune. Gemeinsam war man stark. Menschen nachts im Bett erschießen: Ja, so habe eben der Befehl gelautet, den sie nicht in Frage zu stellen gehabt hätten.

In der Pause ließ sich Taarnby fast willenlos zu Lea hintreiben, die den Blick nicht mehr gehoben hatte und unendlich traurig, geradezu verloren wirkte. Er ging an ihr vorbei, streifte sie sanft am Arm, sie hatte ein wunderschönes Kleid an, überrascht und verwirrt schaute sie hoch und erwiderte zaghaft sein Lächeln, das er nun doch gefunden hatte und ihr freigebig zur Verfügung stellte. Rasch ging er weiter, bevor er sie hätte küssen müssen.

Todesurteile. War das nicht auch eine Art Mord. Doch selbst Hurwitz hatte sich klar dafür ausgesprochen. Wurde damit die Gerechtigkeit wiederhergestellt und aus dem Unrecht wieder Recht?

Und rückwirkend. Auch dazu hatte Hurwitz gearbeitet. Durfte sie dazu eine andere Meinung haben. Nicht nur als seine Doktorandin. Durfte sie überhaupt eine Meinung zur Tötung anderer Menschen haben. Sie sehnte sich nach jemandem, der ihr widersprach. Und sie dann vielleicht in den Arm nahm. Doch sie hatte Jørgen ja selbst fortgeschickt.

Von einer Schreckpsychose, in welcher der Feind das Volk gehalten habe, hatte Haslund in seinem Plädoyer gesprochen. Und dass die Angeklagten dunkle Gestalten gewesen seien, die im Windschatten deutscher Bajonette eine wehrlose Bevölkerung bekriegt hätten. Und dass Otto Schwerdt ausdrücklich gesagt habe, für eine Terrorgruppe könne man nur zuverlässige Freiwillige gebrauchen. Die meisten hätten im Prozess weder Reue noch Verstehen gezeigt. Es sei hoffnungslos, sie bessern zu wollen, sie seien ein Krebsschaden für die Gesellschaft. Auch Bauer hatte zugeben müssen, diesen Ausdruck schon in anderen Zusammenhängen gehört zu haben.

Brøndum, einer der Hauptangeklagten, hatte am letzten Prozesstag vor dem Urteil sich und seine Kameraden wieder als Soldaten beschrieben, die für ihre Ideen gekämpft hätten, so wie ihre Gegner für die ihren. Sollten nun sie verurteilt werden, so müssten auch ihre Gegner verurteilt werden, die sich derselben Mittel bedient hätten.

Ich habe niemanden in seinem Bett erschossen, hörte Lea eine zaghafte Stimme in ihrem Kopf. Doch in einem Wohnzimmer. Gewiss, eine Denunziantin.

Elf Todesurteile, dreimal lebenslänglich, einmal acht Jahre. Die Berufung wurde zugelassen. Der Richter empfahl den Angeklagten, sich mit ihren Verteidigern zu beraten. Lea wünschte sich auch jemanden, mit dem sie sich beraten konnte. Jørgen war mit Himmelstrup nach Aarhus gefahren, um Louis Nebel zu vernehmen.

Ja, das sei richtig. Nein, daran könne er sich nicht erinnern. Auch das wisse er nicht mehr genau. Ja, diese Polizeimarken hätten sie gehabt, aber er habe jedenfalls die dänische an Söhnlein oder Carstensen weitergegeben, da er ja kein Dänisch spreche. Nein, das könne er nicht sagen. Daran erinnere er sich nicht mehr. Er wisse nicht mehr, wer den Befehl zum Anhalten gegeben habe, aber er nehme an, es sei Schwerdt gewesen, der ja der Anführer gewesen sei. Nein, daran könne er sich nicht erinnern. Er habe eine Blutvergiftung im linken Arm und Fieber gehabt und den größten Teil der Fahrt geschlafen. Nein, er könne sich wirklich nicht erinnern. Schwerdt habe mit einer schallgedämpften englischen Pistole den Pfarrer ins Genick geschossen. Darauf habe Gföller mindestens einen Schuss auf den Pfarrer abgegeben. Nein, umgefallen sei Munk nicht, bevor Gföller ein weiteres Mal geschossen habe. Nein, er selbst habe auf gar keinen Fall geschossen. Nein, diese Skizze zeige nicht die wahren Verhältnisse: Er habe näher am Automobil gestanden, als die Skizze zeige, und Gföller habe nicht am Steuer gesessen, sondern zwischen ihm und Kaj Munk gestanden. Ja, die anderen hätten wohl so gestanden. Ja, insoweit sei die Skizze korrekt.

Dem Zeugen wurden erneut die übereinstimmenden Erklärungen der drei Mittäter vorgehalten, dass er mehrere Schüsse auf den Pfarrer abgegeben habe, nachdem der erste Schuss, der Genickschuss, gefallen sei, übrigens aus einer deutschen Pistole.

– Nein, das weise ich auf das Bestimmteste zurück. Ich habe nicht auf den Pfarrer geschossen. Ich hatte gar keine Waffe in der Hand, als die Schüsse fielen.

Draußen regnete es. Die ganzen Tage schon.

Hans Wäsche sagte aus, sein Chef, Hans Pahl, habe einen Führerbefehl von Himmler erhalten, die geistigen Hintermänner der Widerstandsbewegung zu liquidieren. Redakteur Christian Dam war genannt worden. Ein paar Tage später habe Mildner von ihm einen weiteren Namen verlangt, dies habe er Pahl am nächsten Morgen in dessen Büro mitgeteilt. Pahl habe erwidert, da gebe es doch gar keinen Zweifel, der Geeignetste sei Kaj Munk. Er habe dagegen eingewandt, ein Mord an Munk werde sicher großen Hass hervorrufen, zudem sei es für die Deutschen im Blick auf die Zukunft nicht ratsam, einen großen Dichter zu ermorden. Pahl habe geantwortet, das sehe er nicht so, Kaj Munk erfülle doch alle Bedingungen, er habe ja in seinem Stück *Niels Ebbesen* den Mord an Deutschen verherrlicht. Daher meinte Pahl, Kaj Munk sei gerade einer der schlimmsten geistigen Hintermänner des deutschfeindlichen Kurses in Dänemark. Pahls Vorschlag habe ihn erleichtert, da er sich nun nicht länger den Kopf habe zerbrechen müssen. Er sei wohl am selben Tag noch zu Mildner gegangen und habe diesem den Namen Munks gegeben, aber gleichzeitig seine Bedenken geäußert, wie er es auch Pahl gegenüber getan habe, und weiter angeregt, bevor man überhaupt etwas tue, solle man beide Vorschläge doch Best vorlegen, da das Ganze von besonderer politischer Bedeutung sei. Dies habe Mildner zugesagt. Mildner habe ihm später erzählt, er sei bei Best gewesen und habe ihm die Angelegenheit vorgetragen.

Natürlich war man selbst nicht verantwortlich, solange es jemanden über einem gab.

Am 12. Juli verabschiedete der Volksting das Gesetz Nr. 395 über die Strafen gegen Kriegsverbrechen. Eine Kommission unter Vorsitz von Professor Hurwitz hatte seit Februar daran gearbeitet. Nun würde Dänemark seine eigenen Kriegsverbrecherprozesse bekommen. Nachdem die Alliierten Werner Best nicht in Nürnberg oder anderswo den Prozess machen wollten, würde dies wohl in Dänemark geschehen müssen. Hurwitz, der sich vergeblich für einen Prozess gegen Best in Nürnberg eingesetzt hatte, beauftragte Lea, alle verfügbaren Informationen über den ehemaligen Reichsbevollmächtigten zu sammeln, auch über seine Zeit in Frankreich, welche die Franzosen offensichtlich am liebsten vergessen wollten.

Eher nebenbei schloss sie ihre Promotion ab. Sie fühlte sich stolz und leer zugleich und begann sofort die nächste Arbeit über *Genozid und Verbrechen gegen die Menschlichkeit.* Sie wollte diese neuen Begriffe aus strafrechtlicher Sicht untersuchen und vergleichen.

Der Sommer ging unbemerkt vorüber, das Wetter blieb herbstlich. Am 30. September und 1. Oktober wurden die Urteile in Nürnberg gesprochen und in den ersten Stunden des 16. Oktober zehn Todesurteile vollstreckt, Bormann galt als verschollen, und Göring hatte sich wenige Stunden vorher mit einer Zyankali-Kapsel das Leben genommen. Am 22. Oktober begann das Revisionsverfahren gegen die dänischen Mitglieder der Petergruppe im Östlichen Landesgericht. Bereits drei Tage später wurden die Urteile des Amtsgerichts bestätigt, eine Berufung aber erneut zugelassen.

Er könne verständlicherweise nicht auf Einzelheiten der Zusammenarbeit eingehen, doch er habe im November 1944 angefangen, für den amerikanischen Captain Michaelis zu arbeiten. Er sei dann als Doppelagent im Einsatz gewesen und habe auch nach dem Krieg Aufträge von Captain Michaelis ausgeführt.

Laut Auskunft der Schweizer Behörden sei er 1942 in absentis wegen politischer und militärischer Tätigkeit und Hochverrat zu 20 Jahren Haft und Verlust der bürgerlichen Rechte verurteilt worden, wurde Nebel vorgehalten.

Ja, das sei korrekt. Aber er sei hier nicht verpflichtet, sich zu Sachverhalten zu äußern, für die er eventuell in anderen Ländern zur Verantwortung gezogen werden könne. Im Übrigen sei er einfach ein Abenteurer, der ohne politisches Motiv in einem fremden Nachrichtendienst gearbeitet habe. Es habe ihm Spaß gemacht.

Sie seien alle aus dem Wagen gestiegen, gab Carstensen zu Protokoll. Er habe sich ans hintere Ende des Fahrzeugs gestellt und Söhnlein ans vordere. Schwerdt und Nebel hätten an der linken Wagenseite unmittelbar am Straßengraben gestanden und Kaj Munk zwischen sich gehabt. Er wiederhole, dass er von dort, wo er stand, alles habe überblicken können, weshalb er mit Sicherheit sagen könne, wer den Pastor erschossen habe. Zuerst habe Schwerdt einen Schuss abgegeben. Das sei der Genickschuss gewesen, von welchem der Pastor jedoch nicht umgefallen sei. Darauf habe Nebel dem Pastor in die Stirn geschossen, und dieser sei dann in den Graben gefallen. Sofort darauf sei er, Carstensen, wieder in den Wagen gestiegen und habe daher nicht sehen können, was weiter geschah. Schwerdt oder Nebel hätten den Koffer und die Reisedecke des Pastors aus dem Wagen geholt und sie neben dessen Leiche platziert. Er sei nicht in der Lage, zu sagen, wer den letzten Schuss auf den Pastor abgegeben habe oder ob überhaupt noch weitere Schüsse abgegeben worden seien. Des Weiteren sei er nicht in der Lage, zu sagen, ob mit einer gewöhnlichen oder einer schallgedämpften Pistole geschossen worden sei. Er könne nur aussagen, dass Schwerdt und Nebel jeder einen Schuss auf den Pastor abgegeben hätten, weil er dies gesehen habe. Gföller habe auf jeden Fall die ganze Zeit im Wagen am Steuer gesessen.

Am 19. Dezember betrachtete Himmelstrup den Fall als gänzlich aufgeklärt und sandte die Akte dem Reichsanwalt. Weitere Verhöre bestätigten die bekannten Sachverwalte und die Verantwortung Bests, Pahls und Wäsches für die Anschläge auf Christian Dam und Kaj Munk. Söhnlein habe Pahl und Wäsche sehr gut gekannt. Wäsche habe hinter einem Artikel im *National-Socialisten* gestanden, der Kaj Munk der deutschfeindlichen Hetze bezichtigte und ihn vor weiteren ähnlichen Veröffentlichungen warnte.

Schwerdt und Nebel hatten Carstensen zufolge die Gelegenheit zum Einkaufen in Dänemark benutzt. So habe Schwerdt sich in Kopenhagen einen teuren Lederkoffer gekauft. Nebel habe sich im selben Kaufhaus einen großen Reisekoffer angeschaut, der ihm aber zu teuer gewesen sei.

– Ist der Fall nun für dich aufgeklärt?

– Offiziell ist er es jedenfalls.

– Wer hat Kaj Munk also ermordet?

– Schwerdt hat offenbar den ersten Schuss getan. Den verunglückten Genickschuss. Die tödlichen Schüsse scheinen dagegen alle von Nebel alias Neumann ausgeführt worden zu sein. Das geht eindeutig aus Carstensens Aussage hervor. Und er schien mir immer der Glaubwürdigste.

– Es wäre ja so einfach gewesen, es auf Gföller zu schieben, wie Nebel es getan hat.

– Alle anderen hätten widersprochen. Nur bei Gföller konnte er sicher sein.

– Was ist eigentlich mit Gföller? Habt ihr jemals bestätigt bekommen, dass er gefallen ist?

– Im Gegenteil. Es gab später sogar einen Hinweis darauf, dass er wieder in Österreich lebt. Himmelstrup ist dem nicht mehr nachgegangen. Aber Himmelstrup hat dann ja auch mit siebzig aufgehört, ist nicht lange danach gestorben, und ich bin zurück nach Silkeborg gegangen. Wenn sonst niemand ein Interesse daran hatte, die Sache noch einmal aufzurollen, dann brauchte es mich auch nichts anzugehen.

– Das klingt nicht sehr überzeugt.

– Du hast im Ministerium gearbeitet. Du kennst das Spiel.

– Allerdings. Nun hat Gföller wenigstens in der Munk-Sache offenbar keine große Rolle gespielt. Und nachdem sie Nebel letztes Jahr freigelassen haben ...

– Das meine ich. Der mutmaßliche eigentliche Täter ist frei, was wollen wir noch. Schwerdt und Söhnlein sitzen zwar noch, aber die kommen sicher auch bald frei.

– Ich fürchte, das ist ein Teil dessen, was ich in Bonn verhandeln sollte. Bovensiepen sitzt ja auch noch. Die Herren Best und

Wäsche dagegen sind ebenfalls längst wieder in Deutschland. Ja, woran halten wir noch fest.

– Wie stehst du überhaupt als Juristin zu unserer Vergangenheitsaufarbeitung? Glaubst du, es ist gelungen, Recht und Gerechtigkeit wiederherzustellen?

– Ich will ja nicht behaupten, wir hätten die Kleinen gehängt und die Großen laufen gelassen. Die Männer, die wir hingerichtet haben, waren vielfache Mörder. Aber die anderen, welche die Morde befohlen haben, sind alle frei.

– Wir hätten sie alle hinrichten können.

– Wir hätten sie gar nicht vor unsere Gerichte stellen sollen. Ein internationaler Strafgerichtshof wäre für diese Prozesse der richtige Ort gewesen. Wir mussten die Todesstrafe erst wieder einführen, wir hatten sie ja längst abgeschafft. Wobei die auch keine Lösung ist. Trotzdem hat Best einen viel zu freundlichen Prozess bekommen.

– Einen dänischen Prozess.

– Ja. Wir sind freundliche Menschen und kennen unseren Platz. Der Mann ist ein fürchterlicher Nazi, das war er schon als Schüler. Dann hat er eine steile Karriere gemacht, bis zum stellvertretenden Leiter des Reichssicherheitshauptamtes. Aufbau der Nazipolizei und Judenverfolgung bis zur Deportation, in Polen wie in Frankreich. Und in unserem freundlichen Dänemark hat er schnell erkannt, dass er mit geschickten Zugeständnissen viel weiter kommt.

– Plötzlich hieß es, der Best hat sicher Schlimmeres verhindert. Ich glaube, er hat einfach begriffen, dass der Krieg für Deutschland verloren war, und hat versucht, sich einen Platz zu sichern. Und an guten Beziehungen zu unseren Zusammenarbeitspolitikern hat es ihm auch nicht gefehlt.

– Hurwitz wollte, dass die Alliierten ihn in Nürnberg anklagen, in einem der Nachfolgeprozesse. Aber dann wollten die Franzosen ihn nicht mehr haben, weil sie ihn angeblich verwechselt hatten, die Engländer haben intensiv weggeschaut, und die Amis meinten: O come on, folks, take him to fairytale Denmark! Die waren doch alle froh, dass sie ihn los waren! Na, und wie wir dann da durchgestolpert sind, darüber lachen sie doch in Deutschland bestimmt heute noch: erst ein Todesurteil, dann fünf Jahre Haft, dann wieder zwölf Jahre – und dann keine zwei Jahre später Begnadigung. Die Sache war eine Nummer zu groß für uns.

– Und jetzt, Amazone?

– Hurwitz hat mich damals schon gewarnt. Wir haben einen eisernen Vorhang. Westdeutschland ist jetzt unser Verbündeter und bekommt vielleicht wieder eine Armee. Die Vergangenheit ist vorbei, und wenn wir nicht aufpassen, haben wir bald den nächsten Weltkrieg.

– Ach Lea, diese Welt ist entweder schlecht ausgedacht oder außer Kontrolle geraten. Und wir ziemlich zufällig irgendwo dazwischen. Zur falschen Zeit am falschen Ort, wenn es schlecht geht. Aber es geht nicht immer schlecht.

– Sprich weiter, mein kleiner Philosoph. Ich glaube, ich werde das mögen, was jetzt kommt.

– Das wirst du ganz bestimmt, Frau Taarnby! Ja, der Punkt ist: Man muss damit rechnen, dass plötzlich etwas kommt, womit man nicht gerechnet hat. Etwas Schönes, was das ganze Bild verändert. Aber das kann man nicht festhalten.

– Wie würdest du es nennen? Glück?

– Ja, vielleicht. Es sind Momente, wo einfach alles zusammengehört und an seinem Platz ist. Neulich war so ein Moment, als du vor meiner Tür standst und ich schließlich begriff, dass du wirklich bleiben würdest. Und seitdem gibt es ziemlich viele solcher Momente. Aber die Dinge, über die wir sonst die ganze Zeit reden, passen nicht richtig dazu. Da ist nichts an seinem Platz.

– Aber es gibt Augenblicke, da rückt es an seinen Platz?

– Ja, die gibt es. Aber nur, bis ich versuche, es zu verstehen. Bis ich genauer hingucke. Dann gerät wieder alles durcheinander.

– Und das war früher anders.

– Jedenfalls für mich. Noch in den ersten Besatzungsjahren. Was in der Welt passierte, war schrecklich, und jetzt passierte es ein bisschen auch in Dänemark. Trotzdem hatten wir zu Hause einen festen Rahmen. Und eigentlich gab es keinen Zweifel daran, dass Gott die Welt in seiner Hand hält.

– Ist sie ihm aus der Hand geglitten?

– So ungefähr. Jedenfalls habe ich es irgendwann nicht mehr geschafft, an ihn zu glauben. Aber wenn ich nicht genau hingucke, dann ist er plötzlich da. Irgendwo dazwischen.

– Dazwischen ... Für mich ist er mehr dahinter. Aber das kommt wohl auf dasselbe raus. Jedenfalls nicht zu sehen.

– Aber du kannst doch sagen, dass er da ist. Ich würde das nicht sagen. Trotzdem merke ich manchmal, dass ich mich irre. Dazwischen eben.

– Jørgen, wenn ich das nicht glauben würde, dann könnte ich das Kind nicht bekommen. Ich fürchte, dann wäre ich nicht einmal zu dir zurückgekommen. Oder hätte überhaupt so lange durchhalten können. Auch wenn zumindest mein Glaube tatsächlich immer nur dazwischen ist. Er ist wie ein Kleid, das zu groß geworden ist. Manchmal ziehe ich es einfach an, obwohl es viel zu groß ist.

– Manchmal sind unsere Worte viel zu groß.

– Worte wie Recht und Gerechtigkeit. Doch ohne die ginge es gar nicht.

– Worte wie Liebe und Hoffnung.

– Ja, die sind wirklich zu groß. Aber man kriegt es auch gut ohne Worte hin. Einfach so.

– Einfach so, meine Schöne.

– Na, wenn du meinst.

– Ich meine durchaus.

– Letzte Nacht ... Ich habe wieder schlecht geträumt. Das übliche Durcheinander von schrecklichen und traurigen Sachen. Aber dann wusste ich plötzlich, ich habe etwas, von dem sie alle nichts ahnen, und das ist stärker.

– Was war das?

– Ich weiß es nicht. Aber ich frage mich, ob es für Sprosse zum Beispiel auch so war. Bestimmt für Kaj Munk. Für die, die Zeit hatten, sich darauf vorzubereiten. Sophie Scholl, das Mädchen aus Deutschland, von dem ich dir erzählt habe. Die sie hingerichtet haben. Vielleicht sogar für Daniel, in dem Moment, als er sich vor mich geworfen hat.

– Etwas, das stärker ist. Ich glaube, das hast du tatsächlich gefunden. Und jetzt fängst du noch einmal neu an.

DANN

– Herr Doktor Leiser, Fräulein Doktor Fröhlich aus Kopenhagen ist angekommen.

– Fräulein Fröhlich! Ich hoffe, Sie hatten eine angenehme Reise! Ja, sehen Sie, nun kann ich endlich meine Wettschuld einlösen und mit dem versprochenen Champagner mit Ihnen anstoßen!

bis heute gewartet, der Kater, und biss nun einfach

die Zellenwände stürzten von allen Seiten auf sie zu, und Fräulein Lundgren Petersen wäre gerne

Sie hatte ihn geohrfeigt. Herrn Staatssekretär Dr. Leiser, im Justizministerium, das in einer Burg über Bonn schaute. Und war dann rasch hinausgelaufen. Der Damm des über Jahre unter keinen Umständen Preisgegebenen hielt noch bis zur Damentoilette. Auch dort weinte sie eher verhalten und intim, immerhin zum ersten Mal seit Kriegsende, ja, etwa so lange mochte es her sein.

Was sie alles hätte sagen können. Sie hätte von sich unter diesen Umständen eine erwachsenere Reaktion erwartet. War sie nicht im Recht.

Worte waren freilich kaum mehr nötig gewesen. Doch dann hätte sie auch einfach wortlos auf dem Absatz kehrtmachen können statt wie ein kleines Mädchen

sofort zurück nach Dänemark

– Ach, Herr Taarnby, ich hab hier noch etwas für Sie. Das habe ich vor ein paar Wochen aus Deutschland bekommen und wollte es Ihnen nicht vorenthalten.

Jørgen Taarnby, seit mehreren Jahren Kriminalassistent und Leiter der Kriminalpolizei in Silkeborg, hatte dem nahegelegenen Gefängnis Kærshovedgaard einen dienstlichen Besuch abgestattet. Der Direktor hielt ihm den Brief eines ehemaligen Gefangenen hin, der ein knappes Jahr zuvor nach Deutschland ausgewiesen worden war.

Es gehe ihm gut, schrieb der frühere Gefangene Nr. 143. Elisabeth lasse auch vielmals grüßen. Er habe anfangs als Fremdenführer gearbeitet und sich manches Mal still amüsiert, wenn dänische Touristen ihn gefragt hätten, wo er denn so gut Dänisch gelernt habe. Da habe er ja schlecht antworten können: als Kriegsverbrecher in dänischen Gefängnissen, hm? Dann sei die Saison zu Ende gewesen, und er habe als Vertreter für eine Schokoladenfabrik angefangen, gar nicht so schlecht, der Job. Er habe einen Volkswagen zur Verfügung gehabt und solche Mengen Schokolade verkauft, dass er sich um die Gesundheit des deutschen Volks gesorgt habe! Aber dann habe ihn ein alter Freund vom Fleck weg als Geschäftsführer eingestellt, und nun sause er durch die Lande und mache Geschäfte. Seit Januar sei er auch deutscher Staatsbürger und zum Flüchtling erklärt worden: Unter uns gesagt, er hoffe auf einen sogenannten Flüchtlingskredit, dann könne er auf eigene Rechnung anfangen.

Nun solle der Herr Direktor doch alle recht schön grüßen, es gehe ihm und seiner Frau und seinem Sohn Leif doch hoffentlich gut? Seltsam, dass man die dunklen Begebenheiten rasch vergesse, dafür die Lichtpunkte umso besser erinnere. Und der Kærshovedgaard sei ein einziger großer Lichtpunkt gewesen, darum sei er nun ganz ohne Groll. Ihr ganz ergebener Louis Nebel.

Handschriftlicher Zusatz: Wenn Sie zufällig an Hørbylund Bakker vorbeikommen, dann legen Sie doch eine Blume in meinem Namen ab.

Keine Flucht, sondern ein Entschluss. Vorhin, auf der Toilette der schrecklichen Rosenburg. Plötzlich ganz ruhig. Wie in die Flügel des Engels gehüllt. Und selbstsicherer als vielleicht seit Jahren.

Ruhig hatte sie sich mit dem Ministerium in Kopenhagen verbinden lassen und sich dann ein Taxi bestellt. Einem Impuls folgend, beim Oberlandesgericht in Braunschweig eine Nachricht für Herrn Generalstaatsanwalt Dr. Bauer hinterlegen lassen. Ihre Sachen gepackt. Zum Bahnhof.

Im Zug saß ihr ein kleines Mädchen gegenüber, dessen neugierigen Blick sie lächelnd erwiderte. Der Mutter schien es alles andere als recht zu sein, doch Friederike und ihre Puppe Annegret beschäftigten sie munter bis Braunschweig. Auch Maj wäre jetzt sieben Jahre alt gewesen.

Friederike, ihre mühsam höfliche Mutter, der Kater. Sie hatte nicht einmal seinen Namen an sich herangelassen, damals. Die korrekten, unter Umständen sogar freundlichen Menschen im Hotel, im Ministerium, am Bahnhof. Der Taxifahrer, lustig redselig. Das war alles Deutschland. Immer noch viele Ruinen. Nach wie vor schien niemand etwas damit zu tun zu haben. Oder überhaupt mit irgendetwas. Es musste weitergehen, nicht wahr, es ging weiter und eigentlich gar nicht schlecht.

Und nun hatte sie beschlossen, ihrerseits nichts mehr damit zu tun haben zu wollen.

Aber für Friederike machte sie eine Ausnahme. Und gerne auch für Annegret, die sie auf ihren Knien festhielt, während die Puppe sanft gebürstet wurde. Kurz, nur ganz kurz, ein Gedanke, der jetzt hier nicht hingehörte und etwas mit Haaren zu tun hatte. Nein, Annegret war eine hübsche Puppe und ihre Puppenmutter nicht im mindesten aufdringlich, nein, wirklich nicht, lassen Sie, wir unterhalten uns sehr gut, nicht wahr, Friederike?

Und ließ sich von diesem munter plappernden Mund ein neues Deutschland weisen. Sprach zum ersten Mal seit ihrer Schulzeit wieder gerne Deutsch. Es war ihr Lieblingsfach gewesen. Warst du schon einmal in Dänemark, Friederike? Sie erzählte dem Mädchen und erfuhr im Gegenzug von Wolfenbüttel, wo jetzt Oma und Opa besucht wurden. Schaffte es, Friederike zuliebe, nicht daran zu denken, was Opa vor zehn Jahren getan hatte. Vielleicht war er ja auch nur einfacher Soldat gewesen. Etwas überrascht nahm sie wahr, dass sie keinen Groll und schon gar keinen Hass spürte. Sie wollte nur in keiner Position mehr sein, in der sie etwas mit einem Herrn Dr. Leiser zu tun haben musste, und er war gewiss nicht der Einzige.

Aber Fritz. Sie brauchte jemanden, dem sie erzählen konnte. Hier in Deutschland. Der ihren Entschluss gewissermaßen beglaubigen konnte. Jemand in einer Position, an der man auch hier nicht so leicht vorbeikam.

Und dann Kopenhagen. Es gab keine Alternative zu einer Kündigung. Bevor Missverständnisse auftauchten oder Rücksichten genommen werden mussten. Sie arbeite für ihre Regierung, hatte sie Friederike dennoch erklärt. Bist du eine Königin? Sie hatte lachen können und die Wärme des eigenen Lachens gespürt.

Eine Königin. Ja, es war an der Zeit, dass sie die Herrschaft über ihr eigenes Reich antrat.

Er hatte den Brief zu den Akten genommen. Mordermittlung Pastor Kaj Munk.

Machte es eigentlich einen Unterschied, ob Täter nach dem Krieg hingerichtet worden waren?

Sein Vater war tot, die Täter durch Schüsse exekutiert. Kaj Munk war tot, zwei Täter freigelassen, zwei saßen noch im Gefängnis, einer wurde offiziell vermisst. Mit dem Gesetz soll man das Land bauen: Das Kopenhagener Stadtgericht, über dessen Eingangssäulen dieser Spruch prangte, hatte Wolfgang Söhnlein am 18. Juni 1948 zum Tode verurteilt und am 27. Januar 1949 im sogenannten kleinen Kriegsverbrecher-Prozess Kurt Carstensen freigesprochen, jedoch Otto Schwerdt und Louis Nebel alias Leo Neumann ebenfalls zum Tode verurteilt. Söhnlein, Schwerdt und Nebel legten Berufung ein. Das Östliche Landgericht änderte die Urteile in langjährige Gefängnisstrafen: 20 Jahre für Söhnlein, 24 für Schwerdt und 16 für Nebel. Am 17. Juni 1952 wurde Nebel begnadigt und außer Landes gewiesen. Söhnlein und Schwerdt waren vorerst noch in Haft.

Man hatte sich mit den Deutschen offensichtlich mehr Zeit gelassen. Und je länger Krieg und Besatzung her waren, desto weniger Lust hatte man auf die Vollstreckung eines Todesurteils.

Sie konnte sich nicht auf Dauer in ihrem Märchenländchen einigeln und die böse Welt, vor allem Deutschland, draußen lassen. Immerhin hatte sie in Deutschland von zwei Menschen herzlich Abschied genommen: Friederike und Fritz. Richtig deutsche Namen. Jedoch hieß ja auch der König Frederik. Und Sprosse, eigentlich.

Ob sie eine Königin sei.

Warum war es der Mutter nur so entsetzlich unangenehm

gewesen, dass die Kleine Lea so in ihr Herz und beim Abschied auch in ihre Arme geschlossen hatte. Lea hatte der Mutter die Hand gegeben und ihr Lächeln so gemeint, da immerhin hatte sie auch ein wenig gelächelt. Gerne hätte Lea ihr den Satz gesagt, den Fritz nachdenklich über dem halbleeren Glas Wein gesprochen hatte: Wir können aus der Erde keinen Himmel machen, aber jeder von uns kann etwas tun, dass sie nicht zur Hölle wird.

Sie hatte schlecht geschlafen, auch während der Zugfahrt nur immer wieder gedöst. Dabei fühlte sie sich gar nicht schlecht. Die Befreiung war endlich bei ihr angekommen.

In Momenten wie diesen fühlte er die Einsamkeit besonders, andererseits ließ sie sich aushalten. Eine zerbrochene Ehe wie bei Siversen war auch nicht schöner. Zwei-, dreimal hatte er eine Beziehung angefangen, aber bald wieder abgebrochen. Es hatte sich nicht angefühlt, wie es sollte. Das mochte auch einfach an ihm liegen. Es gab keine Garantie, dass es mit Lea anders gelaufen wäre.

Er fuhr an Frøhlichs Haus vorbei, ließ sich kurz im Leerlauf rollen. Jytte Frøhlich stand im Garten, sie grüßten einander mit einem Winken. Mit dem Anwalt hatte er ja gelegentlich beruflich zu tun, ansonsten traf er beide eher selten in der Stadt bei einem der gesellschaftlichen Anlässe, die er jedoch mied, wenn es sich machen ließ.

Andererseits war Silkeborg klein genug, dass sich aus seiner Position Verpflichtungen ergaben. Der Herr Kriminalassistent. Er war noch jung, der Polizeimeister als nächster Karriereschritt keineswegs ausgeschlossen. In Kopenhagen hätte er vielleicht mehr Möglichkeiten gehabt, in der Reiseabteilung. Andererseits, was sollte er in Kopenhagen. Etwas wie Einsamkeit ließ sich letztlich in der Provinz besser aushalten. Vor allem wenn der Grund der Einsamkeit in der Hauptstadt zurückblieb.

Das Gefühl der Befreiung hatte sie nicht verlassen und übertrug sich gleichmäßig von ihren Beinen in die Pedale. Ihr Märchenland meinte es gut mit seiner neuen Königin und bot Sonne, Wölkchen und einen sanften Wind auf. Es gab Wegbiegungen, hinter denen das Meer auftauchte. Es gab kleine Bäckereien, deren Duft schon von weitem einlud. Der Morgen nach der ersten Nacht in einem Dorfkrug. Fahnen im Seewind, in den Farben der Heckenrosen. Sie wusste ja, dass das alles gerade erst für sie ausgebreitet worden war. Sonst hätte die Bilderbuchidylle kaum eine Existenzberechtigung gehabt.

Die kleine tuckernde Fähre über den Sund. Ohne ihr Fahrrad hätte sie ihn auch schwimmend überwinden können. Aber jetzt war die Meerjungfrau Königin und bedurfte eines standesgemäßen Transportmittels.

Nykøbing. Sie machte Besuche, wenige, aber doch. Eine Nacht. In Jyttes Haus wohnten jetzt ja andere Leute. Kurz der Gedanke: Sollte sie, wo sie schon unterwegs war, weiter nach Silkeborg fahren? Sie legte den Gedanken beiseite. Aber es war gut zu wissen, dass sie ein Elternhaus hatte.

In Højby die Backsteingiebel der Kirche auf einer Anhöhe zwischen dem Dorf und dem kleinen See: Sie lehnte ihr Rad an die Mauer und betrat den Friedhof, dann die Kühle und Stille des Raums. Uralte Bilder an den Gewölben. Ritter Jørgen, der dem Drachen die Lanze ins Maul stieß.

Vergangenheit. Aber nicht von allem aus der Vergangenheit wollte sie befreit werden.

Ein Engel mit einer Waage. Er hatte rötliches Haar und schaute mit verschmitztem Lächeln auf die rechte Waagschale, in der etwas Braunes, Gehörntes saß, vielleicht ein Teufel, denn ein weiterer hockte auf dem Waagbalken und zeigte mit spöttischem Grinsen in die Schale. In der anderen Schale, viel leichter, schwebte ein nacktes Menschlein und raufte sich die Haare. Mit der Linken packte der Engel den Waagbalken auf der Seite des Menschleins und würde ihn gleich nach unten drücken, er war ja auch viel größer und stärker als der Teufel.

– Ein beeindruckendes Bild, nicht wahr? Ich kann mich da auch ganz hineinverlieren.

Ein nicht sehr großer und nicht sehr schlanker Mann mit schütterem Haar und runder Brille hatte sich neben sie gestellt.

– Ja, am Ende sind wir nackt. All das, worauf wir uns etwas einbilden, das zählt dann alles nicht mehr. Und Dinge, die wir nicht gerne wahrhaben wollen, die haben ganz großes Gewicht. Gut, wenn dann ein Engel zu unseren Gunsten die Waage fälscht, nicht wahr?

Sie lächelte zaghaft und antwortete nicht. Vielleicht hatte sie es etwas eilig gehabt mit dem Gefühl der Befreiung. Sie wusste von den braunen Teufeln in der anderen Waagschale. Und die, denen sie nicht hatte helfen können: vielleicht auch in dieser Schale.

Grund genug, sich die Haare zu raufen.

– Aber was erzähle ich Ihnen. Sie sind jung. Diese Schale wird bei Ihnen noch weitgehend leer sein, denke ich mir. Bei mir dagegen liegen Versäumnisse da drin. Ich hätte zu bestimmten Zeiten mutiger sein müssen.

Er lächelte unbeholfen und richtete seine Brille vor den offensichtlich sehr kurzsichtigen Augen. Nachdenklich erwiderte sie seinen Blick. Sie hätte gerne in etwas anderem vor ihm gestanden als in Shorts und Bluse.

Sie tauschten noch ein paar belanglose Bemerkungen, dann reichte er ihr die Hand und wünschte ihr eine gesegnete Reise.

Sie stand neben ihrem Fahrrad und hatte nichts, um diesen Segen fest einzupacken. Engel, lauf. Ihr Gesicht war voller Tränen.

Segen. Hatte sie überhaupt ein Recht darauf.

Sie hob Kiesel auf und legte sie auf die Friedhofsmauer. Sprach leise die Namen, mit Maj begann sie. Dann dachte sie an den braunen Teufel in der Waagschale und legte weitere Steinchen auf die Mauer.

Durch das offene Fenster der Schule hörte er die Kinder singen:

Was ist hier nur geschehen?
Mein hart wie Stein gefror'nes Herz
schmilzt schon beim bloßen Sehen
am ersten Tag im März.
Was brach da durch das Wintergrau
und schmückt das schwarze Beet so blau,
als ob's im Himmel wohne? Die kleine Anemone:
Ich pflanzt' sie da genau!

Es war nicht der erste März, sondern Ende Juni. Doch der Lehrer fand anscheinend, Munks Gedicht, das inzwischen auch eine beliebte Melodie bekommen hatte, passe in jede Jahreszeit. Taarnby blieb stehen und hörte zu.

Ich hab sie mitgenommen
von Lolland, meinem Kindheitsort.

Als ich hierhergekommen,
dacht' ich: Nun bleibt sie fort.
Ihr fehlt die Heimat, Wald und Baum,
die laue Luft, der milde Raum;
in dieser Feindeszone vergeht die Anemone;
das überlebt sie kaum.

Kaj Munk hatte nicht überlebt. Und für die Erfahrungen derer, die überlebt hatten, gab es keinen Raum mehr. Nicht nur die Deutschen selbst hatten es eilig mit dem Vergessen.

Jetzt seh ich sie sich wiegen
im kalten Wind vom nahen Strand.
Sie lässt sich nicht besiegen
von Jütlands Kies und Sand,
als gäbe ihr die Widrigkeit
nur eine größ're Sicherheit:
Wie eine Amazone steht meine Anemone
und ist zum Kampf bereit.

Er konnte es wieder nicht lassen, an seine Amazone zu denken, und beschloss, ihr zu schreiben. Wenigstens einen Abschiedsbrief, um das Kapitel ein für alle Mal zu schließen.

Was ist hier nur geschehen?
Mein kalt und hart gefror'nes Herz –
es schmilzt beim Wiedersehen
am ersten Tag im März.
Ich dachte: "Hier ist ewig Schluss
mit Freude!", da ich wohnen muss
vor Winterkönigs Throne. Nun schickt die Anemone
mir einen frohen Gruß.

Er ging langsam weiter. Auf diesen Gruß hatte er acht Jahre vergeblich gewartet. Und unsinnigerweise. Der Winterkönig immerhin war längst wieder abgezogen.

Er konnte den Gesang der Schüler nicht mehr genau verstehen, doch er kannte den Text ja auswendig:

Die blauen Blütenblätter
sind mir des Frühlings Täuflingskleid,
sind mein willkomm'ner Retter
aus Hoffnungslosigkeit.
Ich bücke mich und streichle sacht
die neue zarte Blütenpracht.
Wie hat dich mir zum Lohne, du kleine Anemone,
der Schöpfer schön gemacht!

Børge Henning Larsen. Der ganze Dorfkrug hing voll mit seinen Bildern. Der Maler sei oft hier gewesen. Vor zwei Jahren sei er nach Italien gegangen. Vorher habe er die meisten seiner Bilder verkauft. Aber einige habe er nicht verkaufen wollen und sie dem Dorf geschenkt, mit der Auflage, sie im Krug zu zeigen. Dem sei man sehr gerne nachgekommen, die Touristen liebten die Bilder und die Einheimischen sowieso. Sehr angenehmer Mensch, Larsen. Ja, hier, das könne ja fast das Fräulein sein! Larsen habe immer ein Geheimnis darum gemacht, Gerda habe sie geheißen, ja, hier aus der Gegend. So, bitte schön, jetzt solle das Fräulein sich erst einmal frischmachen, und gleich gebe es etwas Gutes zu essen, Bewegung an der frischen Luft mache ja Appetit, nicht wahr?

Ein Porträt von ihr im Treppenhaus. Weitere zwei Bilder, die sie wiedererkannte, die Larsen in ihrer Gegenwart gemalt hatte. Und nun über dem Bett das Nacktbild.

Nachdenklich betrachtete sie es, während sie sich wusch und

umzog. Mehr verletzlich als verführerisch. Sie war mit einem Grashalm beschäftigt, den sie zwischen den Fingern drehte. Fast sah es so aus, als ob sie sich an dem Halm festhielte. Ansonsten ganz entspannt, den Kopf leicht angelehnt, die Beine ausgestreckt und die Füße übereinandergelegt, sie erinnerte sich, dass sie sich unter dem Blick des Malers sicher gefühlt hatte, dennoch mit den Gedanken völlig woanders, Larsen hatte ihre Gesichtszüge auch nur angedeutet.

Am Ende sind wir nackt, hatte der Mann in der Kirche gesagt, vermutlich der Pastor. Nichts zähle dann mehr. Doch Dinge, die wir nicht gerne wahrhaben wollen. Gut, wenn dann ein Engel zu unseren Gunsten die Waage fälscht.

Sie atmete tief durch. So weit war sie noch nicht. Und wenn sie immer übriggeblieben war, dann war das doch auch eine Aufforderung, daraus etwas zu machen. So wie hier auf dem Bild durfte sie jetzt nur noch einer sehen. Sie würde morgen Richtung Kalundborg fahren und die Fähre nach Aarhus nehmen.

Mit einer so schnellen Reaktion auf seinen Brief hatte er nicht gerechnet. Sah sie an wie eine Erscheinung. Sie lächelte unsicher. Schien sich anzuschicken, wieder zu gehen. Er berührte sie vorsichtig am Arm, dann zog er sie heftig an sich und

küsste sie endlich, sie war sich schon dumm vorgekommen und wollte nicht angestarrt werden wie ein Gespenst – was, ein Brief? Nein, sie

sei schon ein paar Tage nicht mehr zu Hause gewesen und davor sei so einiges passiert, sie werde ihm das einmal in Ruhe erzählen – und saß dann doch schon in seinem Sessel und erzählte

– Nein, von Bonn hab ich dir damals noch nicht erzählt. Ich hab mich so geschämt ...

er verstand kaum, worum es ging, konnte seine Augen nicht von ihr lassen und spürte, wie das Glück

durch ihren ganzen Körper strömte, endlich

Er liebte ihre Gespräche und Diskussionen. Ihre gemeinsame Arbeit. Er liebte Leas klugen Kopf und ihren allmählich rund werdenden Bauch. Was die Zukunft bringen werde. Ob es eine gebe für die Menschheit, ganz gewiss müsse es doch eine für sie drei geben – sie lachte: Ob er das Pferd da nicht falsch herum aufzäume? Ja, das tue er wahrscheinlich, gab er zu, aber: Wenn alle so an die Zukunft glaubten, in ihren kleinen Einheiten, dann müsse es doch auch eine für die ganze Menschheit geben.

Ihr todtrauriger Blick. Immer noch von einem Moment auf den nächsten. Er küsste sie auf die Stirn, die Augen, dann auf den Mund, küsste langsam das Lächeln wieder hervor, hielt sie fest umschlossen, sie schmiegte sich an ihn und entspannte sich langsam.

Dann wieder konnte sie glühen und aus dem Stegreif mit leidenschaftlichen Handbewegungen Dinge sagen, die nicht das Schlafzimmer in Silkeborg, sondern die Vollversammlung der Vereinten Nationen in New York hätte hören müssen. Warum sich die Menschheit so wehre gegen den Kampf um gleiche Rechte für alle. Warum die Belange der Nationen und Konzerne immer noch über allem stünden, über der Zukunft selbst, denn dies sei doch nur gierige Gegenwart. Um im nächsten Atemzug unvermittelt die Gegenwart zu genießen, die ihr unerwartet zuteil geworden war. Unerwartet? Na ja, wir Menschen kommen eben immer nur schwer aus den Mauern heraus, die wir uns selbst errichten. Leise fügte sie hinzu: Manchmal sind auch einfach welche da. Er schloss sie sanft in die Arme und strich geduldig fort, was sie selbst so schwer abstreifen konnte.

Ob Menschen alle Rechte verwirken könnten. Gewisse formale Rechte müssten sie ja wohl immer behalten. Auf ein faires, unabhängiges Verfahren. Die hätten sie selbst in Nürnberg und den anderen Prozessen gehabt. Selbst ein Göring sei lange und ausführlich befragt worden und habe jede Gelegenheit gehabt – und genutzt! –, sich selbst darzustellen.

Die rückwirkend geltenden Gesetze. Ja, natürlich. Nulla poene sine lege. Aber unsere Gesetze galten ja nur noch bedingt. Wenn sie gegolten hätten, dann hätten wir keine Besatzung gehabt. Und ohne Besatzung nicht all die Morde und Attentate. Das sind Ausnahmesituationen. Dann kannst du dich nur an solche Hilfskonstruktionen halten wie die eines übergesetzlichen Rechts. Und was nach den allgemeinen Rechtsgrundsätzen strafbar ist, die von den zivilisierten Völkern anerkannt werden. Wir hatten kein unabhängiges Recht mehr. Und die Gesetze der Besatzung waren Unrecht, gesetzliches Unrecht. Recht setzt voraus, dass alle Menschen als gleich gelten und gleich behandelt werden.

– Aber wie kann ich solche Hilfskonstruktionen begründen? Ist das nicht ein sehr wackeliges Gebäude?

– Die Menschenrechte überhaupt sind nicht weniger wackelig.

– Also gut, wie begründe ich das alles?

– Du kannst es mit Gott begründen. Oder mit dem Naturrecht. Im Grunde reicht es, dass sich freie Völker in einer freien Abstimmung ihrer frei gewählten Vertreter dafür entscheiden. Doch woher haben die Völker und ihre Vertreter diese Ideen? Muss ich nicht unterstellen, dass sie so eine Art Funken von göttlichem Recht in sich tragen?

– Mein Vater hätte seine Freude an dir gehabt! Nein, ich meine das ernst. Du hast wahrscheinlich recht – nein: du hast sicher recht. Trotzdem kann ich nicht mehr glauben.

– Aber du kannst glauben, dass der Mensch ein Wesen ist, das du unter allen Umständen schützen sollst?

– Dafür bin ich Polizist. Gerade da bekomme ich es freilich auch mit Menschen zu tun, die dieses Recht verwirken.

– Wo ich ihnen nur noch formale Rechte zugestehen kann, einverstanden. Natürlich haben Leute wie Göring oder Hitler unter den Menschen alle anderen Rechte verwirkt. Wie das vor einem höheren Gericht aussieht als unserem, darüber darf ich nicht urteilen. Aber schon auf der Erde muss ich aufpassen, dass ich nicht in Gottes Recht hineinpfusche. Das soll wie Wasser strömen, das nie versiegt. Steht schon in der Bibel.

– Du solltest wirklich Professorin werden.

– Ich sehe Spott in deinen Augen.

– Das ist nur die Bequemlichkeit meiner Bewunderung.

– Wo hast du denn das jetzt her?

– Wenn *du* mich nicht zu solchen Geistesblitzen inspirierst, dann weiß ich es nicht. Ich liebe dich. Vor allem, wenn du mit Schwert und Waage auftrittst.

– Du übertreibst! Aber dafür liebe ich dich: dass ich immer das Gefühl habe, mit dir an meiner Seite kann ich einfach alles schaffen – und du lässt es mich schaffen.

Jesus war für sie nur ein weiteres grausames Opfer, nicht mehr und nicht weniger. Sinnlos keineswegs, nicht sinnloser als etwa Kaj Munk – nun, sinnlos wie Daniels Tod. Warum war ihr Überleben denn wichtiger als Daniels. Ja, Daniel hatte sich so entschieden. Im Bruchteil einer Sekunde. Sich zu opfern für die Frau, die er liebte, wenn er sonst schon nichts für sie tun konnte. Nein, sich zu opfern war sicher nicht einmal die Absicht gewesen. Bewusste Opfergänge gab es wahrscheinlich weniger als gemeinhin angenommen. Für den anderen einstehen bis zum Letzten. Oder Munk: sich das, was doch für alle die Wahrheit war, nicht verbieten zu lassen. Nicht klein beizugeben. Mensch zu bleiben. Auf die Gefahr hin, dass man dabei umkam.

Und dass die Falschen überlebten. Schwerdt und Söhnlein wurden am 1. Dezember entlassen und nach Deutschland ausgewiesen. Tags darauf mit großem Bahnhof in Flensburg empfangen und als Helden gefeiert. Plötzlich tat ihr die Ohrfeige in Bonn nicht mehr leid.

Sie begleitete Jytte zu den Gottesdiensten wie früher, hier hatten sie jetzt sogar eine Pastorin, sie konnte nicht viel älter als Lea sein. Lea liebte es, ihr zuzuhören, liebte wie schon in Nykøbing die vielstrophigen gefühlvollen Lieder und stellte fest, dass Jesus sie überzeugte, ohne dass sie dafür an ihn glauben musste. Eine andere Person rückte für sie aus gegebenem Anlass in den Mittelpunkt: seine Mutter Maria. Sie hörte von dem triumphierenden Lied, das Maria gesungen habe, und fand sich in ihr wieder. Ein schwangeres jüdisches Mädchen. Denn er hat die Niedrigkeit seiner Magd angesehen. Große Dinge an mir getan, übt Gewalt mit seinem Arm und zerstreut, die hoffärtig sind in ihres Herzens Sinn, stößt die Gewaltigen vom Thron und erhebt die Niedrigen. Gedenkt der Barmherzigkeit und hilft Israel auf. Wie er geredet hat. In Ewigkeit.

Ein Granitkreuz wurde dort enthüllt, wo man Kaj Munk am 5. Januar 1944 tot aufgefunden hatte. Ohne Inschrift. Auch nach zehn Jahren wusste jeder Bescheid.

Taarnby legte seinen Arm fest um Lea.

Gott kam an ihnen vorbei und führte kurz die Hand zum Hut, grinste Taarnby zu: Glückspilz!

Ja, das sah er auch so.

Nachwort

Dieses Buch ist ein Roman. Die meisten Personen – insbesondere Jørgen Taarnby und Lea Frøhlich – und die von ihnen getragene Handlung sind frei erfunden. Historisch sind jedoch die Ermordung Kaj Munks am 4. Januar 1944 durch die „Petergruppe" sowie die Ermittlungen durch die „Reiseabteilung" der dänischen Reichspolizei, ein mobiles Sonderkommando der Kriminalpolizei unter Leitung von Vizepolizeiinspektor Otto Himmelstrup. Historisch ist schließlich die Gesamtsituation des dänischen Widerstands, dem Kaj Munk nicht ausdrücklich angehörte, den er jedoch mit seinen Predigten und Schriften maßgeblich unterstützte und beeinflusste.

„Flamme" und „Zitrone", Professor Stephan Hurwitz, natürlich Fritz Bauer und Willy Brandt sowie weitere lediglich kurz auftretende Personen haben tatsächlich gelebt, ebenso die namentlich genannten Mitglieder der Petergruppe und ihre Opfer; erfunden sind lediglich die Mörder von Pastor Taarnby. Als Romanfiguren tun und sagen die historischen Personen freilich auch nicht Verbürgtes – zumal wenn sie mit den erfundenen Figuren gemeinsam auftreten.

Dänemark war nach dem deutschen Überfall am 9. April 1945 in mancherlei Hinsicht in einer besonderen Situation. Die dänische Regierung unter dem Sozialdemokraten Thorvald Stauning blieb im Amt, eine Allparteienkoalition wurde gebildet. In Kopenhagen wurde das „Dagmarhaus" der Sitz der deutschen Besatzungsbehörden sowie das Zentrum der Gestapo und des

Sicherheitsdienstes des Reichsführers SS – kurz SD. In Silkeborg Bad war seit November 1943 das Hauptquartier der deutschen Besatzungstruppen.

Nach dem deutschen Überfall auf die Sowjetunion 1941 wurde die Dänische Kommunistische Partei grundgesetzwidrig verboten. Kommunisten gingen in den Untergrund und begannen den bewaffneten Widerstand gegen die deutsche Besatzung. Bald schlossen sich Bürgerliche an – meist sehr junge Männer und einige Frauen. Bekannt wurde die konservative Widerstandsgruppe „Holger Danske", die nach dem sagenhaften dänischen Volkshelden benannt war, der seit Jahrhunderten schlafe, aber aufwachen werde, wenn Dänemark in Gefahr sei. Dadurch, dass die dänische Regierung bis zum 29. August 1943 im Amt blieb, richtete sich der Widerstand zugleich gegen die Regierung und die Behörden. Staunings Nachfolger als „Staatsminister" (Ministerpräsident), der Sozialdemokrat Vilhelm Buhl, rief 1942 in einer Rede dazu auf, alle an Sabotageakten beteiligten Personen anzuzeigen. Das war eine der Hauptursachen für die vielen Denunzianten – auf Dänisch „Stikker". Da die „Stikker" für die Widerstandskämpfer eine tödliche Gefahr bedeuteten, ging der Widerstand offiziell zu Liquidierungen über, was nach dem Krieg und bis heute in Dänemark sehr kontrovers diskutiert wird. Hartvig Frisch, ein führender Sozialdemokrat, bezeichnete diese Tötungen im August 1945 in einem sehr umstrittenen Radiointerview als Mord.

Als Quellengrundlage meines Romans diente eine umfangreiche, überwiegend dänischsprachige Literatur: historische Gesamtdarstellungen und Untersuchungen politischer, gesellschaftlicher oder juristischer Einzelaspekte, Erinnerungen von Widerstandskämpfern und -kämpferinnen und KZ-Häftlingen sowie nicht zuletzt endlose Internet-Recherchen. Für die Darstellung der polizeilichen Verfolgung der Mörder Kaj Munks stützte ich mich auf zwei Bände von Bjarne Nielsen Brovst, die ausführlich aus den Verhörprotokollen zitieren: „Kaj Munk. Krigen og mordet“ *(Der Krieg und der Mord),* Kopenhagen, 1995 – sowie „Kaj Munk. Retsopgør og eftermæle“ *(ungefähr: Rechtsabrechnung und Nachrede)*, Kopenhagen 1998. Mit „retsopgør“ wird auch der Versuch bezeichnet, die Kollaboration während der Besatzung nachträglich juristisch aufzuarbeiten. Im Deutschen kennen wir dafür den Begriff Vergangenheitsaufarbeitung. Der heute benutzte juristische Begriff, der im Dänischen auch mit „retsopgør“ wiedergegeben wird, ist „Übergangsjustiz“ („transitional justice“).

Auf Deutsch gibt es von Matthias Bath zwei hervorragende Darstellungen der Besatzungszeit: „Danebrog gegen Hakenkreuz. Der Widerstand in Dänemark 1940-1945“, Neumünster, 2011, sowie „Der SD in Dänemark 1940-1945: Heydrichs Elite und der ‚Gegenterror‘“, Berlin, 2015.

Die Gedichte Kaj Munks und andere dänische Texte, die ich zitiere, habe ich selbst übersetzt.

Ich danke Wilgard Hartung und Georg Karst für ihre kritische Lektüre und wertvollen Anregungen.

Kaj Munk ist in Deutschland zwar noch weitgehend, aber doch nicht mehr ganz unbekannt. Das Verdienst für Letzteres gebührt hauptsächlich Pfarrer i.R. Paul Gerhard Schoenborn, der unermüdlich in Artikeln und Vorträgen auf Munk aufmerksam macht und wichtige Werke Munks ins Deutsche übertragen hat. Daher ist dieser Roman ihm in Dankbarkeit und Achtung zugeeignet.

Zeitleiste

31.05.1939	Deutsch-dänischer Nichtangriffspakt
01.09.1939	Deutscher Überfall auf Polen, Beginn des Zweiten Weltkriegs
09.04.1940	„Operation Weserübung“, deutscher Überfall auf Dänemark und Norwegen
	Beginn der deutschen Besatzung in Dänemark. „Zusammenarbeitspolitik“
14.06.1940	Deutsche Eroberung von Paris
22.06.1941	Deutscher Überfall auf Russland. In der Folge Verbot der Dänischen Kommunistischen Partei, die darauf in den Untergrund geht und mit Sabotageaktionen den Widerstand gegen die Besatzung beginnt, dem sich bald auch Bürgerliche anschließen.
29.08.1943	Rücktritt der dänischen Regierung, Ende der „Zusammenarbeitspolitik“. Die Staatssekretäre und die dänischen Institutionen bleiben im Dienst.
Okt. 1943	Rettung der meisten dänischen Juden in Fischerbooten nach Schweden
04.01.1944	Ermordung des Dichterpfarrers Kaj Munk, Beginn des deutschen „Gegenterrors“, d.h. offenen Terrors gegen führende Repräsentanten und die Zivilbevöl-

kerung Dänemarks als Antwort auf den dänischen Widerstand und die Liquidierungen der „Stikker" (Denunzianten).

06.06.1944 Landung der Alliierten in der Normandie

19.09.1944 Auflösung der dänischen Polizei, viele Polizisten in deutschen KZs

11.04.1945 Amerikanische Truppen erobern und befreien das KZ Buchenwald.

04.05.1945 Unterzeichnung der Kapitulation der deutschen Streitkräfte in den Niederlanden, Nordwestdeutschland, Dänemark und Norwegen

05.05.1945 8.00 Uhr: Inkrafttreten der am Vorabend verkündeten Kapitulation

08.05.1945 Kriegsende in Europa nach bedingungsloser Kapitulation Deutschlands

26.06.1945 Vertreter von 50 Staaten, darunter Dänemark, unterzeichnen auf der Konferenz von San Francisco die „Charta der Vereinten Nationen".

06.08.1945 Erste Atombombe auf Hiroshima, zweite auf Nagasaki am 09.08.1945

02.09.1945 Ende des Zweiten Weltkriegs nach der Kapitulation Japans

20.11.1945 Beginn des Nürnberger Prozesses gegen die Hauptkriegsverbrecher

1945/46	Festnahmen von vier der fünf am Mord an Munk Beteiligten: Wolfgang Heinrich Paulus Söhnlein, Kurt Carstensen, Otto Schwerdt alias Peter Schäfer, Louis Nebel alias Leo Neumann
18.06.1948	Todesurteil gegen Söhnlein, später in 20 Jahre Haft umgewandelt
27.01.1949	Freispruch und Ausweisung von Carstensen, Todesurteil gegen Schwerdt (später in 24 Jahre Haft umgewandelt), Todesurteil gegen Nebel (später in 16 Jahre Haft umgewandelt)
17.06.1952	Begnadigung und Ausweisung Nebels
01.12.1953	Begnadigung und Ausweisung Söhnleins und Schwerdts
04.01.1954	Enthüllung eines Granitkreuzes an der Stelle in den Hørbylunde Bakker bei Silkeborg, wo Kaj Munk ermordet wurde
15.09.1967	Simon Wiesenthal nennt in einem Interview mit Danmarks Radio die österreichische Adresse des 5. Mittäters beim Munk-Mord, Anton Gföller, und erklärt seine Enttäuschung, dass Dänemark anscheinend nicht interessiert an einer Auslieferung sei. Gföller, von dem es zunächst hieß, er sei an der Ostfront gefallen, starb angeblich 1980, auch andere Daten wurden genannt, aber nie bestätigt.

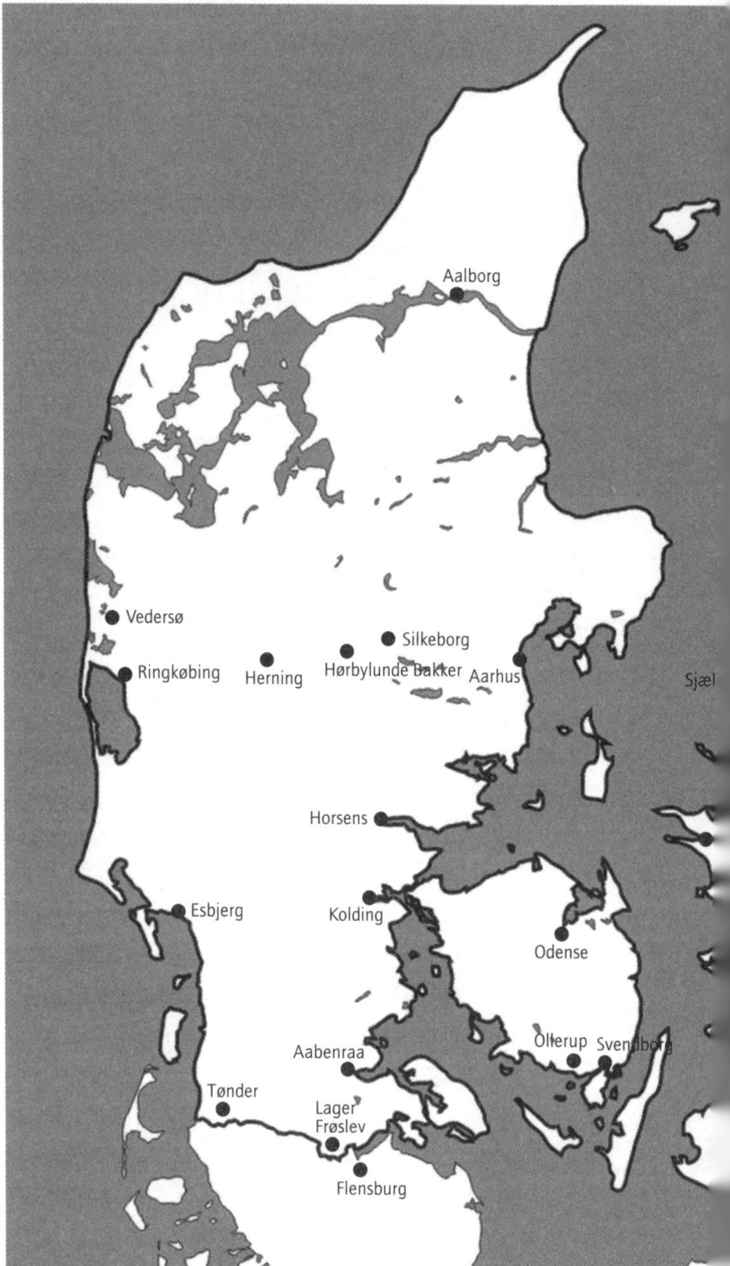
Aalborg
Vedersø
Silkeborg
Ringkøbing
Herning
Hørbylunde Bakker
Aarhus
Sjæl
Horsens
Esbjerg
Kolding
Odense
Ollerup
Svendborg
Aabenraa
Tønder
Lager
Frøslev
Flensburg

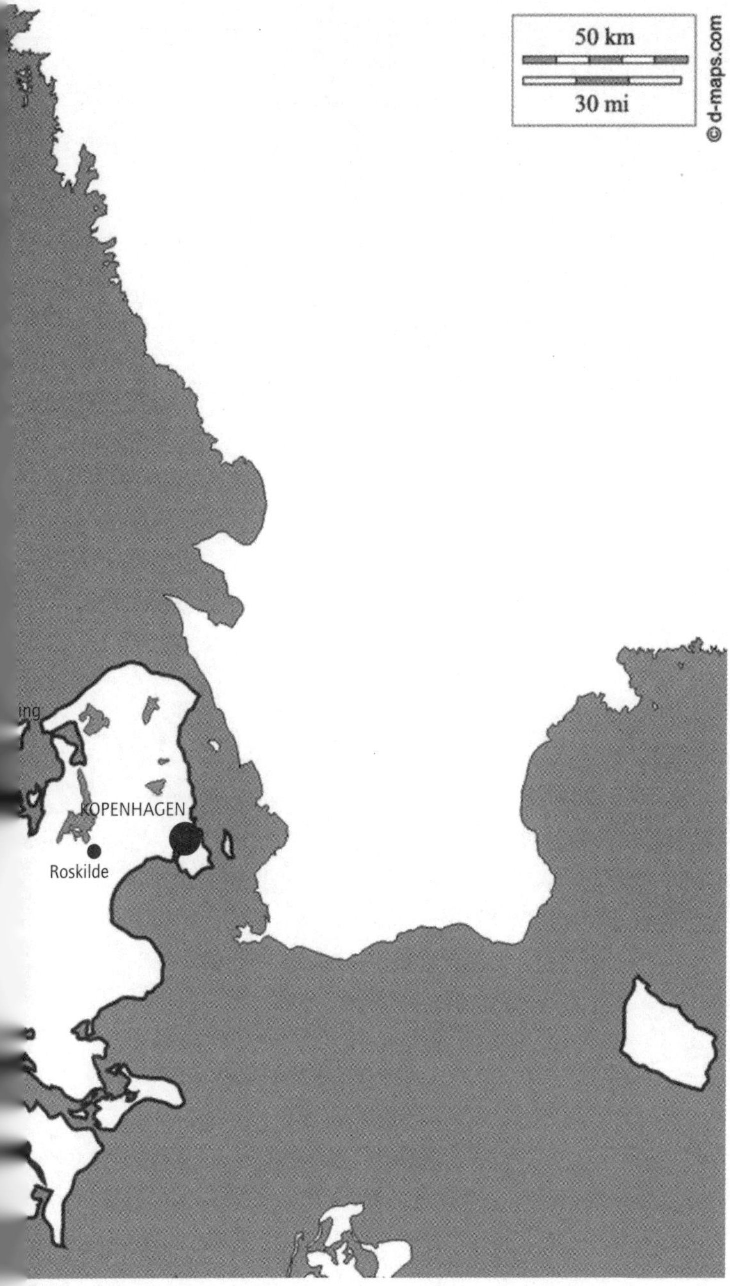

50 km
30 mi
© d-maps.com
ing
KOPENHAGEN
Roskilde